本书得到2017年教育部人文社会科学研究一般项目
间的委托—代理关系对转变经济增长方式的影响"
年广东省基础与应用基础研究基金项目"构建开放型
地区技术创新能力"（项目编号2018A030313852）

有为政府、有效市场
与经济高质量发展

卢万青 ◎ 著

中国财经出版传媒集团

经济科学出版社

Economic Science Press

图书在版编目（CIP）数据

有为政府、有效市场与经济高质量发展/卢万青著
. --北京：经济科学出版社，2022.6
ISBN 978 - 7 - 5218 - 3720 - 9

Ⅰ.①有…　Ⅱ.①卢…　Ⅲ.①中国经济－经济发展－研究　Ⅳ.①F124

中国版本图书馆 CIP 数据核字（2022）第 095145 号

责任编辑：纪小小
责任校对：易　超
责任印制：范　艳

有为政府、有效市场与经济高质量发展

卢万青　著

经济科学出版社出版、发行　新华书店经销
社址：北京市海淀区阜成路甲 28 号　邮编：100142
总编部电话：010 - 88191217　发行部电话：010 - 88191522
网址：www. esp. com. cn
电子邮箱：esp@ esp. com. cn
天猫网店：经济科学出版社旗舰店
网址：http://jjkxcbs. tmall. com
北京季蜂印刷有限公司印装
710×1000　16 开　15.5 印张　240000 字
2022 年 12 月第 1 版　2022 年 12 月第 1 次印刷
ISBN 978 - 7 - 5218 - 3720 - 9　定价：66.00 元
（图书出现印装问题，本社负责调换。电话：010 - 88191510）
（版权所有　侵权必究　打击盗版　举报热线：010 - 88191661
QQ：2242791300　营销中心电话：010 - 88191537
电子邮箱：dbts@ esp. com. cn）

前　言

　　经济高质量发展是中国政府基于国际环境和国内状况审时度势提出的长期发展战略。从国际环境来看，近年来中国经济发展不得不面临两个重大挑战：一方面，随着中国经济不断崛起，中国在人工智能、5G通信、电动汽车、大飞机制造、军工产业、设备制造等领域的实力不断增强，对以美国为首的西方国家高科技优势形成强有力的竞争和挑战，从而遭到了以美国为首的西方国家在高科技发展方面的强力遏制；另一方面，随着工资物价的不断上涨，传统的廉价生产要素优势逐步削弱，中国参与国际分工的中低端价值链环节和劳动密集型产业遭受来自印度、越南等其他发展中国家强有力的竞争和挑战，并且2021年10月以来美国提出并推进印太经济战略，企图打造把中国排除在外的全球产业链，对中国中低端制造业也造成了不利影响。在"前有拦截后有追兵"的国际产业发展环境下，中国经济需要从以要素驱动为特征的高速增长阶段转向以创新驱动为特征的高质量发展阶段，这样不仅可以通过技术创新和品牌提升来巩固和保持传统产业的国际竞争优势，而且可以通过技术研发和价值链攀升来培育和提高战略性新兴产业的国际竞争新优势，突破"双重挤压"的不利产业发展国际重围。从国内状况来看，传统的以要素驱动为特征的粗放型经济增长模式造成产能大面积过剩，这种要素驱动的经济增长方式在未来难以为继，为了保持未来经济的可持续发展，中国经济不得不从以要素驱动为特征的高速增长阶段转向以创新驱动为特征的高质量发展阶段。

经济高质量发展是一个涉及诸多方面的庞大系统工程，由于该系统工程过于庞大和复杂，虽然近几年理论和实践研究文献如雨后春笋般出现，但是现实中仍难以找到全面转向高质量发展阶段的可供操作办法。解决的对策是抓住主要矛盾或关键环节，通过解决主要矛盾和突破关键环节来寻找实现经济高质量发展的可行之策，当主要矛盾和关键环节得到了实质性的突破，次要矛盾和次要环节便较易得到解决。

全面转向经济高质量发展的主要矛盾或关键环节是什么呢？经济高质量发展的主要矛盾或关键环节就是要建立高效的资源配置方式，而重中之重是要建立完善的或有效的市场机制。如果没有高效的资源配置方式，尤其是没有完善的市场机制，根本不可能实现经济高质量发展。对于中国而言，高效的资源配置方式意味着"最大限度地发挥市场机制的作用，与此同时更好地发挥政府的作用"[1]。中国要从要素驱动的高速增长阶段转向创新驱动的高质量发展阶段，最为关键的环节是资源配置方式要从高速增长阶段的资源配置方式（即"政府主导＋基础性市场机制＋建设型政府"）转向高质量发展阶段的资源配置方式（即"市场主导＋精巧的市场机制＋公共服务型政府"或"市场主导＋有效市场＋有为政府"）（高培勇和杜创等，2019；龚六堂和林东杰，2020）。2015 年 11 月，习近平总书记提到我们要坚持辩证法和两点论，"既要'有效的市场'，也要'有为的政府'，努力在实践中破解这道经济学上的世界性难题"[2]。由此可见，当前无论是学术界还是实务界，各方都达成一致的意见，即建立高效的资源配置方式（即"市场主导＋有效市场＋有为政府"的资源配置方式），尤其是建立公平竞争的完善市场机制（即"市场主导＋有效市场"的资源配置方式），是全面转向高质量发展的主要矛盾或关键环节。

如何建设高质量发展阶段的资源配置方式这道经济学难题，是一道

---

[1] 张文魁：《我国企业发展政策的历史逻辑与未来取向》，载于《管理世界》2021 年第 12 期，第 18 页。

[2] 习近平：《既要"有效的市场"，也要"有为的政府"》，中国共产党新闻网，2017 年 6 月 19 日，http://cpc. people. com. cn/xuexi/n1/2017/0619/c385474 - 29347581. htm。

相当艰难而复杂的问题，本书尝试做一些抛砖引玉的系统性探索。针对如何建立高质量发展阶段所需要的高效资源配置方式，本书围绕两条关键主线和一个制度保障来展开研究：第一，有为政府建设与经济高质量发展的关系。政府从不完全法治的建设型政府向完全法治的公共服务型政府转型，是从制造业大国向制造业强国和从高速增长阶段向高质量发展阶段转变的首要前提，本书从委托—代理结构转换的视角为地方政府转型和建设有为的地方政府提供了一个新的研究思路和研究视角。第二，有效市场建设与经济高质量发展的关系。有效的市场机制或者完善的营商环境，不仅具有成本降低效应，而且具有技术促进效应，因此对于实现经济高质量发展而言显得至关重要。而要建立有效的市场机制，一方面在政府弥补市场失灵的同时要解决好政府自身的制度性失灵问题，另一方面要避免垄断资本尤其是互联网平台垄断资本对于自由竞争的侵害，唯有建立对政府和垄断资本这两大强势力量的健全监督约束机制，才有可能建立有效的或者完善的市场机制，本书从这两个方面凝练出建设有效市场机制的一个新的研究逻辑和研究思路。第三，通过改革制度变迁机制来为"市场主导＋有为政府＋有效市场"的资源配置方式做好制度保障。若缺乏制度保障，"市场主导＋有为政府＋有效市场"的资源配置方式不可能实现。而要保有高质量的制度水平，则必须先有高质量的制度变迁机制，本书通过建立演化博弈模型对如何完善我国制度变迁机制提出了一个新的研究框架和研究脉络。

围绕以上两条关键主线和一个制度保障来展开研究，我们得到关于有为政府、有效市场与经济高质量发展的几个重要结论：

第一，关于有为政府建设与实现经济高质量发展的关系方面的结论：

（1）从制造业大国向制造业强国转变以及从高速增长阶段向高质量发展阶段转变的首要前提是实现政府转型。制造业是一个非资源型国家的立国之本，也是经济高质量发展的基石。与从高速增长阶段向高质量发展阶段转变相适应，在制造业领域我国将从制造业大国向制造业强国转变。我国从制造业大国向制造业强国转变的思路是，政府转型→完善强国系统的外在环境（或基础设施）→促进强国系统的内部要素发展→从制造业大国向制造业强国转变，从这个发展思路来看，政府转型是关键，只有实现政府转型，制造业强国系统的外在环境（或基础设施）才能够得到根本改观，我国才能够从制造业大国向制造业强国转变。

（2）现行对地方政府的委托—代理结构导致我国难以从高速增长阶段转向高质量发展阶段。我国的行政体制属于垂直型管理体制，中央政府是管理者，承担委托人的职责；地方政府是被管理者，承担代理人的责任。中央政府对地方政府的委托—代理效率影响地方政府的行政效率，在某些领域委托—代理效率高，则在这些领域的发展绩效好，在另外一些领域委托—代理效率较低，则在这些领域的发展绩效较差。本书构建的中央政府与地方政府之间的委托—代理模型表明，由于数量型指标（包括 GDP 增长率、财政收入增长率、固定投资增长率等）的政绩显示度和可测性较高，而质量型或效率型指标（包括保护知识产权、打击假冒伪劣产品、改善营商环境、完善法律制度等）的政绩显示度和可测性较低，导致地方政府在推动规模型增长的动力充足，在促进质量型或效率型增长的动力不足，当前的中央政府对于地方政府的委托—代理激励机制，在数量型指标的增长效果明显优于在质量型或效率型指标的提升效果，这是导致我国的产能过剩和迄今为止我国经济高质量发展尚未达到预期目标的重要原因。

（3）对地方政府委托—代理结构转换以及基于其之上的地方政府制度转向有利于推动地方实现经济高质量发展。对于地方政府代理人而言，横向委托人在微观层面的委托—代理方面具有比较优势而在宏观方面的委托—代理方面具有比较劣势，纵向委托人在宏观的委托—代理方面具有比较优势而在微观方面的委托—代理方面具有比较劣势，因此，根据比较优势对地方政府委托权合理分工形成的最优地方政府委托—代理结构包含两个层次：对于地方政府微观层面行为的委托—代理而言，应以横向委托—代理关系为主、纵向委托—代理关系为辅；对于地方政府宏观层面行为的委托—代理而言，应以纵向委托—代理关系为主、横向委托—代理关系为辅。从现行对地方政府的委托—代理结构向对地方政府的最优委托—代理结构转换以及基于其之上的地方政府制度转向，有利于在地方更好地实现"市场主导＋有效市场＋有为政府"的资源配置方式，进而有助于在地方建立现代经济体系和实现经济高质量发展。

第二，关于有效市场建设与实现经济高质量发展的关系方面的结论：

（1）中国模式尽管优点众多但也存在一些缺点，以及有不适应高质量发展阶段的地方，改进中国发展模式的关键在于建立完善的市场机制。中国模式包括共性与个性，与其他发展模式的共性是都为市场经济，高质量发展阶段中国模式的共性是完善的市场机制；中国依据本国国情选择了适合自身的发展道路，与其他发展模式相比，中国模式的个性是更加重视政府的作用以及政府与市场的有效结合。若市场机制尚不完善，此时市场对资源的配置效率将大打折扣，也不可能实现政府和市场的有效结合，这种模式不能称为完善的中国模式；只有在完善的市场机制基础上，才能充分发挥市场对资源配置的主导作用，才能实现政府和市场的有效结合，该模式方能称为完善的中国模式。当前我国需要从两个方面来完善市场机制，一方面必须推行行政权责清单制度划清政府与市场的边界，另一方面运用宪法法制监督、民众监督和政府内部监督使政府权力在法治、规则和监督下规范运行，两者相结合能够推动中国模式日臻完善。

（2）改革开放四十余年，我国的硬环境基础设施（包括公路、铁路、地铁、水电设施和网络设施等）取得了突飞猛进的进步，多数已位居世界前列，甚至在某些方面已经超过欧美发达国家；而我国的软环境基础设施①（包括法制环境、诚信环境、营商环境和政务环境等）虽然获得了一定程度的进步，但是跟欧美等发达国家相比仍有明显的差

---

① 软环境是相对硬环境而言的一个概念，它是指物质条件以外的如政策、文化、制度、法律、思想观念等外部因素和条件的总和。就经济发展而言，软环境建设主要包括法制环境、诚信环境、政务环境、政策环境等。

距。究其原因，地方政府官员具有较强的发展硬环境基础设施的内在激励，但缺乏改善软环境基础设施的激励机制，导致软环境基础设施发展相对落后，相对滞后的软环境基础设施拖累了我国制造业的发展，对未来我国制造业和经济可持续发展造成了不利的影响。唯有深化改革和扩大开放，我国才能不断优化软环境基础设施，才能根本地摆脱"双重挤压"的不利境况，继续保持制造业和经济持续平稳地增长。

（3）改进地方市场机制需要从地方政府和垄断资本这两大强势力量入手。具体包括两个方面：一方面，对地方政府委托—代理结构转换及基于其之上的地方政府制度转向，可以更好地治理地方政府制度性失灵问题，这意味着地方政府可以更好地弥补地方市场失灵与此同时更好地解决自身的制度性失灵问题，进而增强市场机制的有效性；另一方面，垄断会扰乱市场秩序和损害市场有效性，改进垄断资本反垄断监管，有利于促进创新要素自主有序流动、高效配置，维护公平有序竞争秩序，建设高效公正的营商环境，继而提升市场机制有效性，对地方政府和垄断资本建立健全的监督约束机制可以显著提升地方市场的有效性。互联网平台对我国的经济生活显得愈加重要，针对当前互联网平台反垄断所存在的不足，中国政府可以通过加强事前合规性指导、扩大监管范围、坚持合理性原则、增强人才储备和完善法律法规体系等措施来改进平台领域反垄断法律和监管。

第三，关于制度变迁机制与实现经济质量发展方面的结论：

（1）地方政府对于垄断租金和政治风险较低的领域改革动力较强，在市场化初期和中期阶段，地方政府在这些领域大力推行市场化改革；在市场化后期阶段，低垂的"果实"已经摘得差不多了，剩下的大多数是"难啃的硬骨头"，地方政府面临的多数属于垄断租金和政治风险较高的领域，在这些领域地方政府推动改革的动力明显减弱，从而使得现有的制度变迁机制遭遇不小的改革阻力和障碍。

（2）当前我国尚未建立与经济高质量发展阶段相适应的市场经济制度，这与我国制度生产机制（即制度变迁机制）所存在的内在不足有关，想要产生高质量的市场经济制度，必先产生高质量的制度变迁机制。根据演化博弈模型的研究结论，高质量的制度变迁机制必须具备三个关键要素：其一，制度变迁机制利益博弈的公共利益导向性，唯有导向公共利益，才能产生高质量的制度，而背离公共利益，必然产生低质量的制度。因此，对制度变迁第一行动集团参与方的资格进行严格限制，其应当是追求公共利益最大化而非私人利益的参与者，或者是利益中立的参与者；若不满足这个条件，则在第一行动集团的制度变迁参与者应达到各方均势状态，从而才能够在制度变迁中进行公平博弈。其二，制度变迁的人力资源投入数量或者配置效率越高，则制度变迁产出的制度质量越高，而人力资源是指理论型人才、实务型人才以及两者兼有的人才。其三，人力资源的集合效率，制度变迁涉及各种方案的制定以及最终方案的选择过程，因此，制度变迁能否产生高质量的制度，不仅取决于制度变迁过程中所投入人力资源的数量和质量，而且取决于制度变迁过程中人力资源集合的效率。

目　录

第三篇　有效市场建设和经济高质量发展

第四篇　外贸高质量发展的战略举措

第五篇　完善制度变迁机制与经济高质量发展

第一篇　经济高质量发展的现实背景

第一章
中低端制造业全球重新布局与经济高质量发展

近年来，中国相对其他国家的制造成本不断上涨，特别是2017年美国减税法案通过之后，美国制造成本下降以及世界范围内出现机器人替代劳动力的趋势，中国制造不但相对其他发展中国家（如越南、印度等）处于成本方面的劣势地位，甚至与美国等低成本发达经济体相比也不具备明显的成本优势。在这种情况下，全球中低端制造业将重新布局，未来很可能出现第五次国际产业转移，将从一个中心（以中国为中心）演变成多个中心（包括中国、东南亚及南亚国家、包括美国和墨西哥在内的北美洲国家、包括埃塞俄比亚等在内的非洲国家），中低端制造业世界中心将从单极化向多极化转化。由于中低端制造业对于中国经济和就业仍具重要意义，为了避免我国中低端制造业大量流失，我国应当采取力保中低端、积极开拓高端的发展战略，通过精简机构、营造良好营商环境、降低垄断价格、打击假冒伪劣和提倡工匠精神等，来降低我国中低端制造业的生产成本和提高中低端制造业的产品质量，维护我国的世界制造业大国地位，助推我国实现经济高质量发展。

第一节　文献综述

产业转移是在资源供给或产品需求条件发生变化后，某些产业从某一国家（地区）转移到另一国家（地区）的一种经济过程（陈建军，2002）。迄今为止，世界总共发生了四次国际产业转移浪潮，第一次发生在第一次科技革命后期的 19 世纪下半叶至 20 世纪上半叶，国际产业从英国转移到欧洲大陆和美国，在此期间英国第一个"世界工厂"的地位被美国取代，美国逐步成长为第二个"世界工厂"和世界经济霸主；第二次发生在 20 世纪 50~60 年代，产业转移的路径是从美国向德国和日本转移，德国和日本迅速发展成为世界经济强国和新的"世界工厂"；第三次发生在 20 世纪 70~80 年代，由日本向"东亚四小龙"进行产业转移，日本引领了东亚地区的"雁阵模式"，催生了"东亚四小龙"的经济发展奇迹；第四次发生在 20 世纪 90 年代至 21 世纪初，产业转移的路径从日本、"东亚四小龙"和美国向中国转移，中国崛起成为新的"世界工厂"和制造业大国。近年来随着国际经济环境变化，以及中国制造成本相对不断上升，中国中低端制造业有可能向东南亚、南亚等其他发展中国家转移，隐约出现了第五次国际产业转移的端倪。

关于中国制造业是否会向外转移这个问题，不同学者之间的观点存在分歧。有些学者认为中国已经出现了明显的产业向外转移趋势。李建强和赵西亮（2018）认为，即使是我国中西部地区的劳动力成本也已高于印度尼西亚、泰国、马来西亚等东南亚国家，这就可以解释我国中西部地区为何没能及时接收东部地区的产业转移。安礼伟和张二震（2017）认为，目前在世界范围内形成新一轮产业转移趋势，劳动密集型产业或者环节开始出现从中国向更具成本优势的地区转移。本轮产业转移既有从发达经济体向发展中经济体的"顺势"转移，同时由于美国等发达经济体实施"再工业化"的政策，出现了制造业从发展中经济体向发达经济体的"逆势"转移。杨海洋（2013）认为，近期东南亚国家是当前中国制造业特别是劳动密集型制造业转移的主要方向，但这一地区容量有限，会随着劳动力价格的上涨而逐渐丧失竞争力，不可能完全接过中国的"接力棒"。南亚和非洲在近期内不会成为中国的主要竞争对手，但其拥有丰富的劳动力储备和较低的劳动力价格，只要这些国家能够消除劳动力素质较低、基础设施差和社会问题突出等问题，未来会成为中国制造业的主要转移方向。特罗布里奇（Trowbridge，1985）认为，全球化会增加国家之间的经济交往以及减少资本和投资流动障碍，因此，全球化会加强和加剧"空心化"过程。从这个意义上来说，随着中国不断扩大对外开放，中国产业向外迁移有可能加速。另外有部分学者认为中国尚未出现产业向外转移的趋势。李志鹏（2013）认为，尽管近年来国内人工成本上涨较快，而且相关政策对资源约束条件明显提高，但企业由于沉没成本、技术创新、产业集群等产业粘性因素的存在，目前还没有出现大规模撤离的现象。蔡昉（2012）认为，人口红利的内涵是人力资本，因此，与人口红利相伴而来的劳动力成本优势，不仅体现在劳动力数量的无限供给，更体现在劳动者承载的受教育水平和劳动者技能的持续改善。从这个角度考虑，目前集中在沿海地区的制造业，既不会回流到发达国家，也不会大规模向其他发展中国家转移，而主要将向中国中西部地区转移。

我国制造的成本持续上升，明显高于其他发展中国家，在中低端制造业变成无利可图甚至陷入亏损的情况下，不管是产业配套、沉没成本和产业集群等粘性因素，还是劳动者教育水平或者劳动技能的差异，都不能阻止中低端制造业向外转移，美国、日本等发达经济体就是例子。因此，制造成本是决定中国中低端制造业是否向外转移的决定性因素。李建强和赵西亮（2018）认为，我国的单位劳动力成本在 2007 年后快速上升，与印度尼西亚、泰国、马来西亚等东南亚国家相比，我国东部和中西部地区已不具有劳动力成本优势。然而，李建强和赵西亮（2018）的研究只考虑了劳动力成本，显得有些片面，影响产业向外转移的不仅仅是劳动成本，还有其他方面的成本，即综合成本。本章采用大量的数据，从综合成本的角度来考虑中国中低端制造业是否会向外转移以及中低端制造业的全球重新布局。下面部分内容包括：第二节是综合成本相对变化对中低端制造业亚洲区域内重新布局的影响，第三节是成本相对变化及美国减税对中低端制造业全球重新布局的影响，第四节是推进中低端制造业高质量发展和稳固我国中低端制造业国际地位的对策措施，第五节是本章小结。

第二节　综合成本相对变化对中低端制造业亚洲区域内重新布局的影响

从 2005 年开始，亚洲取代了欧洲和北美洲，成为世界最重要的制造业中心。根据联合国统计司数据库的统计数据，2016 年亚洲制造业已经占据了世界的半壁江山，亚洲制造业增加值占世界的 50.16%。亚洲是世界重要的制造业中心，下面我们首先分析综合成本相对变化如何影响中低端制造业在亚洲的重新布局。

（一）中国与东南亚及南亚国家综合成本的比较分析

1. 成本因素的比较

根据 EPS 全球统计数据库的统计数据，1979～2015 年，中国就业人员平均货币工资指数年均增长率为 13.39%，就业人员平均实际工资指数年均增长率为 7.69%，居民消费价格指数年均增长率为 5.19%，工资和物价的过快上涨导致中国相对其他发展中国家而言制造成本不断上升。

制造成本相对不断上涨，导致中国制造成本高于东南亚国家（越南、柬埔寨、印度尼西亚、泰国等）以及南亚国家（印度）。以美国的制造成本为基准指数 100，中国为 96，印度的制造成本为 87，印度尼西亚为 83，泰国为 91（见图 1-1）。据 IMA Asia 估计，中国的制造业工资从 2010 年的每小时 2 美元上涨到 2016 年的每小时 3.9 美元，相比之下，越南、柬埔寨和印度尼西亚的制造业工资仍然只有每小时不到 1 美元，并且中国土地成本还高于这些国家，因此，综合来看，中国的制造成本高于越南、柬埔寨和印度尼西亚等国家。

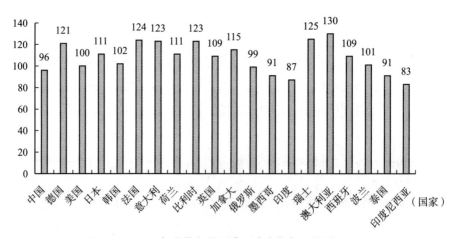

图 1-1　2014 年世界各国制造业成本指数（美国 =100）

注：制造业成本指数是指由劳动力、电力、燃料和其他方面构成的制造业成本指数。
资料来源：美国劳动统计局、美国经济分析局、国际劳工组织网站。

2. 非成本因素的比较

除了成本因素之外，还须考虑非成本因素。东南亚及南亚发展中国家整体的产业配套、熟练工人数量、基础设施等仍然落后于中国，但其经济飞速发展的地区（即工业集聚区）正在不断缩小与中国在这些方面的差距。因为制造业多数转移到东南亚及南亚的中心城市或经济特区，例如，柬埔寨的西哈努克港经济特区，越南的胡志明市、河内和北宁省等，这些地区的基础设施建设吸引了中国、日本和韩国等国家的建筑承包商，基础设施建设快速发展，与中国的差距正不断缩小。再来看产业配套。向东南亚或南亚转移的中低端制造业大多数都是大中型企业，因为小型企业由于自身资金实力较弱一般较少转移出去，而像富士康、耐克、三星、苹果等大型跨国企业转移到东南亚或南亚，必然会带走一批配套企业跟着转移出去，所以，这些大型跨国企业的转移导致东南亚或南亚的产业配套能力能够较快得到改善。至于熟练工人和技术工人数量，通过企业（尤其是大型跨国企业）的培训和外接投资企业的技术外溢，以及东南亚和南亚国家职业技术教育的发展，熟练工人和技术工人数量不断增长，与中国的差距也在减少。

东南亚国家除了成本优势之外，在非成本方面也具有自身独特的优势。随着人口老龄化以及快速下降的出生人口，中国的人口红利拐点已经到来，适龄劳动人口数量减少，并且由于年轻人职业选择等问题，导致中国制造业企业普遍出现招工难问题；与中国情况不同的是，东南亚及南亚国家有大量适龄劳动人口，并且他们的工作意愿较强，故这些国家对于劳动密集型产业具有较强的吸引力。另外，由于美国对中国崛起的战略遏制，中国出口商品不时遭受欧美等国家的反补贴、反倾销调查和制裁；而东南亚及南亚国家的外贸发展国际环境比较友好，目前极少遭遇来自美欧等国家的打压和限制，甚至部分国家还享受关税优惠待遇，例如，1992 年以来欧美等发达国家相继给予柬埔寨普惠制（GSP）待遇，自 2014 年 1 月 1 日起欧盟决定继续给予包括鞋帽类在内的越南多类商品普惠关税优惠。

综上所述，东南亚及南亚国家在中低端制造业领域具有很强的竞争力，正对中国形成强有力的挑战。

（二）中国与东南亚及南亚国家中低端产业的"冰火两重天"

1. 近年来中国中低端制造业出现了逐步下滑的势头

中国劳动密集型产品出口增长率在 2010 年达到顶峰之后就一直下滑，近年来出现停滞或者负增长的态势。按照 SITC 分类标准进行分类，SITC6 和 SITC8 这两类产品属于劳动密集型产品，2010 年之前这两类产品都呈现出两位数以上的高速增长，1995～2010 年，SITC6 类产品出口和进口的年均增长率分别为 15.01% 和 7.87%，SITC8 类产品出口和进口的年均增长率分别为 11.30% 和 17.84%。2010 年之后这两类产品的进出口增速急剧下滑，SITC6 类产品出口增长率从 2010 年的 32.61% 大幅降至 2020 年的 5.42%，SITC8 类产品出口增长率从 2010 年的 23.96% 快速下滑至 2020 年的 -1.02%；2011～2020 年，SITC6 类产品出口和进口的年均增长率分别为 4.27% 和 1.61%，SITC8 类产品出口和进口年均增长率分别为 3.01% 和 0.90%，见表 1-1 和表 1-2。

表 1-1　　　　　　按 SITC 分类标准分类产品的出口增长率　　　　单位：%

年份	出口商品总额	一、初级产品出口	二、工业制成品出口	SITC5 化学品及有关产品出口	SITC6 轻纺产品、橡胶制品矿冶产品及其制品出口	SITC7 机械及运输设备出口	SITC8 杂项制品出口	SITC9 未分类的其他商品出口
1995	19.60	6.04	22.23	41.85	35.07	39.53	6.25	-51.36
2000	23.67	23.51	23.68	12.82	23.73	35.80	15.10	2275.34
2005	24.21	16.96	24.74	31.25	24.08	26.99	20.09	39.69
2010	29.18	27.34	29.29	38.93	32.61	30.05	23.96	-11.35
2011	16.64	19.32	16.49	27.07	24.36	12.04	17.92	54.73
2012	5.73	-2.01	6.16	-3.07	2.14	4.77	14.25	-40.76
2013	6.27	5.13	6.33	3.81	6.68	6.14	6.94	20.28
2014	4.34	3.38	4.39	10.68	9.21	1.43	5.31	29.03
2015	-3.05	-7.89	-2.81	-3.80	-2.42	-1.18	-5.68	4.89
2016	-8.88	-0.05	-9.31	-7.08	-11.29	-8.23	-10.99	131.04
2017	5.65	9.59	5.44	13.47	2.74	7.68	1.28	1.24

续表

年份	出口商品总额	一、初级产品出口	二、工业制成品出口	SITC5 化学品及有关产品出口	SITC6 轻纺产品、橡胶制品矿冶产品及其制品出口	SITC7 机械及运输设备出口	SITC8 杂项制品出口	SITC9 未分类的其他商品出口
2018	7.25	11.93	6.99	15.70	7.18	8.93	0.81	4.58
2019	-1.27	-2.52	-1.20	-5.12	-1.28	-2.78	1.33	187.61
2020	2.36	-14.74	3.33	3.28	5.42	3.94	-1.02	56.08

注：增长率是经过美国消费者价格指数调整后的实际增长率（以美元标价）。根据 SITC 分类标准，SITC0～SITC4 大多数属于资源型密集型产品，SITC5 和 SITC7 属于资本和技术密集型产品，SITC6 和 SITC8 属于劳动密集型产品。
资料来源：根据中国统计局和世界银行的数据计算得到。

表 1-2　　　　　按 SITC 分类标准分类产品的进口增长率　　　　单位：%

年份	进口商品总额	三、初级产品进口	四、工业制成品进口	SITC5 化学品及有关产品进口	SITC6 轻纺产品、橡胶制品矿冶产品及其制品进口	SITC7 机械及运输设备进口	SITC8 杂项制品出口	SITC9 未分类的其他商品进口
1995	11.13	44.07	5.65	38.72	-0.35	-0.51	18.73	-0.72
2000	31.41	68.41	24.25	21.62	17.85	28.04	27.15	18.27
2005	13.73	21.83	11.59	14.83	6.09	11.12	17.39	27.02
2010	36.56	47.29	32.22	31.40	19.88	32.56	31.16	448.46
2011	21.05	35.02	14.75	17.28	10.99	11.26	9.03	160.36
2012	2.18	2.94	1.78	-3.01	-4.86	1.45	4.72	36.08
2013	5.69	2.15	7.59	4.61	-0.15	7.19	0.24	50.10
2014	-1.13	-3.26	-0.04	-0.07	14.71	0.35	-0.99	-22.24
2015	-14.38	-27.12	-8.09	-11.48	-22.93	-5.88	-3.70	3.93
2016	-6.63	-7.73	-6.20	-5.37	-9.48	-4.80	-7.52	-11.85
2017	13.69	28.68	7.93	15.58	8.54	9.38	4.27	-15.83
2018	13.07	18.18	10.73	12.68	9.32	11.54	4.45	11.69
2019	-4.42	2.17	-7.64	-3.93	-9.12	-7.98	-1.46	-23.57
2020	-1.81	-7.04	1.02	-3.60	19.04	4.04	-0.01	-62.52

注：增长率是经过美国消费者价格指数调整后的实际增长率（以美元标价）。
资料来源：根据中国统计局和世界银行的数据计算得到。

中国制造业增加值在 2010 年之前保持高速增长，2010 年之后则出现增速下降的现象。根据表 1 - 3 可知，2010 年之前，中国制造业增加值保持两位数的增速，2005 ~ 2010 年的年均增长率为 12.08%；2010 年之后，中国制造业增加值增长率逐年下降，从 2010 年的 10.93% 降至 2020 年的 2.64%，降幅达到 8.29%；同期的中国国内生产总值（GDP）增长率也呈现下降趋势，从 2010 年的 10.18% 降至 2020 年的 2.62%，降幅为 7.56%，这表明近年来我国制造业发展和经济发展出现了明显的颓势。

表 1 - 3　　　　2005 ~ 2020 年中国制造业增加值增长率与 GDP 增长率　　　单位:%

年份	采掘、制造、电、煤气和水供应业增加值增长率 [Mining, Manufacturing, Utilities (ISIC C - E)]	制造业增加值增长率 [Manufacturing (ISIC D)]	GDP 增长
2005	11.64	9.51	11.23
2006	12.93	13.14	12.54
2007	14.95	16.63	14.03
2008	9.97	9.40	9.48
2009	9.09	12.84	9.32
2010	12.58	10.93	10.18
2011	10.94	10.86	9.40
2012	8.12	9.62	7.81
2013	7.73	8.42	7.75
2014	6.74	9.15	7.47
2015	5.69	7.24	7.22
2016	5.68	6.30	6.85
2017	6.22	5.77	6.95
2018	6.10	6.09	6.75
2019	4.79	4.41	5.95
2020	2.39	2.64	2.62

注：为了便于与世界其他国家比较，中国制造业增加值和国内生产总值以 2015 年美元不变价表示。

资料来源：联合国统计司数据库。

为何中国制造业出口和增加值增长率在 2010 年达到顶峰之后就不断下滑？究其原因，工资和物价持续上涨推动中国制造成本不断上升，制造业企业的利润空间不断被压缩，从 2010 年开始中国工业企业的利润率呈现出下降的势头。根据表 1-4 可知，从 2010 年开始中国规模以上工业企业单位数保持基本稳定，但利润率却出现下降趋势。规模以上大型工业企业、中型工业企业和小型工业企业的资产总报率（ROA）分别从 2010 年的 7.23%、8.60% 和 10.37% 降至 2019 年的 4.61%、5.06% 和 4.42%，销售利润率分别从 2010 年的 7.18%、8.18% 和 6.63% 降至 2017 年的 6.63%、6.15% 和 5.16%。2010 年之后规模以上外商和港澳台商投资工业企业的利润率降幅相对较小，但是单位数降幅最大，这表明外商和港澳台商投资工业企业更容易发生转移，随着国内成本不断上涨发生快速向外转移，从而减少了利润率的降幅。而国内规模以上工业企业相对而言较难向外转移，因此，利润率降幅较大，但是单位数保持基本稳定或者略有上升。

表 1-4　　　　　2003~2020 年规模以上工业企业单位数和利润率

年份	规模以上外商和港澳台商投资工业企业			规模以上大型工业企业			规模以上中型工业企业			规模以上小型工业企业		
	单位数（万个）	ROA（%）	销售利润率（%）	单位数（万个）	ROA（%）	销售利润率（%）	单位数（万个）	ROA（%）	销售利润率（%）	单位数（万个）	ROA（%）	销售利润率（%）
2003	3.86	6.18	5.56	0.20	5.53	6.97	2.16	3.76	4.69	17.26	2.98	3.00
2004	5.72	5.95	5.08	0.21	6.66	7.37	2.56	4.04	4.84	24.88	3.09	2.92
2005	5.64	5.39	4.41	0.25	6.54	6.64	2.73	4.18	4.63	24.21	4.63	3.85
2006	6.09	6.05	4.71	0.27	6.89	6.74	3.02	5.12	5.34	26.90	5.51	4.23
2007	6.75	7.04	5.41	0.29	7.87	7.52	3.36	6.37	6.33	30.03	7.02	4.97
2008	7.78	6.06	4.63	0.32	5.02	4.77	3.72	5.51	5.32	38.57	7.35	5.11
2009	7.54	7.25	6.01	0.33	5.14	5.50	3.80	6.49	6.61	39.31	7.76	5.36
2010	7.41	9.62	7.57	0.37	7.23	7.18	4.29	8.60	8.18	40.62	10.37	6.63
2011	5.72	8.94	6.70	0.91	7.20	6.88	5.22	8.66	7.23	25.63	11.15	6.52
2012	5.69	7.22	5.61	0.94	5.94	5.86	5.39	7.50	6.34	28.05	9.72	6.08
2013	5.74	7.61	5.91	0.98	5.78	5.80	5.57	7.66	6.42	30.43	9.29	6.07

续表

年份	规模以上外商和港澳台商投资工业企业			规模以上大型工业企业			规模以上中型工业企业			规模以上小型工业企业		
	单位数（万个）	ROA（%）	销售利润率（%）	单位数（万个）	ROA（%）	销售利润率（%）	单位数（万个）	ROA（%）	销售利润率（%）	单位数（万个）	ROA（%）	销售利润率（%）
2014	5.52	7.58	5.95	0.99	5.18	5.34	5.54	6.89	5.88	31.26	7.94	5.48
2015	5.28	6.89	5.64	0.96	4.03	4.55	5.41	6.40	5.71	31.94	7.26	5.32
2016	4.96	7.54	6.41	0.96	4.53	5.27	5.27	6.61	5.97	31.63	7.38	5.39
2017	4.75	7.87	6.87	0.92	5.61	6.63	4.96	6.28	6.15	31.39	6.56	5.16
2018	4.46	7.02	—	0.84	5.54	—	4.26	5.56	—	32.39	5.51	—
2019	4.36	6.34	—	0.82	4.61	—	4.00	5.06	—	32.96	4.42	—
2020	4.30	—	—	0.80	—	—	3.90	—	—	35.23	—	—

注：销售利润率 = （利润总额 – 亏损总额）÷ 销售收入 ×100%，资产回报率（ROA）= 息税前利润 ÷ 总资产 ×100% = （利润总额 – 亏损总额）÷ 总资产 ×100%。

资料来源：EPS 全球统计数据库。

对于中低端制造业而言，一方面，由于受到来自其他成本更低的发展中国家以及发达国家的竞争，最终产品售价往往难以提高；另一方面，工资和物价的过快上涨不断推高中国制造的成本，两方面的综合作用使中国制造的利润率出现逐步下滑的趋势。由于相当部分中低端企业已经处于薄利状态甚至走向亏损边缘，若未来中国物价、工资和地价依旧持续上涨，不断挤压国内工业企业的利润空间，中国相对于东南亚及南亚国家的成本劣势越来越大，更多中低端企业将会倒闭或者向外转移，严重的话甚至可能出现类似日本的产业空心化现象。

2. 东南亚及南亚国家中低端制造业出现快速增长的趋势

以越南、柬埔寨和印度为代表的东南亚及南亚国家都在积极发展本国的中低端制造业。以越南为例，自从 1986 年越南实行"革新开放"以来，各种改革措施推行促进了越南经济发展，自 1991 年以来越南保持了较高的经济增速，1991 ~ 2020 年，越南 GDP 年均增长率达到 6.51%（见表 1 – 5）。越南制定了各种促进本国制造业发展的政策，在税收上，外资企业在越南前

3 年免税，第 4 ~ 9 年税率为 5%，其后税率约为 10%。① 2020 年越南拥有 369 个工业园区，主要集中在胡志明市、河内、北宁省等地②，近年来这些工业园区迎来了外商直接投资热潮。再以柬埔寨为例，柬埔寨设置了 21 个经济特区，柬埔寨政府对入驻经济特区的公司企业提供了优惠条件，如免关税、一窗口服务、进出口手续便利化、行政手续便利化等。经济特区快速发展带动柬埔寨经济高速增长，自 1999 年之后柬埔寨经济进入高速增长时代，1999 ~ 2020 年 GDP 年均增长率达到 7.19%（见表 1 - 5）。最后以印度为例，2014 年莫迪开始担任总理以来，大刀阔斧提出了十多项改革目标，启动"印度制造"计划，提出将印度打造成新的"全球制造中心"。虽然莫迪总理的改革并未达到预期效果，并且印度制造业发展面临基础设施、人员素质、文化水平、法规制度等因素的掣肘，但是印度拥有庞大的国内市场和大量的适龄劳动人口，因此，其中低端制造业的巨大发展潜力是不容忽视的。即使存在一些问题，但从 2003 年以来印度依旧保持了较高的经济增速，2003 ~ 2020 年，印度 GDP 年均增长率为 6.73%（见表 1 - 5），若未来能够通过改革克服自身存在的问题，印度在中低端制造业领域将成为中国强劲的竞争对手。

表 1 - 5　　　　1975 ~ 2020 年亚洲发展中国家制造业增加值增长率　　单位:%

年份	GDP 增长率					制造业增加值增长率				
	孟加拉国	柬埔寨	印度	缅甸	越南	孟加拉国	柬埔寨	印度	缅甸	越南
1975	4.62	- 1.35	9.79	4.86	2.99	- 10.92	- 1.32	2.11	7.51	2.97
1980	1.97	- 5.74	8.12	7.04	- 3.50	1.45	- 5.55	0.19	6.88	- 3.48
1985	2.80	4.11	3.83	0.71	5.26	- 1.60	4.51	4.00	- 2.55	8.74
1990	7.04	0.57	5.55	0.55	6.48	7.25	- 4.30	6.10	- 1.96	- 5.85
1995	4.55	7.02	6.51	6.01	10.15	10.48	11.76	14.90	6.02	13.55

---

① 《越南，即将成为下一个世界制造业大国?》，凤凰网，2022 年 1 月 7 日，https://ishare.ifeng.com/c/s/v002oyoXy0XwkwKk - _u5UegCAn - - R05P1x0JaWVdghs1PmjgI__。

② 《胡志明市、河内等基础设施完善的大城市仍是外资新项目首选地》，中华人民共和国商务部官网，2022 年 7 月 7 日，http://hochiminh.mofcom.gov.cn/article/jmxw/202207/20220703331569.shtml。

续表

年份	GDP 增长率					制造业增加值增长率				
	孟加拉国	柬埔寨	印度	缅甸	越南	孟加拉国	柬埔寨	印度	缅甸	越南
1996	4.32	3.98	7.50	5.60	9.02	6.41	17.06	9.66	4.82	13.59
1997	5.00	6.24	4.90	4.92	8.00	5.05	27.51	1.51	5.90	12.83
1998	5.22	5.28	6.35	8.08	6.30	8.54	15.15	2.72	10.75	10.20
1999	4.85	10.21	5.85	12.88	5.53	3.19	19.72	3.98	19.03	7.99
2000	5.92	9.31	3.29	12.65	6.33	4.76	30.29	6.53	22.34	11.68
2001	5.31	8.27	5.99	12.55	6.01	6.68	15.20	3.57	25.61	11.35
2002	4.37	6.22	2.82	13.75	6.00	5.48	14.41	4.39	24.96	11.60
2003	5.25	9.03	7.97	13.84	6.79	6.75	12.30	6.86	23.50	11.53
2004	5.73	9.37	7.46	14.05	7.43	7.10	17.66	9.69	23.16	10.86
2005	5.92	13.78	8.28	13.48	7.18	8.19	9.72	9.35	22.01	12.92
2006	6.92	10.98	8.05	12.16	6.98	10.77	17.44	17.79	21.56	13.36
2007	7.17	8.11	7.38	10.92	7.13	10.54	8.88	6.98	19.57	12.37
2008	5.85	6.57	4.31	10.40	5.66	7.33	3.12	4.66	18.58	9.78
2009	5.26	−0.28	6.86	10.23	5.40	6.69	−15.51	10.97	19.74	2.76
2010	6.04	6.25	8.03	7.67	−6.93	6.65	29.56	7.70	15.19	−21.84
2011	6.64	7.14	5.22	6.03	6.84	10.01	16.17	3.13	9.50	14.08
2012	6.72	7.41	5.42	7.71	6.19	9.96	6.86	5.45	8.96	9.05
2013	6.14	7.44	6.05	9.15	5.29	10.31	9.82	4.97	9.50	7.22
2014	6.15	6.90	7.15	7.50	5.73	8.77	6.65	7.90	9.69	7.41
2015	6.54	6.93	8.03	5.81	6.83	10.31	9.22	13.06	9.59	10.60
2016	7.17	7.02	7.97	5.75	6.19	11.69	6.50	7.93	9.84	11.90
2017	7.23	6.79	6.23	6.40	6.87	10.97	6.99	7.53	9.89	14.40
2018	7.90	7.17	5.90	6.75	7.20	13.40	9.09	5.28	9.69	12.98
2019	8.36	6.82	4.14	3.17	7.09	14.20	6.73	−2.44	4.76	11.29
2020	5.42	−3.17	6.60	−10.00	3.06	5.84	−2.77	6.27	−11.2	5.82

资料来源：联合国统计司数据库。

　　以越南、柬埔寨和印度为代表的东南亚和南亚国家制造业快速增长，在全球制造业中所占的份额不断增大。1995～2020年，越南、柬埔寨和缅甸制造业增加值的年均增长率分别为9.59%、11.90%和13.57%；2004～2020年，孟加拉国和印度制造业增加值的年均增长率分别为9.57%和7.43%（见表1－5）。越南、柬埔寨、印度、孟加拉国和缅甸五个国家制造业增加值占世界的比重在1970年仅为0.9158%，2000年上升至1.9741%，2010年增至2.8242%，2020年进一步升至4.0042%，这五国在世界制造业中所占的份额越来越大（见表1－6）。虽然印度、孟加拉国、缅甸等国家在发展过程中仍然存在一些问题，但是就像20世纪八九十年代中国也存在问题但并未妨碍中国成为第四次国际产业转移的最大受益国一样，只要越南、柬埔寨和印度等能够不断改善自身的问题，并不会妨碍这些国家承接国际产业转移和制造业快速增长。

表1－6　　　　　　1970～2020年东南亚及南亚国家制造业增加值
在世界所占的比重

单位：%

年份	越南	印度	缅甸	孟加拉国	柬埔寨	合计
1970	0.0400	0.7400	0.0100	0.1000	0.0066	0.8966
1975	0.0400	0.7300	0.0100	0.0800	0.0038	0.8638
1980	0.0400	0.7700	0.0100	0.0900	0.0022	0.9122
1985	0.0600	0.9600	0.0100	0.0800	0.0023	1.1123
1990	0.0500	1.2100	0.0100	0.0800	0.0029	1.3529
1995	0.0800	1.5900	0.0100	0.1100	0.0038	1.7938
2000	0.1100	1.7000	0.0200	0.1300	0.0085	1.9685
2005	0.1500	1.8800	0.0400	0.1400	0.0127	2.2227
2006	0.1600	2.0100	0.0400	0.1400	0.0141	2.3641
2007	0.1700	2.0900	0.0500	0.1500	0.0144	2.4744
2008	0.1800	2.1600	0.0600	0.1600	0.0147	2.5747
2009	0.2000	2.5600	0.0700	0.1800	0.0133	3.0233
2010	0.1400	2.5500	0.0800	0.1800	0.0157	2.9657
2011	0.1600	2.6200	0.0800	0.1900	0.0175	3.0675
2012	0.1700	2.7000	0.0900	0.2000	0.0183	3.1783

年份	越南	印度	缅甸	孟加拉国	柬埔寨	合计
2013	0.1700	2.7600	0.0900	0.2100	0.0196	3.2496
2014	0.1800	2.8800	0.1000	0.2200	0.0201	3.4001
2015	0.1900	3.1000	0.1100	0.2400	0.0213	3.6613
2016	0.2100	3.2500	0.1100	0.2600	0.0221	3.8521
2017	0.2597	2.9766	0.1259	0.3102	0.0253	3.6977
2018	0.2824	3.0158	0.1329	0.3386	0.0265	3.7962
2019	0.3091	2.8934	0.1369	0.3802	0.0278	3.7474
2020	0.3313	3.1147	0.1232	0.4076	0.0274	4.0042

资料来源：根据联合国统计司数据库的数据计算得到。

（三）中低端制造业在亚洲范围内的重新布局

综上所述，一方面，随着中国经济保持中高速增长，中国的制造成本将会继续提升，中国中低端制造业的成本竞争力不断减弱；另一方面，随着中国经验被东南亚和南亚发展中国家所学习，东南亚及南亚国家的基础设施、产业配套和熟练工人数量等方面的劣势不断改善，以及这些发展中国家与中国相比所具有的独特优势，例如，更加廉价的劳动力和土地，更加充足的适龄劳动人口以及具有更多的税收优惠或者更少的出口限制，以越南、柬埔寨和印度为代表的东南亚和南亚国家中低端制造业将会快速发展，中国中低端制造业将会部分地转移到这些东南亚和南亚国家，最终导致中低端制造业在亚洲范围内的重新布局。

第三节　成本相对变化及美国减税对中低端制造业全球重新布局的影响

除了亚洲之外，美国和非洲也在积极地吸引制造业回流或者发展本国制造业，下面我们分析各国制造成本相对变化以及美国减税政策对中低端制造业全球重新布局的影响。

（一）制造成本相对变化和美国减税对中美制造成本的影响

中国工资和物价上涨速度明显快于美国，导致中国相对于美国的制造成本优势被逐步削弱。如表 1 - 7 所示，1990～2018 年，中国消费者物价指数（CPI）和城镇在岗职工平均实际工资分别上涨了 2.00 倍和 10.53 倍，美国 CPI 和制造业时薪指数仅分别上涨了 0.92 倍和 1.01 倍；这段时期中国 CPI 和城镇在岗职工平均实际工资年均增长率分别为 4.15% 和 9.18%，而美国 CPI 和制造业时薪指数年均增长率分别为 2.37% 和 2.56%。中美物价和工资的不同涨速会不断缩小甚至可能最终抹平中美两国之间的制造成本差距。

表 1 - 7　　　　　　1990～2020 年中美两国工资与物价变化情况

年份	中国 CPI 同比变化率（%）	居民消费价格指数（1990 年 = 100）	城镇在岗职工平均实际工资同比变化率（%）	城镇在岗职工平均实际工资指数（1990 年 = 100）	美国 CPI 同比变化率（%）	美国 CPI（1990 年 = 100）	美国时薪同比变化率——制造业（%）	美国时薪指数——制造业（1990 年 = 100）
1990	—	100.00	—	100.00	—	100.00	—	100.00
1991	3.40	103.40	4.00	104.00	4.20	104.20	3.30	103.30
1992	6.40	110.02	6.70	110.97	3.00	107.36	2.43	105.80
1993	14.70	126.19	7.10	118.85	3.00	110.53	2.57	108.53
1994	24.10	156.60	7.70	128.00	2.60	113.41	2.91	111.69
1995	17.10	183.38	3.80	132.86	2.80	116.58	2.57	114.56
1996	8.30	198.60	3.80	137.91	2.90	120.00	3.27	118.29
1997	2.80	204.16	1.10	139.43	2.30	122.81	3.04	121.90
1998	- 0.80	202.53	7.20	149.47	1.60	124.72	2.40	124.81
1999	- 1.40	199.69	13.07	169.00	2.20	127.44	2.98	128.53
2000	0.40	200.49	11.41	188.28	3.40	131.75	3.39	132.90
2001	0.73	201.96	15.19	216.89	2.80	135.47	3.10	137.01
2002	- 0.75	200.44	15.45	250.39	1.60	137.62	3.59	141.93
2003	1.17	202.79	11.99	280.42	2.30	140.74	2.94	146.09
2004	3.88	210.65	10.45	309.72	2.70	144.51	2.55	149.82

续表

年份	中国 CPI 同比变化率（%）	居民消费价格指数（1990 年 = 100）	城镇在岗职工平均实际工资同比变化率（%）	城镇在岗职工平均实际工资指数（1990 年 = 100）	美国 CPI 同比变化率（%）	美国 CPI（1990 年 = 100）	美国时薪同比变化率——制造业（%）	美国时薪指数——制造业（1990 年 = 100）
2005	1.81	214.47	12.80	349.36	3.40	149.42	2.56	153.63
2006	1.47	217.62	12.67	393.63	3.20	154.24	1.54	156.00
2007	4.77	228.00	13.59	447.12	2.90	158.64	2.69	160.21
2008	5.86	241.36	10.98	496.22	3.80	164.73	2.83	164.74
2009	-0.69	239.70	13.02	560.82	-0.40	164.15	2.75	169.28
2010	3.32	247.65	9.98	616.79	1.60	166.83	2.01	172.68
2011	5.39	261.00	8.53	669.41	3.20	172.11	1.73	175.67
2012	2.65	267.92	9.17	730.79	2.10	175.66	0.80	177.07
2013	2.62	274.94	7.31	784.21	1.50	178.23	1.13	179.11
2014	1.99	280.41	7.10	839.89	1.60	181.13	1.39	181.56
2015	1.40	284.34	8.60	912.12	0.12	181.35	1.77	184.78
2016	2.00	290.02	6.90	975.06	1.26	183.63	2.64	189.65
2017	1.60	294.66	8.50	1057.94	2.13	187.54	-0.01	187.75
2018	2.10	300.85	9.00	1153.15	2.44	192.12	6.88	200.67
2019	2.90	309.58	7.20	1236.18	1.81	195.60	—	—
2020	2.50	317.31	5.20	1300.46	1.23	198.00	—	—
平均值	4.06	—	8.99	—	2.31	—	2.56	—

资料来源：根据美国劳工局网站、中国统计局网站和 EPS 全球统计数据库的数据计算得到。

在美国减税之前，随着中国制造成本不断上涨，中国在逐步缩小与美国之间的制造成本差距。2015 年 8 月美国波士顿顾问公司（BCG）发表的《全球制造业的经济大挪移》报告指出，以美国的制造成本为基准指数 100，中国的制造业成本指数高达 96，中国制造成本不但与美国（100）相差不大，而且与韩国（102）和英国（109）等发达国家的差距也正逐渐缩小（见图 1-1）。《全球制造业的经济大挪移》报告按照成本竞争力指数，把所研究的全球前 25 个领先出口经济体分成面临压力、继续削弱、保持稳定和全球新星四类，中国、巴西、波兰、捷克共和国和俄罗斯属于面临压力类，原来具有成本优势，但是 2004 年以来面临成本优势大幅减弱的压力；墨西哥和美国属于全球新星类，由于工资增长率低、生产率持续提高、汇率稳定和拥有巨大的能源成本优势，这两个国家将成为全球制造业的新星。通过中美比较可知，中国除了劳动力成本低于美国之外，其他多数成本（如物流成本、土地成本、银行借款成本、电力/天然气成本、配件成本等）均高于美国，综合来看，在 2017 年 12 月美国减税前中国已经在逐渐缩小与美国之间的制造成本差距。

（二）美国减税后中美制造成本的比较分析

自从特朗普上台之后，美国战略发生了重大转变，美国逐步收缩在全球的战线，采取各种措施吸引制造业回流，增强本国经济实力。与此同时，还采取税收、汇率和贸易制裁等各种措施打击竞争对手，从而达到稳固美国全球霸主地位的目的。为此，2017 年 12 月美国通过了减税方案，企业税所得税税率从 30% 削减至 21%，美国企业海外利润汇回税税率从 35% 降至 14.5% 或 7.5%[①]，这使得美国的制造成本进一步下降，减税之后中国与美国之间的制造成本差距被进一步缩小了。若未来中国工资和物价的上涨速度持续高于美国，并且随着未来人工智能取代劳动导致劳动力成本在制造成本中所占的比重下降，未来中国制造业相对于美国的成本优势还会减弱，那时制造业回流美国有可能转变为现实。除了积极吸引制造业回流美国之外，美国还采取各种措施打击和削弱中国制造业，给中国的经济崛起设置种种障碍。例如，美国采取的贸易保护政策、针对中国产品进行的反倾销调查、加大对中国在美敏感产业投资的限制、与中国未来可能存在的贸易摩擦等。在中国制造业利润率不断下滑的情况下，中国面对资金脱实入虚以及实体经济发展面临的困难，对于美国的种种举措中国政府应当引起足够的重视，采取有效应对措施保护本国制造业。

（三）非洲发展中国家制造业发展情况

非洲国家给人的印象是政局不稳定，营商环境和基础设施不完善，因

---

① 《美国税改法案通过，企业所得税从 35% 降低到 20%》，央广网，2017 年 12 月 2 日，http://china.cnr.cn/NewsFeeds/20171202/t20171202_524047558.shtml。

此，许多非洲国家在工业化的道路上步履蹒跚，大部分国家的经济依然依赖少数产品。然而，营商环境比较好的非洲国家，如埃塞俄比亚、摩洛哥、肯尼亚、毛里求斯、科特迪瓦等，2005～2020 年 GDP 年均增长率分别为 10. 11%、4. 75%、5. 15%、3. 87% 和 7. 23%，其经济得到了比较快速的发展，见表 1 - 8。

表 1 - 8 　　　　　　2005～2020 年非洲五国的 GDP 增长率 　　　　　单位：%

年份	科特迪瓦	埃塞俄比亚	肯尼亚	毛里求斯	摩洛哥
2005	1. 72	11. 82	5. 91	1. 78	2. 98
2006	1. 52	10. 83	6. 33	4. 87	7. 76
2007	1. 77	11. 46	6. 85	5. 73	2. 71
2008	2. 55	10. 79	0. 23	5. 39	5. 92
2009	3. 25	8. 80	3. 31	3. 31	8. 97
2010	2. 02	12. 55	8. 40	4. 38	3. 97
2011	- 4. 20	13. 16	6. 11	4. 08	6. 27
2012	10. 10	8. 65	4. 55	3. 50	2. 30
2013	9. 29	10. 58	5. 69	3. 36	4. 92
2014	8. 77	10. 26	5. 55	3. 74	4. 01
2015	9. 16	10. 39	5. 71	3. 47	4. 94
2016	8. 75	7. 56	5. 85	3. 75	3. 37
2017	7. 36	9. 56	3. 82	3. 81	5. 80
2018	6. 89	6. 82	5. 63	3. 76	3. 81
2019	6. 23	8. 36	4. 98	3. 01	3. 73
2020	1. 99	6. 06	- 0. 32	- 14. 89	- 5. 02
平均值	7. 23	10. 11	5. 15	3. 87	4. 75

资料来源：根据联合国统计司数据库的数据计算得到。

以埃塞俄比亚为例，根据联合国统计司数据库的统计数据，2005～2020 年，该国 GDP 年均增长率高达 10. 11%，制造业增加值的年均增长率达到 13. 08%，2020 年埃塞俄比亚的进口和出口较 1995 年分别增长了 5. 10 倍和 19. 24 倍，低成本、低工资和稳定政治环境使得埃塞俄比亚这样的非洲大国有望成长为下一个"世界工厂"。

（四）世界中低端制造业格局的变化

中低端制造业在世界范围内出现了两个显著变化：一方面，全球中低端制造业相对成本发生了变化，中国曾经是廉价生产要素的国家，但是随着工资、物价和租金等不断上涨，中国逐步脱离低成本制造国家的行列，而低制造成本国家（如越南、柬埔寨、印度、埃塞俄比亚等）在积极学习中国发展经验，这些国家在基础设施、产业配套、熟练工人数量等方面不断改善，增强了对中低端制造业的吸引力，导致制造业向这些国家转移，世界上已经出现了第五次国际产业转移的端倪；另一方面，由于制造业对一国经济的重要作用，不仅发展中国家在争夺中低端制造业，发达国家也在想方设法吸引中低端制造业，2017年12月美国通过大幅减税法案，有助于吸引制造业回流美国，虽然其在劳动力成本方面具有劣势，但在电力、能源、物流、土地、税收等方面具有更低的成本，足以抵消其在劳动力上的高成本，从而使美国也具备了一定的低制造成本优势，有利于吸引制造业回流。这两个变化导致中低端制造业在全球重新布局，在发展中国家和发达国家的双重夹击下，在中国国内成本不断上涨的压力下，中国中低端产业的生存和发展状况堪忧，中国世界工厂的地位受到威胁，按照这种趋势发展下去，中国作为世界最重要的中低端制造业中心的地位将会改变，未来从一个中心（以中国为中心）演变成多个中心（包括中国、东南亚及南亚国家、包括美国和墨西哥在内的北美洲国家、包括埃塞俄比亚等在内的非洲国家），中低端制造业世界中心将从单极化向多极化转化。

第四节　推进中低端制造业高质量发展和稳固中低端制造业国际地位的举措

在促进经济转型升级和发展高新科技产业的同时，我国不能也不应放弃中低端制造业。究其原因，我国多数企业仍处于全球价值链中低端位置的格局没有改变，关键核心技术和装备受制于人的局面没有改变，我国尚未真正建立技术比较优势的现状没有改变，在这种情况下若贸然放弃中低端制造业，对我国整个国家经济和社会就业都将是一个巨大的负面冲击。

以日本和美国为例，虽然日本和美国在世界高端制造业占据重要的份额，但是由于把中低端制造业转移出去，导致这两个国家出现产业空心化，即使高端制造业和服务业发展状况良好，仍然不能消除中低端制造业向外转移对其造成的负面影响。对于像中国这样的人口大国而言，有大量的劳动力需要工作岗位，与日本、美国等相比，我国更不能放弃中低端制造业。

若中低端制造业转移出去，国内制造业的产业集群被破坏了，想再吸引回来就会变得异常困难，因此，我国应当想方设法维持和巩固处于不利境况的中低端制造业，可以考虑的措施如下：

1. 降低中国制造成本，减少中国制造成本劣势

（1）通过政府机构减员增效来降低企业的税费成本。

截至 2015 年底，全国共有公务员 716.7 万人，公务员人数与我国 13 亿人口相比的确不算高，但若算上全部财政供养人员，我国财政供养人员约 5000 万人，官民比例高达 1 : 26①，明显高于欧美发达国家。财政供养人员过多，供养成本最终会以税费等形式转嫁到企业或居民身上，增加了企业的成本，减少了居民的消费，从供给侧和需求侧两方面抑制了经济增长。因此，政府机构应当努力减员增效，这不但可以为企业减税创造空间，缩减我国中低端制造业与其他发展中国家的成本劣势，而且可以减少政府对市场的干预，降低企业的隐性制度成本。

（2）通过大力改善营商环境来降低制度成本。

我国市场经济是从计划经济转轨过来的，转轨速度存在明显的地区差异，对外交流频繁的沿海地区和大城市转轨程度比较充分，对外交流较少的中西部地区和欠发达地区转轨程度比较不充分。由于转轨比较不充分，中西部地区和欠发达地区营商环境和法制环境建设相对滞后，地方政府过度干预现象依然存在，政商关系仍旧不能杜绝，这些因素极大地阻碍了东南沿海地区的中低端制造业向中西部地区和欠发达地区转移。因此，大力整治中西部地区和欠发达地区的营商环境和法制环境以及切断政商之间的联系，是推动东南沿海地区中低端制造业向中西部地区和欠发达地区转移

---

① 《我国首次披露公务员人数：716.7 万人》，凤凰网，2016 年 6 月 22 日，https://news.ifeng.com/c/7fcVD3wz93p。

并保持我国中低端制造业地位的重要措施。

营商环境和法制环境建设相对落后以及政商相互之间的联系一直是阻碍我国中西部地区和欠发达地区经济发展的重要原因，我国可以考虑采取"一把手负责制"措施，对于营商环境和法制环境较差和政商联系过多地区的一把手予以问责，甚至对问题严重的地方领导予以降职或撤职处理。这种"一把手负责制"措施，能够有效地改善中西部地区和欠发达地区的营商环境和法治环境，推动东南沿海地区的中低端制造业向欠发达地区转移，而不是向东南亚和南亚国家转移。

（3）通过降低地价和房价来减少企业用地成本。

土地成本或租金成本也是实体经济的一项重要成本，地价或房价不断上涨，也是推高我国制造成本的一个重要方面；而且，租金上升养成了更多依靠租金的食利群体，这种不事劳动的食利阶层扩大无疑增加了中国的制造成本。

城市集体用地的增值收益全部归城中村农民所有，这种政策设计值得商榷，这会造就城市一大批不事劳动的城中村农民的食利阶层甚至是暴富阶层，这种食利阶层或暴富阶层的存在大大增加了城市实体经济的经营成本，阻碍了我国实体经济的发展。我国应当对城中村农民进行适当的补偿，但这种补偿不能超过一定的限度，超过一定限度对社会有害无益，一方面，养成不事劳动的食利阶层或暴富阶层，极大地增加了社会负担；另一方面，政府无法对实体经济进行土地方面的优惠或补贴，导致实体经济的租金成本和经营成本居高不下。我国政府应当以一定的比例收回城市集体用地，这些集体用地可以用于降低实体经济的租金成本，进而在一定程度上降低其经营成本。

（4）通过降低垄断价格或者增强垄断行业竞争来降低原材料和能源等成本。

我国的物流、电力、能源、融资等成本明显高于美国，主要原因是电能、能源、交通、通信、银行等领域大多数由国有垄断企业进行经营，国有垄断企业的低效率或者高利润导致我国物流、电力、能源、融资等成本居高不下，然后通过成本转嫁推高了实体经济的经营成本。为此，我国应当对垄断价格进行行政限价，或者在国有垄断行业引入竞争机制，通过行政手段或市场手段双管齐下来降低垄断企业价格，从而降低实体企业的经营成本。

2. 在保证人民币基本稳定的情况下，可以考虑人民币适当幅度的贬值

自从 2005 年人民币汇率形成机制改革以来，人民币汇率从 2005 年 1 美元兑换 8.27 元人民币升值至 2017 年底 1 美元兑换 6.5063 元人民币，人民币大幅升值削弱了中国制造的成本竞争力。[①] 2018 年 1 月美元出现了较大幅度贬值，推动了该月人民币升值接近 3%，人民币汇率升值使中国外向型企业雪上加霜，中国出口增长受到更大的不利冲击。为了避免人民币升值对中国制造业企业的影响，在保证人民币基本稳定的情况下，在可控的范围内可以考虑让人民币出现适当幅度的贬值。

3. 积极营造工匠精神的环境，提高中国制造的质量和价格

虽然德国工资和物价高企，但是德国中小企业发展势头不错，出现了许多世界隐形冠军。为了保持中低端制造业的世界地位，我国可以借鉴德国经验培育中低端制造业的工匠精神，通过工匠精神提高中低端制造业的品质和价格，即使未来不具备成本优势，但是仍然可以通过提升质量水平来维持制造业大国的地位，并且质量竞争比价格竞争更有利于一国制造业的可持续发展。

与德国相比，中国缺少工匠精神所需的社会环境、教育环境、法治环境和政治环境。在社会环境方面，产业工人的社会地位和薪资报酬不高，社会保障不够完善，导致产业工人队伍留不住优秀人才，产业工人流动性过强，不利于技术积累和产品品质提升；在教育环境方面，由于产业和技术工人社会地位和经济地位不高，许多家长不太愿意把小孩送去职业技术学院，大学开设职业技术教育方面的课程过少，中国职业教育与德国相比存在明显的差距；在法治方面和政治环境方面，政商之间仍然存在联系，以及知识产权保护不完善和假冒伪劣产品屡禁不止，损害了企业的工匠精神，不利于企业工匠精神的培育。

为了培育我国传统制造业的工匠精神，保持我国制造业大国的世界地位，我国应当积极营造工匠精神的社会环境、教育环境、法治环境和政治

---

① 数据来自国家外汇管理局网站，http://www.safe.gov.cn/safe/rmbhlzjj/index.html。

环境。具体包括：第一，积极提高产业工人（尤其是技术工人）的社会地位、经济地位和社会保障。虽然这方面的改善会提高企业的成本，但是会吸引更多的优秀人才，减少人员的流动性，从而提升企业的产品品质；第二，增设中学和大学的职业教育课程，加大对职业技术学院的政府投入，提高我国职业技术教育水平；第三，制定人更加严厉的法律来切断政商之间的联系，过多的政商联系增加了企业的投机行为和损害了企业的工匠精神，另外，加强知识产权保护，严厉打击假冒伪劣产品，加强对于专注品质企业的法律保护并减少其制度成本。

第五节　本章小结

当前中国中低端制造业面临来自发达国家和发展中国家的双重挑战：一方面，随着人工智能技术的快速发展，发达国家的制造业不断以机器来替代人的工作，工厂所需要的劳动力会显著下降，廉价劳动力在制造业中所起的作用越来越小，发达国家在某些中低端制造行业有可能重获国际竞争优势，导致某些中低端制造业回流发达国家；另一方面，以印度、越南等为代表的发展中国家由于具有廉价生产要素比较优势，在某些中低端制造业（如玩具、鞋帽、服装、造纸、钢铁等）具有国际竞争优势，这些国家经济的持续发展表明它们在某些中低端制造业的国际竞争力在逐步增强。在中国中低端制造业面临国际双重挑战的情况下，未来中国中低端制造业一家独大的局面很可能会发生改变，未来从一个中心演变成多个中心，中低端制造业世界中心将从单极化向多极化转化。

在面临双重冲击的困局下，中国的经济发展战略不得不从高速增长阶段向高质量发展阶段转变，在传统廉价要素优势逐步削弱的情况下重新培养国际竞争新优势：一方面，加快传统制造行业的改造升级，推动高质量发展。传统的制造行业从追求量的增长向兼顾量和质且更偏重质的提升转变，传统制造行业在逐步丧失廉价要素优势的同时，能够逐渐获得技术优势、品牌优势、设计优势、管理优势、销售渠道优势等，以新的优势去替代旧的优势，以巩固和保持我国中低端制造业的国际地位；另一方面，不断培育和打造高新制造业的国际竞争优势，推动高质量发展。在面临以美国为首的西方国家采取技术封锁和技术遏制的情况下，我国需要不断地推进市场经济的市场化和法治化进程，积极地推进制度更深层次的改革和全方位对外开放，推动我国从要素驱动向技术驱动转变，使得我国不断增强技术比较优势，最终进入世界技术创新大国的行列。一言以蔽之，在中国中低端制造业面临国际双重冲击的形势下，中国只有一条道路可以选择，那就是从经济高速增长阶段向经济高质量发展阶段转变，从要素驱动型经济增长向创新驱动型经济发展转变，在逐步丧失廉价劳动力竞争优势的时候，重新获得国际竞争新优势。

第二篇 有为政府建设与经济高质量发展

第二章
从制造业大国向制造业强国转变的
首要前提是实现政府转型

由于成本提高和产能过剩，未来我国制造业发展不应再主要依靠资本（K）和劳动力（L），而应主要依靠技术（A），也就是说未来我国需要从制造业大国向制造业强国转变。制造业强国系统由外在环境和内部要素组成，外在环境（或基础设施）包括营商环境、人才培养、政府和经济组织服务、研发系统的研发效率等，内部要素包括技术能力和组织能力，两者之间的关系是外在环境（或基础设施）变化对内部要素产生重要影响。中国与德国、美国、日本等制造业强国在外在环境（或基础设施）的发展方面仍存在不小的差距，存在差距的原因与我国地方政府转型相对滞后有关。因此，我国从制造业大国向制造业强国转变的思路是，首先通过加快政府转型来完善制造业强国系统的外在环境（或基础设施），外在环境改善有利于提升制造业强国系统的内在要素，外在环境改善和内在要素提升有利于我国从制造业大国向制造业强国转变。所以说，从制造业大国向制造业强国转变的前提是要率先实现政府转型。

第一节　文献综述

我国以前经济发展主要依靠 K 和 L，随着产能普遍过剩，我国不能再主要依靠 K 和 L 来推动经济增长，究其原因，一方面，随着 K 和 L 规模不断增长，其对 GDP 的拉动作用逐步下降；另一方面，主要依靠 K 和 L 拉动的经济增长，将会导致更加严重的产能过剩。未来中国应主要依靠 A 来推动经济增长，也就是说，未来我国需要从制造业大国向制造业强国转变，这个转变主要通过 A 的增长来实现。改革开放四十余年，我国制造业已经发展至较高阶段，在这个阶段我国技术进步已经不能再依靠引进技术和合资合作来实现，必须立足于自主创新和自主发展，唯有这样我国才能从制造业大国向制造业强国转变。

关于我国如何加强自主创新，实现从制造业大国向制造业强国转变，不同学者从不同的角度提出破解难题的做法。总体而言，大多数学者把我国制造业竞争力不足归结为制度性因素，并从制度的视角提出我国向制造业强国转变的实现路径。曹驰和黄汉民（2017）运用理论模型和实证检验证明制度质量会影响企业的全要素生产率，进而成为国际贸易比较优势的重要来源。李时椿（2006）认为，制造业自主创新能力"瓶颈"是制约我国制造业可持续增长的关键障碍，因此，体制创新和结构优化是增强我国制造业自主创新能力，实现从制造业大国走向制造业强国的必由之路。金碚（2014）认为，我国制造业转型升级的关键是创造公平竞争的市场环境，而创造公平透明市场环境的关键在于积极推进制造业领域以外的改革，特别是要素市场改革。

大多数学者关注到各个发达工业国家的共同特征（即制度性因素），少部分学者研究成为制造业强国的国家的异质性因素。黄群慧和贺俊（2016）认为，国内主流的制度观提出的完善市场经济体制、建立服务型政府、深化国企改革、提高自主创新能力、增加教育投资等，是发达工业国家的共同特征或者是后发国家进入发达工业国家行列所须具备的必要条件，而非成为工业强国的充分条件。从世界工业发展的历史来看，后发国家之所以能够赶上或超过发达工业国家，是因为后发国家的资源或能力对发达工业国家的资源或能力形成了替代，形成了自己的核心能力（即技术能力以及组织能力）。未来中国提升制造业技术能力的可能方向是："一是通过架构创新和标准创新加强将一体化架构产品转化为模块化架构的能力，二是不断提升复杂装备的架构创新和集成能力。"

以上文献从多个方面研究如何实现从制造业大国向制造业强国转变，但是少有文献探讨政府转型对这个转变过程所起到的作用。本书在综合前人研究的基础上提出了制造业强国的构成系统，然后再从政府转型的视角来探讨我国与德国、美国、日本在制造业强国构成系统的外在环境（或基础设施）方面存在差距的原因，以及缩小差距的对策。本章下面内容包括：第二节阐述制造业强国的构成系统，第三节分析我国与世界制造业强国外在环境（或基础设施）方面所存在的差距，第四节探讨政府转型相对滞后对制造业强国外在环境（或基础设施）的影响，第五节研究为实现向制造业强国转变我国政府应当如何转型，第六节为本章小结。

第二节　制造业强国的构成系统

从改革开放以来的经验表明，制造业强国目标的实现要依靠国有企业和民营企业，不能依赖外资企业。外资企业为了保持其技术优势和市场份额，必然会封锁其核心技术，让投资国的企业锁定于价值链低端，使投资国陷入低端价值链陷阱。

至于国有企业和民营企业，究竟谁是自主创新自主发展和突破低端价值链陷阱的主体呢？这不能一概而论，需要分行业来看。对于高铁、量子卫星及计算机、航天航空、特高压输电技术、核电、军事工业等行业，国有企业才是创新主体，而非民营企业。在这些适合于国有企业发挥作用的行业，我国的发展势头良好，正在不断赶上甚至超过德国、美国、日本等制造业强国。这表明，虽然当前还存在需要改进的地方，但总体而言我国国有经济的效率相对而言是不错的，不会差于德国、美国、日本等制造业强国。

然而，在广大的竞争性行业，如服装、鞋帽、芯片、机器人、汽车、装配制造业等行业，我国与德国、美国、日本仍存在相当的差距，也就是说，我国与制造业强国的主要差距存在于民营经济应当发挥主导作用的竞争性行业，在这些竞争性行业我国与制造业强国仍存在相当的差距，导致目前我国制造业大而不强。

下面我们详细分析在竞争性行业制造业强国的构成系统，该构成系统由外在环境和内部要素组成，见图2-1。制造业强国的内在要素包括该国的技术能力和组织能力。路风（2006）较早认识到，制造业竞争力的源泉是基于知识的技术能力形成。黄群慧和贺俊（2016）认为，技术获取和自主研发能力，以及对生产过程和研发过程进行组织的能力，是决定该国技术进步的内在要素。即使外在环境相同的情况下，技术能力和组织能力不同的地区，制造业技术水平也会不相同。以我国东部沿海城市为例，虽然外在环境差异很小，但是由于不同城市的技术能力和组织能力存在差异，导致不同城市的高技术产业发展差异很大，例如深圳和厦门。

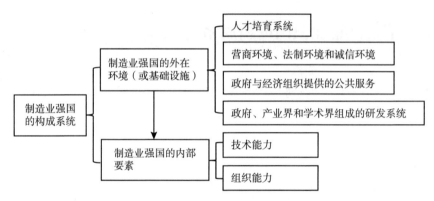

图 2 - 1　制造业强国的构成系统

在竞争性行业，需要发挥市场在资源配置中的基础作用，需要民营经济在转型升级中扮演主导的角色。因此，为了保证民营企业的技术能力和组织能力，一国必须构建一个高效完善的市场化系统，以更好地通过市场力量促进民营经济转型升级，加速我国从制造业大国向制造业强国的转变。制造业强国构成系统的外在环境（或基础设施）包括：第一，高质量的人才培育体系。高端价值链的竞争首先是人才的竞争，教育系统培养人才的数量和质量，对企业提升研发能力和组织能力起到重要作用。第二，优质的营商环境、法制环境和诚信环境。高端价值链的竞争关键是规则和外部环境的竞争。法制环境、诚信环境、知识产权保护、融资难易程度、法治型政府等，都会影响企业产品质量提升能力和创新研发能力，从而影响从制造业大国向制造业强国的转变。第三，政府和经济组织提供的高效和完善服务。高端价值链的竞争还是服务的竞争。政府和相关经济组织是否能提供高效和完善的服务，对企业产品质量和研发效率提升起着间接的支持作用。第四，由政府、产业界和学术界组成的高效研发创新系统。高端价值链的竞争是研发创新能力的竞争。由政府、产业界和学术界组成的研发系统的相互协调和创新能力，对一国从制造业大国走向制造业强国起着重要作用。

在制造业强国的构成系统中，外在环境（或基础设施）和内在要素有两个特征：第一，外在环境（或基础设施）对内部要素有明显的促进作用。当制造业强国的外在环境（或基础设施）比较完善时，这会通过降低研发成本和提高研发成功率两个方面来提高从事研发企业的利润率，高额的利润率自然会吸引大量资金和人才进入研发领域，从而明显地增强自主创新和自主发展能力，促进我国从制造业大国向制造业强国转变。第二，政府管理体制和管理模式对外在环境（或基础设施）有着显著的影响。对于制造业强国的建设而言，基础设施有有形的基础设施和无形的基础设施两种类型，有形的基础设施包括公路、铁路、桥梁、网络、电力供应等，无形的基础设施就是指制造业强国的外在环境。不管有形的还是无形的基础设施，由于市场存在缺陷，市场并不能有效地供给基础设施，这需要政府在其中扮演着重要的角色，以克服市场缺陷，增加有形的和无形的基础设施的有效供给。综上所述，存在"政府的管理体制和管理模式→制造业强国的外在要素（或基础设施）→制造业强国的内部要素"这种关系，也就是说，政府的管理体制和管理模式对于建设制造业强国起到重要作用。

当制造业强国系统的外在环境（或基础设施）存在缺陷时，市场难以通过自身力量来完善制造业强国的外在环境，需要政府干预或介入才能有效地弥补外在环境（或基础设施）的缺陷或不足；而当制造业强国系统的外在环境（或基础设施）比较完善时，一个国家或地区通过市场的力量，基于其所具备的特质（包括文化、民族特性、宗教等），逐步发展出独特的技术能力和组织能力，这只需要通过市场自身力量来形成，不需要政府的干预或介入，政府干预或介入对培育内部要素反而起到负面效果。

第三节 中国与世界制造业强国外在环境（或基础设施）的国别比较

中国制造业的规模已经是世界第一（见图2-2），2020年中国制造业增加值略大于美国+日本（或者美国+德国）的制造业增加值，中国在多个制造业领域排名世界第一，如中国的钢铁、煤炭、水泥、手机、空调冰箱、造船、高铁通车里程等行业的产值均是世界第一。

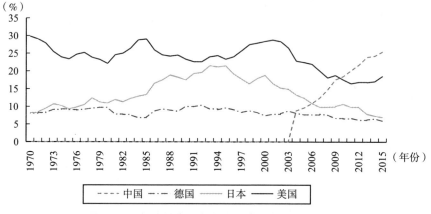

图2-2 各国制造业在世界制造业中所占的比重

资料来源：根据联合国统计司数据库的数据计算得到。

由于中国大多数企业仍处于全球价值链的中低端位置，因此，中国只能称为制造业大国，还不能称为制造业强国。中国强国系统的外在环境（或基础设施）与德国、美国和日本等制造业强国仍存在不小的差距，具体差距包括：

第一，中国高等教育落后于德国、美国、日本三国。从高等教育来看，根据上海软科教育信息咨询有限公司发布的2016年"世界大学学术排名"，世界100强大学中，美国有50家，排名前10有8家是美国的大学，日本有4家（排名分别为第20位、第32位、第72位和第96位），德国有3家（排名分别为第47位、第48位和第51位），中国仅有2家（排名分别为第58位和第71位）。由此可见，中国的高等教育落后于美国、日本和德国，如果从人均水平来看，中国与德国、美国、日本之间的高等教育差距更大。

第二，我国高级别技术工人培养仍存在较大的差距。纵观世界工业发展史，凡是制造业强国都是技师技工的大国。2016年，日本高级技工占比为40%，德国高级技工占比达50%，西方发达国家平均为40%，而中国这一比例仅为5%，全国高级技工缺口将近1000万人。[1] 当前我国职业教育发展不能满足企业对技术性人力资本的需求，在劳动力市场上表现为高技能人才的供需缺口加大，以及大量低技能劳动力和大学毕业生相对过剩并存的局面。以不同技术等级劳动力的求人倍率这个衡量指标来看，具有技术等级的劳动力都出现供不应求的现象，并且技术等级越高越显著。我国之所以缺乏高级技工，一方面，我国职业教育落后于美国、德国、日本等制造业强国；另一方面，与上述制造业强国相比，我国普通技术工人的社会地位、薪酬待遇和社会保障不高，这造成我国普通技术工人的流动性较大，人才队伍不稳定，不利于普通技术工人成长成为高级技术工人。

第三，中国的营商环境、法制环境和诚信环境建设落后于德国、美国、日本等制造业强国。如表2-1所示，营业环境便利指数越小，表示营商环境越佳，中国的营商环境便利指数为84，美国为7，德国为15，日本为34，中国与德国、美国、日本之间存在明显的差距。法律权利力度指数越大，表示法律环境越好，中国的法律权利力度指数为4，美国为11，德国为6，中国与美国、德国之间存在明显差距；虽然日本的法律权利指数也为4，跟中国一样，但是日本的法制完善程度仍强于中国。西方国家诚信制度已有150多年的历史，诚信体系比较完善，每个人、每个企业都有一个唯一的、伴随终身且不可改变的信用号码，个人和企业的所有信用表现永远记录在这个号码里，缺乏信用将在社会上寸步难行。由于诚信建设起步较晚，我国的诚信体系，这个关乎市场经济灵魂及企业生态实质的东

---

[1] 《我国高级技工缺口近千万，急需突破"大国工匠"不足的瓶颈》，央广网，2017年6月6日，http://m.cnr.cn/news/yctt/20170606/t20170606_523788731.html。

西，却存在诸多不完善的地方，我国的诚信环境与德国、美国、日本等制造业强国存在明显的差距。

表 2 - 1　　　　　　2015 年中国与发达国家营商环境的比较

项目	澳大利亚	日本	韩国	中国	德国	法国	英国	美国
营商环境便利指数（1 = 最有利于营商的法规）	13.00	34.00	4.00	84.00	15.00	27.00	6.00	7.00
法律权利力度指数（0 = 弱，10 = 强）	11.00	4.00	5.00	4.00	6.00	4.00	7.00	11.00
征信信息深度指数（1 = 低，6 = 高）	7.00	6.00	8.00	6.00	8.00	6.00	8.00	8.00
公共征信系统覆盖（成年人所占%）	0.00	0.00	0.00	89.50	1.60	45.10	0.00	0.00
履行合同所需时间（天）	395.00	360.00	230.00	453.00	429.00	395.00	437.00	420.00
注册资产所需时间（天）	4.50	13.00	6.50	19.50	39.00	49.00	21.50	15.20
创办企业所需时间（天）	2.50	10.20	4.00	31.40	10.50	4.00	4.50	5.60
筹纳税所需时间（小时）	105.00	330.00	188.00	261.00	218.00	137.00	110.00	175.00
完成破产所需时间（年）	1.00	0.60	1.50	1.70	1.20	1.90	1.00	1.50
开办企业流程的成本（占人均 GNI%）	0.70	7.50	14.50	0.70	1.80	0.80	0.10	1.10

注：除了开办企业流程的成本这项指标之外，中国的其他指标均落后于发达国家。
资料来源：EPS 全球统计数据库。

第四，与制造业强国相比，我国政府和行业协会的公共服务体系不够健全，公共服务效率有待提高。一方面，政府对公共服务的投入不足。我国地方政府更加注重经济建设职能，相对而言不够重视公共服务职能，导致公共服务供给数量不足。政府管理存在"越位"和"缺位"并存的现象。所谓"越位"，就是政府管了不该管的事情，主要体现在对企业、协会和团体等活动的干预上；所谓"缺位"，就是政府在应该负起责任的市场监管、社会管理和公共服务等方面没有负起或没有很好地负起应该承担的职责。另一方面，长期以来，作为公共服务的主要供给者，由于缺乏竞争,我国政府公共服务供给的效率较低,质量不高。

第五,我国研发系统的研发投入和研发效率均落后于制造业强国。统计数据表明,我国的研发投入仍处于相对不足的情况。欧盟委员会发布"2016 全球企业研发投入排行榜",此项调查统计了 2015～2016 财政年度全球 2500 家企业投入的研发费用,结果显示,美国占 35%,日本占 16%,德国占 11%,中国占 6%,中国与制造业强国之间存在研发投入的差距。国内许多学者对中国的研发效率进行了测算,大多数研究表明我国的研发效率有待提高。罗亚非、王海峰和范小阳(2010)通过计算 Malmquist 指数,分析了各国的技术进步和技术效率、规模效率的变动情况,研究结果表明,我国的技术进步效率不高,应重点加强研发活动中的技术进步,并逐步提高研发投入。白俊红等(2009)认为中国研发创新效率仍处于较低水平但逐年提高,各主体要素及其之间的联结对创新效率均产生负向作用,这反映出中国当前区域创新系统网络建设并不理想。

作为发展了一两百年的成熟市场经济体制国家,德国、美国、日本的市场经济完善程度、法制环境、营业环境、诚信环境以及高级技术工人培养、研发体系的运行效率等强于中国,在快速发展过程中,中国的制造业强国系统的外在环境(或基础设施)依然落后于德国、美国、日本,这阻碍我国从制造业大国向制造业强国的转变。中国需要改善强国系统的外在环境,才能赶超世界三大制造业强国。

第四节 政府转型相对滞后对制造业强国外在环境(或基础设施)的影响

1978 年以来,我国改革开放经历了四十余年,经济各个领域发生了翻天覆地的变化,我国已成为世界第二经济大国,许多制造业行业的产量已达世界第一,军事工业水平取得了长足进步,我国经济从国有经济占主体地位转变为多种所有制并存的经济结构。改革开放以来我国已经和正在经历"计划经济时代(制造业弱国)→粗放型增长方式的市场经济时代(制造业大国)→集约型增长方式的市场经济时代(制造业强国)"三个阶段,

"计划经济时代（制造业弱国）→粗放型增长方式的市场经济时代（制造业大国）"我国政府管理体制和管理模式的转型比较成功，在基础设施建设、招商引资和改革开放等过程中发挥了主导的作用，改革开放四十余年的成就，政府在其中起到了举足轻重的作用。然而，从"粗放型增长方式的市场经济时代（制造业大国）→集约型增长方式的市场经济时代（制造业强国）"，由于涉及深水区改革，我国政府管理体制和管理模式的转变比较缓慢，我国政府转型不能适应从粗放型增长方式向集约型增长方式转变的需要，不能适应从制造业大国向制造业强国转变的需要，导致我国经济转型升级和向制造业强国转换并不顺畅。

党的十七大报告中提出，要加快行政管理体制改革，建设服务型政府。政府转型包括三个方面：一是从过去管得过多、过宽的全能型政府转向专心致力于解决和管理公共事务的有限政府；二是从不完全法治政府转向完全法治政府；三是从过去管理型政府转向公共服务型政府。虽然我国的行政管理体制改革已经取得了长足进步，在有些领域转型比较成功，例如，从全能型政府向有限政府转型，但是在另外一些领域转型却不够彻底，例如，从不完全法治政府向完全法治政府转型和从管理型政府向公共服务型政府转型，政府转型不彻底对我国强国系统的外在环境（或基础设施）建设产生不利的影响。具体可以从以下几个方面来分析：

第一，政绩考核目标未能有效转型，地方政府仍未脱离以经济增长速度为核心的政绩考核目标。2013 年 11 月 15 日，《中共中央关于全面深化改革若干重大问题的决定》明确指出，"完善发展成果考核评价体系，纠正单纯以经济增长速度评定政绩的偏向"。虽然经济增速在政绩考核中的地位有所弱化，但由于经济增长和财政收入仍是地方政府关注的头等大事，因此，经济增速仍是地方政府追求的最为重要的目标。地方政府把经济工作的重心放在加快经济增长上面，不利于制造业强国外在环境（或基础设施）建设，究其原因，一方面，由于资源是有限的，资源过多地配置于追求经济增速上面，导致地方政府公共服务供给减少，从而使得无形的软性的公共产品供给不足；另一方面，过多地追求增长速度，容易牺牲生态环境，加剧产能过剩，造成粗放型经济增长。

第二，在官员晋升激励制度和四年任期制下，地方政府官员更加注重见效快的短期性目标，如经济规模扩大、税收增长、招商引资和有形的基础设施建设等，但是对于见效慢的长期性目标重视程度不足，如营商环境、法制环境和诚信环境建设，提高当地教育水平和提升研发系统的研发效率等，这不利于强国系统的外在环境（或基础设施）建设。

第三，由于服务意识还不到位，激励机制不健全，监督机制不完善，地方政府公共服务供给不足，未能有效地从强制管理型政府转变为公共服务型政府。虽然我国完成了从计划经济向市场经济的转变，但是部分地方政府官员的思维仍未根本地转变，仍未脱离计划经济的管理型思维，采取过多地对经济进行干预的管理方式，而未转变到市场经济的服务型思维，对地方企业（尤其是中小企业）服务不足。德国之所以成为首屈一指的制造业强国，除了把发展制造业放在非常重要的位置之外，还有德国政府对于本国制造业企业提供了周到而细致的服务，包括高职人才培养、促进产学研结合、建立行业协会、提供高效服务等，德国制造业能够取得如此成就，与德国政府提供的完善服务是息息相关的。地方政府公共服务处于一种竞争的态势，这种竞争不但是本国不同地方政府提供公共服务之间的竞争，而且是本国地方政府与其他国家地方政府之间公共服务之间的竞争，由于包括资金和人才在内的生产要素可以自由流动，那么，对于资金和人才的竞争，尤其是高端的生产要素的竞争，往往决定这个地区制造业是否能够成功转型升级。为了在竞争中能够胜出，地方政府必须提供优于其他地区的公共服务，这不仅包括提供有形的硬性的基础设施，也包括提供无形的软性的基础设施，形成公共服务和基础设施的"洼地"，这种洼地不但能吸引高端的生产要素，而且通过集聚效应进一步加快高端生产要素的流入，从而加快经济的转型升级，加快从制造业大国（省、市）向制造业强国（省、市）转变，深圳就是一个很好的例子。

第四，从不完全法治型政府向完全法治型政府转变不彻底，导致我国的营商环境和法制环境建设相对滞后。法治型政府的建设，对于地方营商环境和法制环境发展是非常重要的。只有地方政府官员依法行政，公检法部门依法判决，地方才能形成良好的法制风气，减少企业经营的制度成本和交易成本，从而形成良好的营商环境和法制环境。

第五，随着中央政府的不断放权，我国政府从无限政府向有限政府转型取得了显著的成效，但转型依然不够彻底，地方政府对经济依然存在过多的行政干预，过多的行政干预不利于制造业强国外在环境的建设。过多的行政干预，会扭曲资源的最优配置，降低资源的配置效率，让市场无法在资源配置中起决定性作用，不利于营商环境和法制环境建设。研究开发是一个长期行为，当企业对未来预期稳定时会增加研发支出，当企业对未来预期不稳定时会减少研发支出。由于行政干预具有不确定性和难以预期的特点，过多的行政干预不利于企业对未来形成稳定预期，从而不利于企业的研发行为，不利于提高研发系统的效率。

在当前的经济形势下，既需要地方政府在促进地方经济发展方面发挥直接性作用，如制定发展规划、拟定产业政策、招商引资、建设有形的基础设施等，与此同时，也需要地方政府发挥间接性作用，如营造营商环境、法制环境和诚信环境，大力发展当地教育，提升公共服务的效能，提高研发系统的研发效率等。然而，在经济新常态下，应以地方政府的间接性作用为主、直接性作用为辅，才能更好地促进经济转型升级，促进我国从制造业大国向制造业强国转变。

第五节 为实现构建制造业强国目标我国政府应如何转型的政策建议

根据前文的研究，我国打造制造业强国的思路是：政府转型→完善强国系统的外在环境（或基础设施）→促进强国系统的内部要素发展→从制造业大国向制造业强国转变，从这个发展思路来看，政府转型是关键。从制造业大国向制造业强国转型，前提是政府得率先转型，只有实现政府转型，制造业强国系统的外在环境（或基础设施）才能够得到根本改观，我国才能够从制造业大国向制造业强国转变。至于如何实现政府转型，具体而言包括：

第一，对地方政府的政绩考核目标要发生变化，从"重经济指标，转公共服务"向"更偏重于公共服务"转变。从以往的发展经验来看，以GDP增长作为政绩考核目标，过度追求增速，容易造成产能过剩，加剧了粗放型经济增长。因此，我国需要转变对地方政府政绩的考核内容，从以增长速度考核为主转向以增长质量考核为主，从 GDP 增长目标考核转向公共服务目标考核，也即是说，重视营商环境、法制环境和诚信环境建设目标考核，重视公共服务供给效能的考核，重视教育水平和研发能力发展的考核等。这种政绩考核目标转型，有利于地方经济转型升级，有利于促进我国实现从制造业大国向制造业强国转变。

第二，对地方政府政绩考核的考核方式和评估主体要发生变化。首先，考核方式要发生变化，从以前的"运动式"和"评比式"的考核方式，向"指标化"和"标准化"的考核方式转变，对于营商环境、法制环境和诚信环境考核，对于政府提供公共服务考核，对于地方教育水平和研发能力考核，都需要编制相关的指标，由统计局对这些指标进行统计，并制定对地方政府的相应考核标准，这样考核更具公正性和客观性。其次，评估主体要发生变化，过去只是上级机关对下级机关进行评估，评估主体比较单一，这需要做出改变，从单一的评估主体向多元的评估主体转变，增加社会公众对评估的参与程度，让当地社会公众也对地方政府的政绩进行相应的评价，有利于增加社会监督和制约。

第三，提升政府对于企业的公共服务效能，积极建设公共服务型政府。由于我国技术基础相对比较薄弱，加之市场经济尚不完善，除了少数大企业（如华为、格力和美的等）之外，我国大多数制造业企业的研发相对于德国、美国、日本而言仍处于弱势地位。地方政府对企业提供更优质更高效的服务，包括营商环境、法制环境和诚信环境建设的服务，高技术人才培育的服务，对企业技术研发的服务等，这些服务必然会明显增强我国大多数企业（尤其是中小企业）的研发能力，有助于我国经济转型升级，有利于我国从制造业大国向制造业强国的转变。

第四，努力打造法制型政府，让政府的行为更具可预期性。企业的研发，是需要投入大量人力和财力的长期经济行为。越是核心技术的研发，需要投入的资金量越大，需要的研发周期越长，并且还要承受技术研发失败带来的风险。打造法制型政府，使地方政府依法行政，地方政府的行为更具可预期性，企业才会放心地从事研发这种长期性行为。若地方政府不能依法行政，其未来行为可预期性较差，那么，企业投入研发的积极性便会下降，尤其是耗时长和投入大的核心技术研发，其可能性更小。

第五，划清政府与市场的界线，让政府与市场在资源配置中的作用不会重合，减少地方政府对经济的干预，让政府转型为有限政府。由于难以划清政府与市场的界限，市场和政府的作用比较模糊，容易造成政府对企业的不当干预，从而扭曲企业的行为，进而扭曲资源的配置。为了划清政府与市场的界限，一方面，我国努力推行"清单管理"的管理形式，只要法律不禁止的行为，企业都可以做，地方政府不能随意干预企业的行为；另一方面，在竞争性领域逐步缩小国有经济的比重和行政干预的力量，让私营经济和市场对资源的配置起到更加重要的作用。

制造业就像是一台汽车，制造业强国的外在环境就像是一条公路，只有当公路建设完善时，该国制造业才得以快速发展。对于德国、美国、日本等制造业强国而言，它们的公路是高速公路；对于发展中国家而言，它们的公路是普通公路。我国政府的职责就是打造好制造业强国外在环境这条公路，把该公路改造成可与德国、美国、日本相媲美的高速公路，让我国制造业这台汽车能够以更少阻力和更快速度向前行驶。至于制造业强国的内部要素（即企业的技术能力和组织能力），黄群慧和贺俊（2016）认为，具有异质性的制造业技术能力和组织能力是一个基于该国特殊国情所具备的异质性能力禀赋，企业的技术能力和组织能力是市场自发培育出来的能力，政府不能够越俎代庖代替市场或者干预市场来让企业获得这些能力。因此，政府不应代替市场塑造制造业的技术能力和组织能力，而应集中精力打造制造业强国的外在要素（或基础设施），争取打造成制造业发展的高速公路。制造业强国建设取决于地方政府是否能够提供竞争性的公共产品，是否能够提供有竞争力的制度。

第六节 本章小结

制造业是一个国家经济的根基，唯有从制造业大国向制造业强国转变，我国才可能从经济高速增长阶段向经济高质量发展阶段转变，因此，从制造业大国转向制造业强国，是我国从经济高速增长阶段向经济高质量发展阶段转变最为重要的内容。

制造业强国系统由外在环境和内部要素组成，外在环境（或基础设施）包括营商环境、人才培养、政府和经济组织服务、研发系统的研发效率等，内部要素包括技术能力和组织能力，两者之间的关系是外在环境（或基础设施）变化对内部要素产生重要影响。中国与德国、美国、日本等制造业强国在外在环境（或基础设施）的发展方面仍存在不小的差距，之所以存在差距与我国地方政府转型相对滞后有关。因此，我国从制造业大国向制造业强国转变的思路是，首先通过加快政府转型来完善制造业强国系统的外在环境（或基础设施），外在环境改善有利于提升制造业强国系统的内在要素，外在环境改善和内在要素提升有利于我国从制造业大国向制造业强国转变。所以说，从制造业大国向制造业强国转变的前提是要率先实现政府转型。

第三章
中央政府与地方政府之间的委托—代理关系对经济高质量发展的影响

中国正处于剧烈变化的时期，然而我国地方政府的制度改革滞后于地方经济发展和地方经济转型，这不利于从经济高速增长阶段向经济高质量发展阶段转变。本章构建的中央政府与地方政府之间的委托—代理模型表明，由于数量型指标的政绩显示度和可测性较高，而质量型或效率型指标的政绩显示度和可测性较低，导致地方政府推动规模型指标增长的动力充足，促进质量型或效率型指标提升的动力不足，这是导致我国的产能过剩和向经济高质量发展转变困难的重要原因。该模型还表明，加强地方民众监督，可以提高中央政府对地方政府在质量型或效率型指标方面的委托—代理效率，进而有利于推动我国经济从高速增长阶段向高质量发展阶段转变。

第一节　文献综述

关于经济高质量发展的影响因素，现有研究分别从人力资本（景维民和王瑶等，2019）、科技创新（高煜和赵培雅，2019；董小君和石涛，2020）、产业结构（黄永明和姜泽林，2019；Hu W. and Tian J. et al.，2020）、环境治理（陈诗一和陈登科，2018）等方面探讨对经济高质量发展的影响。对比世界各国经济可知，企业追求最大利润和居民追求最大效用，这些行为在世界各个国家都是相同的，然而知识产权保护、制度环境、科研教育等则差异甚大，这些因素恰恰是制约经济高质量发展中有共同因素，而这些因素又与政府行为息息相关，因此，虽然企业和居民是推动经济高质量发展的主体，但是政府因素才是推动经济高质量发展的关键。由于政府因素在经济高质量发展中有重要作用，本章基于政府因素探索如何推动我国经济从高速增长阶段向高质量发展阶段转变。

关于政府因素如何影响经济高质量发展的研究，目前文献的主要观点包括：①地方政府干预抑制了全要素生产率增长。闫雨和李成明等（2019）采用1999~2016年省级面板数据，使用 DEA – Malmquist 指数方法来测度省级全要素生产率，对地方政府干预是否影响省级全要素生产率进行实证检验，结果显示地方政府干预显著抑制了省际全要素生产率的提升，在考虑内生性的条件下，采用 LIML、2SLS 和 GMM 等方法实证结果仍然稳健。顾元媛和沈坤荣（2012）基于中国省际面板数据，从官员激励视角实证检验地方政府行为和企业研发投入之间的关系，实证结果表明企业所处地区治理环境对企业 R&D 活动有显著的正面影响，政府干涉越少、寻租空间越小，企业越倾向于进行研发活动，R&D 投入强度也随之提高。柯兹纳（Kirzner，1985）和霍尔库姆（Holcombe，1999）认为，要激发企业创新和技术进步，必须减少政府干预，推行经济自由。②提高政府效率有助于促进经济高质量发展。郑尚植和赵雪（2020）运用面板门槛模型对1999~2014年31个省份（香港、澳门、台湾地区除外）面板数据进行实证研究，发现当政府效率处于高水平时，对经济高质量发展具有显著的推动作用，会释放更多的市场活力，应着力推进政府效率提升以保障市场机制的发挥，向共同促进、相互协调的阶段转变。③地方政府竞争对经济高质量发展的作用存在分歧。吴振球和王建军（2013）运用1998~2010年数据进行实证研究，实证结果显示，中国地方政府竞争对全要素生产率有显著的正向作用，且影响关系存在着显著的滞后效应，这表明地方政府竞争对经济增长方式转变具有积极作用。谢国根和张凌等（2021）基于我国2001~2018年省域面板数据，采用空间杜宾模型进行实证检验，实证结果表明地方政府竞争与经济高质量发展之间存在显著的负向相关关系，即地方政府竞争程度的加剧会抑制地区经济的高质量发展。刘志彪（2018）认为，过去以GDP 和财政收入增长为中心的地方政府竞争，现在应当转向以高质量发展为导向的地方政府竞争，也就是说，通过对统计体系、标准体系、绩效评价、政策体系等方面的创新，以新发展理念修正地方政府竞争的目标函数及其构成。④财政分权对经济高质量发展的作用仍然存在争议。第一种观点认为财政分权显著促进了高质量发展（谢国根和张凌等，2021；冯伟和苏娅，2019），第二种观点认为财政分权抑制了经济高质量发展（江红莉和蒋鹏程，2019），还有一种观点认为财政分权与高质量发展之间呈现倒"U"型关系，一定程度的财政分权能够有效提升高质量发展水平，但当分权程度过大时，则会起到负向作用（刘荣增和陈灿，2020；杨志安和邱国庆，2021）。郭健和张明媛（2021）认为财政分权的影响存在地域差别，财政分权能够显著提升东部地区的高质量发展水平，但对中西部地区的影响并不显著。⑤政府行为扭曲了经济资源配置，不利于经济高质量发展。姚先国（2005）认为，我国政府这只"看得见的手"摁住了"看不见的手"，政府行为扭曲了市场机制，妨碍了经济资源的有效配置，而这种体制安排的不合理，就成为经济转型升级的最大障碍。龚六堂和林东杰（2020）认为，中国经济的资源配置效率有较大的提升空间，通过改善各种生产要素的配置效率可以有效提高中国经济的全要素生产率，继而有利于实现经济高质量发展。⑥政府转型有助于实现经济高质量发展。段文斌和张文等（2018）认为，作为政府主导型特征鲜明的经济体，我国经济发展模式的全面转型必须依托于政府经济职能的转变，既要培育新动力又要减少阻力，降低制度性交易成本，让市场在资源配置中起决定性作用。张慧君（2019）认为，只有进一步深化制度改革，推动发展型政府转型升级，建立市场增进型治理结构，形成利益整合型社会治理体系，才能建立起支撑经济社会高质量发展的现代化国家治理模式。刘志彪（2019）认为，长江经济带各地区推进高质量发展在体制机制模式上需解决下列问题：一是要对"强政府"模式的功能进行重新定位，对其活动内容进行重新界定；二是要重点把"弱市场"变为"强市场"，让市场成为资源配置的决定性机制；三是在实现"强市场"的基础上，让"强政府"成为公共领域而非市场赢利领域的有效主体，成为强有力的公共产品提供者。

虽然不少文献研究政府因素对经济高质量发展的影响，但是运用数理模型研究的文献较少，并且少有文献从委托—代理效率的角度研究政府因素对经济高质量发展的影响。下面我们将通过构建中央政府对地方政府委托—代理模型，探讨地方政府行为对地方经济高质量发展的影响。

第二节　中央政府与地方政府的委托—代理关系对经济发展质量影响的模型分析

我国的行政体制属于垂直型管理体制，中央政府是管理者，承担委托人的职责；地方政府是被管理者，承担代理人的责任，因此，中央政府对地方政府的委托—代理效率影响地方政府的行政效率，若委托—代理效率高，则行政效率高，反之则相反。

下面我们构建中央政府对地方政府的委托—代理模型，探讨委托—代理效率对地方经济高质量发展的影响。

中央政府是委托人，委托人为风险中性；地方政府是代理人，代理人为风险厌恶，且代理人的效用函数具有不变的绝对风险规避特征，即 $U = -e^{-\rho k}$，其中 ρ 是阿罗—帕拉特绝对风险规避度量，k 是代理人的实际货币收入。

对于地方经济发展而言，地方政府不但要推动本地方经济增长速度，而且要提高本地方经济发展质量，地方政府的经济发展任务包括：（1）促进本地方经济规模扩大，如推动经济增长率、固定资产投资、就业和对外贸易等；（2）促进本地方效率提高或者技术进步，如打击假冒伪劣产品、保护知识产权、提高社会诚信、改善法制环境和保障社会公平等。任务（1）可看作数量型指标，是指地方政府推动经济规模扩大的努力；任务（2）可视为质量型或效率型指标，是指地方政府促进经济质量提高的努力。假定 x_1 和 x_2 分别是任务（1）和任务（2）的可观测变量，x_1 和 x_2 表示为：

$$x_1 = a_1 + \varepsilon_1 \qquad (3.1)$$

$$x_2 = a_2 + \varepsilon_2 \qquad (3.2)$$

其中，a_1 和 a_2 分别为地方政府官员在任务（1）和任务（2）上面的努力程度。由于无法直接观测地方政府在两个任务上的努力程度，中央政府设置了可观测变量 x_1 和 x_2，作为对地方政府努力程度 a_1 和 a_2 的测量指标。

设 $s(x)$ 为中央政府（委托人）支付给地方政府官员（代理人）的报酬：

$$s(x) = \alpha + \beta_1 x_1 + \beta_2 x_2$$

其中，α 为系数（截距），相当于地方政府官员固定薪酬的那部分收入；β_1 和 β_2 分别表示对任务（1）和任务（2）的报酬系数。中央政府对地方政府官员的报酬包括薪资报酬和升迁激励，对我国地方政府官员而言，升迁激励的作用大于薪资报酬。就当前的国情而言，报酬系数 β_1 和 β_2 的大小由两方面决定：①任务的可观测程度，可观测程度越高的任务，则其报酬系数越大；②任务的政绩显示程度，若政绩显示程度越大，地方政府官员获得升迁的可能性越大，对官员的报酬系数也就越大。显然，任务（1）的可观测程度和政绩显示程度明显高于任务（2），因此，$\beta_1 > \beta_2$。

地方政府官员的确定性等价收入表示为：

$$CE = \alpha + \beta_1 x_1 + \beta_2 x_2 - \frac{1}{2} \rho \beta^T \sum \beta - C(a_1, a_2) \tag{3.3}$$

其中，$C(a_1, a_2)$ 为地方政府官员（代理人）的成本函数，其函数形式设为 $C(a_1, a_2) = \frac{1}{2} b_1 a_1^2 + \frac{1}{2} b_2 a_2^2$，函数中的 b_1 和 b_2 为系数。$\sum$ 为 ε_1 和 ε_2 的方差—协方差矩阵，向量 $\beta = (\beta_1, \beta_2)$，$\beta^T$ 为 β 的转置向量。

中央政府（委托人）的期望利润为代理人的收益函数减去委托人支付给代理人的报酬，具体函数形式为：

$$B(a_1, a_2) - \alpha - \beta_1 a_1 - \beta_2 a_2$$

其中，$B(a_1, a_2)$ 为地方政府官员（代理人）的收益函数，用地方政府官员的工作努力对本地方经济增长的作用来表示。具体的函数形式为：$B(a_1, a_2) = A a_1^k a_2^{1-k}$，其中，$A$ 为系数，用于表示代理人的行政效率；k 表示努力 a_1 的产出系数，也就是努力 a_1 对经济规模增长的产出系数；$1-k$ 表示努力 a_2 的产出系数，也即努力 a_2 对经济质量提升的产出系数。该收益函数表明，地方政府官员推动本地方经济规模增长的努力 a_1 和促进本地方经济质量提高的努力 a_2，都能拉动本地方的经济增长。

因此，代理人的确定性等价收入［（3.3）式］变为：

$$CE = \alpha + \beta_1 x_1 + \beta_2 x_2 - \frac{1}{2}\rho\beta_1^2\varepsilon_1^2 - \frac{1}{2}\rho\beta_2^2\varepsilon_2^2 - \rho\beta_1\beta_2\varepsilon_1\varepsilon_2 - \frac{1}{2}b_1 a_1^2 - \frac{1}{2}b_2 a_2^2$$

委托人在最优化期望效用时，面临两个约束条件：第一个约束是参与约束（participation constraint），即代理人从接受合同中得到的期望效用不能小于不接受合同时得到的期望效用（该效用以 $\bar{u}$ 表示）；第二个约束是代理人的激励相容约束（incentive constraint），当委托人不能观测到代理人的行动时，在任何激励合同下，代理人总是选择使自己的期望效用最大化的行动 a_1 和 a_2，因此，任何委托人希望的 a_1 和 a_2 都只能通过代理人的效用最大化行为实现。基于以上两个约束条件，委托人的期望收益变为：

$$U = A a_1^k a_2^{1-k} - \alpha - \beta_1 a_1 - \beta_2 a_2 \tag{3.4}$$

$$\text{s. t. } \alpha + \beta_1 a_1 + \beta_2 a_2 - \frac{1}{2}\rho\beta_1^2\varepsilon_1^2 - \frac{1}{2}\rho\beta_2^2\varepsilon_2^2 - \frac{1}{2}b_1 a_1^2 - \frac{1}{2}b_2 a_2^2 \geqslant \bar{u} \tag{3.5}$$

$$a_1^*, \ a_2^* \in \text{argmax} \, \alpha + \beta_1 a_1 + \beta_2 a_2 - \frac{1}{2}\rho\beta_1^2\varepsilon_1^2 - \frac{1}{2}\rho\beta_2^2\varepsilon_2^2 - \frac{1}{2}b_1 a_1^2 - \frac{1}{2}b_2 a_2^2$$

$$\tag{3.6}$$

其中，（3.5）式为参与约束，（3.6）式为激励相容约束。

因为委托人希望代理人的努力程度只有在满足代理人激励相容的条件下才能实现，我们把激励相容条件，（3.6）式的函数设为：

$$h(a_1, \ a_2) = \alpha + \beta_1 a_1 + \beta_2 a_2 - \frac{1}{2}\rho\beta_1^2\varepsilon_1^2 - \frac{1}{2}\rho\beta_2^2\varepsilon_2^2 - \frac{1}{2}b_1 a_1^2 - \frac{1}{2}b_2 a_2^2$$

$$\tag{3.7}$$

然后求一阶最优化条件 $\frac{\partial h}{\partial a_1} = 0$ 和 $\frac{\partial h}{\partial a_2} = 0$，得：

$$a_1^* = \frac{\beta_1}{b_1}, \ a_2^* = \frac{\beta_2}{b_2} \tag{3.8}$$

根据前面分析可知，若任务（1）的政绩显示度越高，或者可观测程度越高，那么 β_1 越高；如果任务（2）的政绩显示度越高，或可观测程度越高，那么 β_2 越高。根据（3.8）式可知，β_1 越高，a_1^* 越大；β_2 越高，a_2^* 越大。因此，可以得到结论：政绩显示度越高或可观测程度越高的任务，地方政府官员就会越努力。

命题1：政绩显示程度越高或可测量程度越高的任务，地方政府就会越努力，反之则相反。

从委托人的角度来看，（3.5）式的参与约束取等式对于委托人是最优的。我们对（3.5）式的参与约束取等式，然后与 $a_1^* = \dfrac{\beta_1}{b_1}$，$a_2^* = \dfrac{\beta_2}{b_2}$ 一起代入（3.4）式，得：

$$\max U(\beta_1,\ \beta_2) = A\left(\frac{\beta_1}{b_1}\right)^k \left(\frac{\beta_2}{b_2}\right)^{1-k} - \frac{\beta_1^2}{2b_1} - \frac{\beta_2^2}{2b_2} - \frac{1}{2}\rho\beta_1^2\varepsilon_1^2 - \frac{1}{2}\rho\beta_2^3\varepsilon_2^2 - \bar{u}$$

$$(3.9)$$

（3.9）式对 β_1 和 β_2 分别求一阶导数并设为零，得最优化的一阶条件：

$$\frac{\partial U}{\partial \beta_1} = \frac{Ak}{b_1}\left(\frac{\beta_1}{b_1}\right)^{k-1}\left(\frac{\beta_2}{b_2}\right)^{1-k} - \frac{\beta_1}{b_1} - \rho\beta_1\varepsilon_1^2 = 0 \qquad (3.10)$$

$$\frac{\partial U}{\partial \beta_2} = \frac{A(1-k)}{b_2}\left(\frac{\beta_1}{b_1}\right)^{k}\left(\frac{\beta_2}{b_2}\right)^{-k} - \frac{\beta_2}{b_2} - \rho\beta_2\varepsilon_2^2 = 0 \qquad (3.11)$$

（3.10）式和（3.11）式左边的第一项移到方程另一边，然后两者相除，得：

$$\frac{\beta_2}{\beta_1} = \frac{1-k}{k} \times \frac{b_2^2}{b_1^2} \times \frac{1+\rho b_1\varepsilon_1^2}{1+\rho b_2\varepsilon_2^2} \qquad (3.12)$$

把（3.12）式分别代入（3.10）式和（3.11）式，求得：

$$\beta_1 = A\left(\frac{k}{1+\rho b_1\varepsilon_1^2}\right)^k \left(\frac{1-k}{1+\rho b_2\varepsilon_2^2}\right)^{1-k}\left(\frac{b_2}{b_1}\right)^{1-k} \qquad (3.13)$$

$$\beta_2 = A\left(\frac{k}{1+\rho b_1\varepsilon_1^2}\right)^k \left(\frac{1-k}{1+\rho b_2\varepsilon_2^2}\right)^{1-k}\left(\frac{b_1}{b_2}\right)^{k} \qquad (3.14)$$

因此，可以得到代理人的最优努力水平为：

$$a_1^* = \frac{A}{b_1}\left(\frac{k}{1+\rho b_1\varepsilon_1^2}\right)^k \left(\frac{1-k}{1+\rho b_2\varepsilon_2^2}\right)^{1-k}\left(\frac{b_2}{b_1}\right)^{1-k} \qquad (3.15)$$

$$a_2^* = \frac{A}{b_2}\left(\frac{k}{1+\rho b_1\varepsilon_1^2}\right)^k \left(\frac{1-k}{1+\rho b_2\varepsilon_2^2}\right)^{1-k}\left(\frac{b_1}{b_2}\right)^{k} \qquad (3.16)$$

把（3.14）~（3.16）式代入取等号的（3.5）式，得：

$$\alpha = \bar{u} + \frac{\rho b_1\varepsilon_1^2 - 1}{2b_1}\Delta^2\left(\frac{b_2}{b_1}\right)^{2(1-k)} + \frac{\rho b_2\varepsilon_2^2 - 1}{2b_2}\Delta^2\left(\frac{b_1}{b_2}\right)^{2k} \qquad (3.17)$$

其中，$\Delta = A\left(\dfrac{k}{1+\rho b_1\varepsilon_1^2}\right)^k \left(\dfrac{1-k}{1+\rho b_2\varepsilon_2^2}\right)^{1-k}$。

由（3.15）式和（3.16）式可知，A 越大，表示政府的效率越高，则地方政府官员的努力程度 a_1^* 和 a_2^* 就会越大。政府效率提高，说明同样努力水平的单位产出会增加，地方政府官员的努力程度增大。

命题2：政府的效率提高，则地方政府官员在两项任务上的努力程度都会增大。

根据（3.15）式，地方政府官员的努力水平 a_1^* 对 b_1 的一阶偏导数小于零；根据（3.16）式，地方政府官员的努力水平 a_2^* 对 b_2 的一阶偏导数小于零，因此，可以得到命题3。

命题3：越费力的任务，即单位努力成本越高的任务，地方政府官员在该项任务的付出就会越少。

根据（3.15）式和（3.16）式，ρ（地方政府的风险厌恶程度）越大，则地方政府官员的努力程度 a_1^* 或 a_2^* 就越小。风险厌恶程度越大，那么，地方政府官员的行事风格越趋保守，从而努力程度就会越低。也就是说，胆量越大的地方政府官员就越肯干，而胆量越小的地方政府官员越不肯干。

命题4：地方政府官员的风险厌恶程度越大，地方政府官员的努力程度越小。

综合以上分析可知，迄今为止我国经济高质量发展尚未达到预期的目标，究其原因，原有的对于地方政府的委托—代理激励机制有利于推动经济规模增长，而与经济质量提升相适应的委托—代理激励机制仍未真正建立起来。GDP 增长率、财政收入增长率、固定投资增长率等，这些指标属于规模型指标，是经济规模增长的反映，这些指标的可测量程度和政绩显示程度高，地方政府官员在这些方面的努力程度大，从而导致改革开放以来我国经济具有以粗放型经济增长方式为主的特点。保护知识产权、打击假冒伪劣产品、改善营商环境、完善法律制度等，这些指标属于质量型或效率型指标，是经济质量提高的反映，这些指标的可测量程度和政绩显示程度低，地方政府官员在这些方面的努力不足，从而导致迄今为止我国经济高质量发展的效果不尽人意。

第三节　对近年来我国经济增速下滑的一种新解释

近年来我国经济增长出现放缓的迹象，《人民日报》刊载文章指出当前我国经济增长呈现出"L"型走势[1]，这种增速放缓不仅仅是经济周期性波动引起的，中央政府与地方政府之间的委托—代理效率也在其中起到一定的作用。我们用上面中央政府对地方政府的委托—代理模型来解释近年来我国经济增速放缓的原因，具体原因包括：

1. 地方政府对于投资扩张的积极性下降

相关研究表明，近年来地方政府通过投资拉动经济增长的效果或效率在不断下降，即 k 下降，b_2 上升［参见（3.14）式］，从而地方政府通过规模扩张推动本地方经济增长的努力程度下降。

2. GDP 增长目标的政绩显示度降低

从 2013 年开始，中央政府不实行 GDP 排名，逐步弱化 GDP 在地方政府政绩考核中的地位，地方经济规模增长的政绩显示度下降，即 β_1 有所下降［参见（3.8）式］，导致地方政府在扩张本地方经济规模（即粗放型经济增长）方面的努力减弱。

3. 出现不利的外部冲击

由于世界经济衰退和受新冠肺炎疫情的影响，中国的外部需求下降，出现了不利的外部冲击，也就是 ε_1 出现较大的负值，根据（3.12）式可知，这引起 β_1 相对于 β_2 下降，进而导致地方政府推动经济规模增长的努力（即 a_1^*）下降。

综上所述，关于经济规模增长方面的委托—代理效率明显下降（即 k 下降和 b_1 上升以及 β_1 下降导致 a_1^* 下降），而关于经济质量提高方面的委托—代理效率增长效果不佳（即 b_2 保持稳定以及 β_2 并未有效改善从而 a_2^* 并未有效提高），最终导致了近年来我国经济增速放缓。

另外，对于经济高质量发展比较有利的方面是，由于地方政府在规模增长方面的努力效果下降，地方政府会把原来用在推动规模增长的部分努力用在提高经济质量方面，从而对经济高质量发展起到一定的正向作用，但是这种作用较小。我们运用公式对此进行分析，根据（3.12）式可知，由于 ε_1 负值增大，k 下降，以及 b_1 增加，会导致 β_2 相对于 β_1 上升，这种

---

① 田俊荣、白天亮、朱隽、刘志强：《中国经济新方位》，载于《人民日报》2016 年 12 月 14 日，第 1 版。

β_2 的相对上升在一定程度上有利于地方经济高质量发展，但是这种效果比较有限。

第四节　地方民众监督对中央政府与地方政府之间委托—代理效率的影响

地方民众对本地地方政府的监督，既可以采取随机抽样调查的方式，也可以试行地方民众在网上评价的方式，抽样调查或网上评价的结果直接提交中央政府，作为中央政府对地方政府政绩考核的一项参考指标。

（一）地方民众监督可以提高中央政府与地方政府之间的委托—代理效率

根据以上分析可知，由于在任务（2）上中央政府对地方政府的委托—代理效率较低，从而不利于地方推动经济高质量发展。而加强地方民众监督，可以通过两条途径提高中央政府与地方政府之间在任务（2）的委托—代理效率，进而有利于地方政府推进经济高质量发展。具体途径包括：

第一，提高地方政府在任务（2）（即质量型指标）方面的可测量性，从而提高 β_2。打击假冒伪劣产品、保护知识产权、提高社会诚信、改善法制环境和保障社会公平等[①]，对于地方经济发展质量提高而言是非常重要的。根据（3.8）式可知，这些方面由于缺乏相关数据而难以被中央政府观测到，因此导致 β_2 偏低，从而导致地方政府在提高经济发展质量方面的努力不足。然而，本地方民众对于这些方面是可以直接感知的，通过问卷调查或网上评价的方式传达至中央政府，可以提高中央政府对这些方面的可观测性，从而提高 β_2。因此，加强地方民众的监督，能够提高中央政府对这些方面的可观测性，从而增强地方政府在任务（2）（即经济质量提升）方面的积极性。

---

① 这些方面就是在本章模型中提到的任务（2）。

第二，提高地方政府在任务（2）（即质量型指标）方面的政绩显示度，从而提高 β_2。由于规模型指标（如 GDP 增长率、固定资产投资、就业、税收收入、对外贸易等）容易被观测，而质量型或效率型指标（如打击假冒伪劣产品、保护知识产权、提高社会诚信、改善法制环境和保障社会公平等）不容易被观测，因此以往中央政府对于地方政府的政绩考核偏重于规模型指标。若采用抽样调查和网上评价的方式，加强地方民众监督，那么，地方经济的质量型或效率型指标也间接地变得具有可观测性，给中央政府增加这些指标在政绩考核中的权重提供了条件，从而可能提高任务（2）的政绩显示度并进而提高 β_2。

总而言之，加强地方民众监督，有利于提高任务（2）（即打击假冒伪劣产品、保护知识产权、提高社会诚信、改善法制环境和保障社会公平等）的可观测性和政绩显示度，提高 β_2。根据（3.8）式可知，提高 β_2，就可以提高地方政府在任务（2）上的努力程度，进而有利于推动地方经济高质量发展。

（二）地方民众监督有利于降低信息不对称性和减少对地方政府的监督成本

地方民众监督是中央政府各种监督的一种有益的补充，相对于中央政府其他监督方式，地方民众监督具有以下两个方面的优点：

第一，有利于降低中央政府对地方政府的信息不对称性。我国共有 34 个省、自治区和直辖市，中央政府与地方政府之间的委托—代理关系是一对多的关系，并且受制于人员和经费，中央政府与地方政府之间可能存在较多的信息不对称。而地方民众与地方政府之间的关系是一对一的关系，一个地方的民众只监督一个地方的政府，地方民众与地方政府之间的信息不对称程度明显较低。

第二，有利于减少对地方政府的监督成本。相对于中央政府派出的专门监督机构，例如中央政府派出的巡视组，地方民众监督可以减少行政人员和行政经费。现实已经证明，中央政府派出的监督机构是一种行之有效的监督方式；而地方民众监督，是除了派出机构之外的第二种监督方式，是对派出机构监督的有益补充。

由此可见，中央政府借助地方民众监督，一方面可以提高监督的效果，降低信息不对称性；另一方面，也可以节约行政成本，减少行政经费。

总而言之，地方民众监督提高了中央政府对地方政府在质量型或效率型指标方面的委托—代理效率，有利于地方实现经济高质量发展。除此之外，由于篇幅所限，本章并未对提高中央政府对地方政府委托—代理效率的其他政策措施展开研究，有待于后续进一步补充。

第五节　本章小结

我国的行政体制属于垂直型管理体制，中央政府是管理者，承担委托人的职责；地方政府是被管理者，承担代理人的责任。中央政府对地方政府的委托—代理效率影响地方政府的行政效率，若委托—代理效率高，则行政效率高，反之则相反。

中央政府在不同领域对地方政府的委托—代理效率是截然不同的。本章构建的中央政府与地方政府之间的委托—代理模型表明，由于数量型指标的政绩显示度和可测性较高，而质量型或效率型指标的政绩显示度和可测性较低，导致地方政府推动规模型增长的动力充足，促进质量型或效率型增长的动力不足，这是导致我国产能过剩和向经济高质量发展转变困难的重要原因。该模型还表明，加强地方民众监督，可以提高中央政府对地方政府在质量型或效率型指标方面的委托—代理效率，进而有助于推动我国经济从高速增长阶段向高质量发展阶段转变。

第四章

地方政府委托—代理结构转换、地方政府制度转变与地方经济高质量发展

多数文献都认为地方政府制度对经济高质量发展起重要作用，然而少有文献研究什么样的地方政府制度能够实现地方经济高质量发展的问题，本章基于地方政府委托—代理结构转换的新视角对此问题展开研究。以前基于未达最优的地方政府委托—代理结构建立的地方政府制度，始终无法实现理想状态的地方政府现代治理和高质量的地方资源配置，进而未能实现地方经济高质量发展；唯有优化地方政府委托—代理结构并在该结构基础上建立与之相适应的地方政府制度，才能实现"有效市场 + 有为政府"的高质量地方资源配置，进而在地方建立现代经济体系，实现地方高质量发展，本章研究的逻辑链条可总结为"地方政府委托—代理结构→地方政府制度→资源配置方式→现代经济体系→经济高质量发展"。本章认为，当前"纵向委托—代理关系为主横向委托—代理关系为辅"的地方政府委托—代理结构应转为"在纵向领导下纵向和横向之间的最优平衡和相互协作"的地方政府委托—代理结构。在此基础上地方政府制度也应相应地转变，"集中为主民主为辅"的地方民主集中制转为"在集中的统领下充分发挥集中和民主的各自作用以及两者的有机协调"的地方民主集中制，"纵向激励约束机制为主横向激励约束机制为辅"的官员晋升激励制度转为"在纵向激励约束机制的统领下充分发挥纵向和横向激励约束机制的各自作用以及两者的有机协调"的官员晋升激励制度，以及其他地方制度也应相应转变。地方政府委托—代理结构转换及基于其之上的地方政府制度的转变，有利于在地方形成"有为政府 + 有效市场"的资源配置方式，进

而促进地方建立现代经济体系，推进地方经济高质量发展。

第一节　文献综述

随着产能普遍过剩和工资物价上涨，以前我国高投入、高能耗的要素驱动型经济增长难以为继，不得不进入依靠技术和效率驱动型的经济高质量发展阶段。2017 年，党的十九大报告指出我国已经由高速增长阶段转向高质量发展阶段，然而，经过多年的努力，我国现代经济体系建设和经济高质量发展仍未达到预期效果，不少地区尤其是欠发达地区仍旧具有中低质量发展典型特征，从高速增长阶段转向高质量发展阶段的转变依旧任重而道远。

学者们对如何推进经济高质量发展进行了坚持不懈的探索。有些学者认为供给侧经济因素推进经济高质量发展。现有文献认为技术创新（黄彦震和侯瑞，2019；辜胜阻和吴华君等，2018；杨亚柳和侯瑞，2019）、人力资本增长（Romer，1990；Wang J. and Cai X. et al.，2019；戴翔，2015）、外商直接投资（Tuan C. and Linda F. Y. Ng et al.，2009；随洪光和刘廷华，2014）、产业结构转换（刘志彪和凌永辉，2020）、金融发展（赵玉龙，2019）、环境保护（Liu G. and Wang B. et al.，2020；詹新宇和崔培培，2016）等是影响经济高质量发展的供给侧经济因素。李静和刘霞辉等（2019）认为实现高质量发展应积极推动培育和积累人力资本的科教文卫体等现代服务业的有效供给，实现先进制造业和现代服务业的深度融合。部分学者认为需求侧经济因素也会促进经济高质量发展。保持消费稳定增长和推动消费升级，有助于推动经济高质量发展（依绍华，2019；薛军民和靳媚，2019）。

多数文献都认同制度质量和政府因素是推动经济高质量发展的关键因素。高质量发展依赖于高质量的制度（杨瑞龙，2019；周泽红，2019；Shi X. and Li L.，2019），转向高质量发展的关键，是加快形成与之相适应、相配套的体制机制（张军扩和侯永志等，2019）。高培勇和袁富华等（2020）认为，中国迈向发达国家的推动力在于要素质量升级与知识创新，但需要社会高质量和制度高质量作为保障。由于制度的供给主体只能是政府，因此部分学者认为政府对于经济高质量发展具有不可替代的作用。刘志彪（2018）、曹堂哲（2018）和徐盈之等（2020）认为，纳入生态环境指标的"新型"考核观下的官员晋升激励对经济高质量发展产生正向影响。徐瑞慧（2018）和张慧君（2019）认为，建立政府现代治理体系对高质量发展具有显著正向作用。巴扎万（Băzăvan A.，2019）认为，中国政府在技术创新系统中的角色改变促进了技术创新，推动了高质量发展。金碚（2018）认为，政府对高质量发展具有两面作用，政府在提供公共服务、保护生态环境等方面促进高质量发展，但政府的不当或过度干预损害高质量发展。

少数文献认为文化因素对高质量发展也具有推动作用。黄泰岩（2019）认为，我国自然科学理论创新与发达国家存在较大差距，要追赶和赶超发达国家，实现高质量发展，就必须形成创新的文化、开放的文化和包容的文化。石大千和胡可等（2019）的实证结果表明，文明城市建设显著提高了文明城市内企业的全要素生产率，推动了企业的高质量发展。

综上可知，经济高质量发展涉及经济、制度和政府治理等方面的系统性问题，是在经济、制度和政府治理等方面从一个体系向另一个体系的转变过程。通过梳理文献可知，关于高质量发展的现有文献多数集中于研究高质量发展的衡量指标和影响因素方面。我们不光要探讨高质量发展的衡量方法和影响因素，而且要探究如何在经济、制度和政府治理等方面进行转向才能实现从高速增长阶段向高质量发展阶段转变。然而，关于如何从高速增长阶段的一个体系（包括经济、制度和政府治理等方面构成的体系）转向高质量发展阶段的另一个体系的文献比较匮乏，这方面的研究仍需加强。高培勇和杜创等（2019）对此做了开创性的研究，论证了从高速增长阶段向高质量发展阶段的社会主要矛盾、资源配置方式、产业体系和增长阶段的四个转向，以及这四个转向之间作用关系组成的四个机制，由这四个转向和四个机制构成了从高速增长阶段转向高质量发展阶段的逻辑架构。该论文做了很多开创性的研究，但是遗憾的是，主要着眼于经济层面，未涉及更深层次的制度层面，本章从制度层面对地方经济高质量发展开展抛砖引玉的研究。

本章的边际贡献包括：第一，根据纵向和横向委托—代理关系在不同层面所具有的比较优势，探讨两者的合理分工和最优组合，形成最优的地方政府委托—代理结构。第二，当涉及经济高质量发展的制度因素时多数文献避繁就简，只提出"完善社会主义市场经济体制""加快市场化进程""深化制度改革"等粗略对策，未找到有效的研究框架是多数文献不愿打开"制度黑箱"的原因。本章采用地方政府委托—代理结构的新研究框架，并运用该框架打开制度这个"黑箱"，尝试探讨从高速发展阶段向高质量发展转变过程中地方政府制度体系如何转向的问题。第三，本章从更深层次的制度层面出发，进一步发展和完善高培勇和杜创等（2019）提出的经济高质量发展逻辑框架。

下面内容包括：第二节通过探讨纵向和横向委托—代理关系在不同层面各自的比较优势进行合理分工，寻找最优的地方政府委托—代理结构，并分析现有的地方政府委托—代理结构如何转换问题；第三节在第二节提出的地方政府委托—代理结构转换基础上，探讨与之相配套的地方政府制度转向，并论证转向后的地方政府制度具有更高的地方资源配置效率；第四节在考虑第二节和第三节研究的基础（即地方政府委托—代理结构转向以及基于其之上的地方政府制度相应的转向和该转向对地方资源配置效率的促进作用）之上，对高培勇和杜创等（2019）提出的经济高质量发展逻辑框架进行拓展；第五节提出本章研究不足和后续研究方向。

第二节　基于提升资源配置效率视角下的最优地方政府委托—代理结构分析

改善地方政府委托—代理结构，应当以提高地方商品和服务的生产及流通效率为目的，即以提高地方资源配置效率为目的。因此，下面从提升地方资源配置效率的视角探讨如何优化地方政府委托—代理结构。

（一）纵向和横向委托人对地方政府代理人在不同层面的委托—代理效率

市场不是抽象的实体，它是一系列法律、规则、惯例和文化等组成的有机系统。市场化并不意味着政府一退了之、一走了之，缺乏有效的政府治理与监管，市场便会陷入混乱丛林，对弥补市场失灵所提供的政府公共服务不足，市场的效率便会大打折扣。从地方层面来看，唯有地方政府依法行政，地方市场才能成为法制完善的市场；唯有地方政府不过度和不当干预市场，地方市场才不会成为被人为扭曲的低效市场；唯有地方政府提供完善的公共服务，才能弥补市场的缺陷和不足，地方市场才能正常有序运行。因此，地方市场要成为有效市场，核心前提是地方政府要成为依法行政的公共服务型政府，不存在缺位、越位和错位现象，否则地方市场不可能成为有效市场。一言以蔽之，地方政府成为依法行政的公共服务型政府是地方市场成为有效市场的核心前提。

在经济理性人的假设下，地方政府所固有的代理人问题造成的委托—代理效率高低决定了地方政府能否成为依法行政的公共服务型政府。对于地方政府而言，地方民众是委托人，地方政府是代理人，地方民众监督地方政府为了地方公共利益而去执政，由此形成了地方民众与地方政府之间的委托—代理问题；中央政府是委托人，地方政府是代理人，中央政府监督地方政府为了地方公共利益以及国家整体利益而去执政，由此产生中央政府与地方政府之间的代理人问题。由于地方政府官员是理性经济人，也会追求自身或者局部的最大利益，如何保证地方政府这个代理人勤治和善治，而不是惰治和乱治，这个委托—代理问题是一个极为棘手的难题。然而，地方政府也是理性经济人，在双重委托—代理关系的情形下，如何让地方政府勤治和善治，核心要义在于解决好地方政府作为代理人的代理人难题。解决不好代理人难题，在理性经济人假设下，地方政府不可能是勤治型和善治型政府，与此同时地方市场也不可能成为有效市场。

对于地方政府的微观职能（即对于公共服务政府和法治政府建设）而言，横向委托—代理关系是更有效率的委托—代理关系。横向委托—代理关系是多数委托人监督少数代理人，纵向委托—代理关系是少数委托人监督多数代理人，因此，横向委托人具有人数优势。横向委托—代理关系是近距离监督，所谓近距离监督一方面是指空间上的近距离，即横向委托人与代理人在空间上处于同一地方；另一方面是指发生作用的近距离，地方政府代理人与横向委托人之间是直接的服务与被服务的关系。而纵向委托—代理人是远距离监督，所谓远距离监督，一方面是指空间上的远距离，即在多数情况下纵向委托人与代理人在空间上不处于同一地方；另一方面是指地方政府代理人与纵向委托人之间不是直接的服务与被服务关系，因此，横向委托人更具距离优势（即信息优势）。地方政府代理人的施政行为直接影响部分横向委托人的切身利益，因此，相对于纵向委托人，横向委托人具有监督地方政府代理人更强的动机，即具有动机优势。地方政府微观层面行为，表现为日常的行政行为，具有多任务、不易考核、零散繁杂等特点，由于具备人数优势、距离优势（即信息优势）和动机优势，因此横向委托人在微观层面对地方政府代理人具有更高的监督效率，即横向委托人在地方政府微观行为的监管方面具有比较优势，而纵向委托人则处于比较劣势地位。

对于地方政府的宏观职能监督而言，纵向委托—代理关系是更具效率的委托—代理关系。纵向委托人的劣势主要体现在微观层面，表现为与地方政府代理人存在较强的信息不对称，监督效果较差，尤其是在难以考核难以量化的微观事务方面对地方政府代理人的监督，而纵向委托人优势主要体现在宏观层面，表现为具备宏观的、整体的、长远的眼光，并且一个纵向委托人对多个地方政府代理人，因此，能够产生集中的力量和一致的行动，具有集中力量办大事的优势。横向委托人的优势主要体现在微观层面，表现为与地方政府代理人存在较弱的信息不对称，监督效果较好；劣势主要体现在宏观层面，表现为缺乏宏观的、整体的、长远的眼界，更多关注个体的、微观的、局部的利益，难以形成集中和一致的力量。地方政府的宏观职能相对其微观职能具有任务数量较少且易于观测和考核的特点，委托人与代理人之间的信息不对称程度较小，在多数情况下需要各个地方政府协调一致的行动，因此，具有宏观的、整体的、长远的眼光以及集中力量办大事能力的中央政府纵向委托人比地方民众横向委托人对于地方政府宏观职能具有更高的委托—代理效率。

对于地方政府的微观职能监督而言，横向委托—代理关系是更有效率的委托—代理关系。横向委托—代理关系的比较优势是多对一，数量庞大的委托人对一个代理人，并且是在地方层面两者之间利益攸关的委托人和代理人；比较劣势是缺乏宏观的、整体的、长远的眼界，更多关注个体的、微观的、局部的利益，难以形成集中的力量。纵向委托—代理关系的比较优势是具备宏观的、整体的、长远的眼光，并且能够一对多，一个委托人对多个代理人，因此，能够产生集中的力量和一致的行动，具有集中力量办大事的优势；比较劣势是一对多，在监督方面力量不够，以及多任务下对代理人的监督不足，因此，在多任务和难以考核的微观事务方面对代理人的监督效率较差。

综上可知，相对于纵向委托人，横向委托人对地方政府代理人在微观层面拥有更高的委托—代理效率，在宏观层面则具有更低的委托—代理效率；相对于横向委托人，纵向委托人对地方政府代理人在宏观层面拥有更高的委托—代理效率，在微观层面则具有更低的委托—代理效率。

纵向委托人，天然具有领导的属性，适合在委托权中扮演宏观领导者；横向委托人，天然不具有领导的属性，不适合作为领导者。原因是，纵向委托人是一个委托人对多个代理人，且具备整体观、大局观以及国际视野和长远规划；横向委托人有成千上万，利益各异，是多个委托人对一个代理人，且不具备整体观、大局观以及国际视野和长远规划。在中国的政治体制中，中国共产党的作用是"领导核心"，负责"总揽全局，协调各方"，这从根本上解决了中国传统社会一直存在的"一盘散沙的局面"，若无纵向委托—代理关系的领导作用，就会存在像诺贝尔经济学奖得主缪尔达尔所说的"软政府"问题，即一个政府它的执行力非常弱，被各种既得利益绑架，否决点特别多，政客互相推诿，最后连修一条路的共识都达不成，结果是经济现代化的事业举步维艰。因此，在横向委托人和纵向委托人两者的关系上，纵向委托人适宜作为领导者，而横向委托人适宜作为被领导者。

（二）地方政府委托—代理关系对资源配置效率的影响

资源配置方式包括市场手段和政府手段，因此，资源配置效率取决于市场手段的效率和政府手段的效率。下面分法制完善和法制不完善两种情况，讨论资源配置效率与纵向和横向委托—代理关系强弱之间的关系。

1. 在法制完善情况下地方政府委托—代理关系对地方资源配置效率的影响

（1）地方市场的效率、地方政府微观层面效率[①]与横向委托—代理关

---

① 地方政府的效率包括微观和宏观两个层面，微观层面的效率是指公共服务、市场监管等方面的效率，宏观层面的效率是指制度供给、产业政策、发展规划等方面的效率。

系的强弱程度呈正相关关系，横向委托—代理关系增强导致市场效率增长的幅度是减小的，两者呈凹函数关系，分别如图4-1（a）和图4-2（a）的实线所示。下面从两个方面分别对这两个图形进行阐析：一方面，市场这只"无形之手"通过价格、供给、需求等信号进行资源配置，属于微观层面的概念范畴；横向委托—代理关系是通过成千上万地方居民和企业对地方政府监督约束形成的委托—代理关系，该关系在微观层面更具效率。发展中国家（尤其是转轨型发展中国家）的市场还不是一个有效市场，原因包括两个方面的失灵：一是经济学理论提到的市场本身失灵，而政府又没有去补位；二是政府越位和错位造成的人为市场失灵，而政府又没有从中抽身。横向委托—代理关系监督管理地方政府的微观活动（包括公共服务、市场监管等），第一可以更加有效地约束地方政府依法行政，防止地方政府职能"越位"和"错位"对市场机制产生扭曲作用，从而提高市场的效率；第二可以更为有效地监督地方政府提升公共服务能力，防止地方政府职能"缺位"而影响市场机制功能正常发挥，继而提升地方市场的效率。基于这两点原因可知，在其他条件不变的情况下，地方市场的效率与横向委托—代理关系的强弱程度呈正相关关系，并且横向委托—代理关系增加对市场效率的提升作用是边际递减的，两者呈凹函数关系，如图4-1（a）的实线所示。另一方面，横向委托—代理关系越强，表明地方民众对地方政府的监督和制约越强，越有利于地方政府提高公共服务和市场监管等微观层面的效率，因此，地方政府的微观效率与横向委托—代理关系强弱呈正相关关系，并且横向委托—代理关系增强对地方政府微观效率的提升作用是边际递减的，两者呈现凹函数关系，如图4-2（a）的实线所示。

（2）地方市场的效率、地方政府微观层面的效率随着纵向委托—代理关系增强而先小幅上升随后不断下降，分别如图4-1（b）和4-2（b）的实线所示。下面从两个方面分别对这两个图形进行阐析：一方面，当纵向委托—代理关系很弱时，纵向委托—代理关系增强可以加强对地方政府微观事务的监督和制约，从而有利于提高地方政府的微观效率；当纵向委托—代理关系到达一定程度（F点）之后，纵向委托—代理关系继续增强，中央政府管理过多、过于僵化会抑制地方政府积极性，降低地方经济活力，地方政府微观效率逐步下降，因此，地方政府微观层面的效率随着纵向委托—代理关系增强先小幅上升再逐步下降，如图4－2（b）的实线所示。地方政府的微观行为表现为日常行政活动，具有难以量化和难以考核的特点，与横向委托人相比纵向委托人对地方政府微观行为的监管不具比较优势或者具有比较劣势，因此，图4－2（b）实线曲线最高点的高度较低且位置偏左。另一方面，当纵向委托—代理关系从零开始逐步增强时，中央政府对地方政府的监督和制约可以减少地方政府的越位、失位和错位现象，继而可以增强地方市场的效率，此时地方市场的效率随着纵向委托—代理关系的增强而提高；但在达到一定强度（F点）之后随着纵向委托—代理关系继续增强，中央政府对地方政府管得过多、过于僵化会降低地方政府微观层面的效率进而抑制市场的效率，此时地方市场效率随着纵向委托—代理关系的增强而下降，因此地方市场的效率随着纵向委托—代理关系增强呈现先小幅上升再逐步下降的变化趋势，如图4－1（b）的实线所示。相对于横向委托人，纵向委托人（即中央政府）对地方政府微观层面事务的监督管理具有比较劣势，继而对地方市场效率也具有比较劣势，因此，图4－1（b）实线曲线最高点的高度较低且位置偏左。

（3）地方政府的宏观效率与纵向委托—代理关系的强弱程度呈正相关关系，并且纵向委托—代理关系增强导致地方政府宏观效率增长幅度下降，两者呈凹函数关系，如图4－3（b）的实线所示。纵向委托—代理关系能够充分发挥"全国上下一盘棋"和集中力量办大事的制度优势，调动各方面积极性和创造性，集聚全球优质生产要素，着力在推动制度创新、培育增长动能、构建全面开放新格局等方面取得新突破，为实现国家战略目标提供坚实支撑。纵向委托人（即中央政府）对地方政府代理人在宏观层面具有委托—代理比较优势，地方政府的宏观效率随着纵向委托—代理关系的增强而提高，并且纵向委托人对地方政府代理人在宏观层面委托—代理的边际效率是递减的，因此，纵向委托—代理关系增强导致地方政府宏观效率不断提高但是增幅下降，两者呈凹函数关系。

（4）地方政府的宏观效率随着横向委托—代理关系增强先小幅上升再逐步下降，如图4－3（a）的实线所示。当横向委托—代理关系很弱时，横向委托—代理关系增强会提高地方政府的宏观效率，地方政府的宏观效率随着横向委托—代理关系增强而有所上升；当上升到达一定程度（F 点）之后，地方政府议而不决和决而不行问题越来越突出，地方计划和政策的制定与执行效率越来越低下，横向委托—代理关系增强不但不会使地方政府宏观效率上升反而使其逐渐下降。相对于纵向委托人，横向委托人对地方政府宏观层面的管理不具有比较优势或者具有比较劣势，因此，图 4 – 3（a）曲线最高点的高度较低且位置偏左。

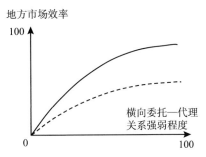

图 4 – 1（a）　　地方市场效率与横向委托—代理关系强弱程度的关系

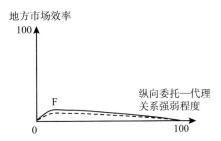

图 4 – 1（b）　　地方市场效率与纵向委托—代理关系强弱程度的关系

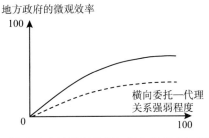

图 4 – 2（a）　　地方政府的微观效率与横向委托关系强弱程度的关系

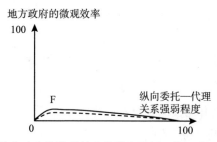

图4-2（b）　地方政府的微观效率与纵向委托—代理关系强弱程度的关系

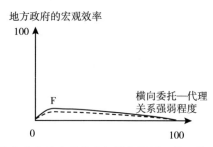

图4-3（a）　地方政府的宏观效率与横向委托—代理关系强弱程度的关系

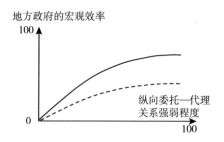

图4-3（b）　地方政府的宏观效率与纵向委托—代理关系强弱程度的关系

　　纵向委托人和横向委托人对地方政府代理人在不同层面具有不同的委托—代理效率。通过比较图4-1（a）和图4-1（b）可知，在其他条件相同的情况下，横向委托—代理关系的地方市场效率大于同等强度纵向委托—代理关系的地方市场效率；通过比较图4-2（a）和图4-2（b）可知，在其他条件相同的情况下，横向委托—代理关系的地方政府微观效率大于同等强度纵向委托—代理关系的地方政府微观效率；通过比较图4-3（a）和图4-3（b）可知，在其他条件相同的情况下，横向委托—代理关系的地方政府宏观效率小于同等强度纵向委托—代理关系的地方政府宏观效率。

2. 在法制不完善情况下地方政府委托—代理关系对资源配置效率的影响

法制不完善降低了市场（或政府）效率，因此，在法制不完善情况下地方市场（或地方政府）效率随横向（或纵向）委托—代理关系变化而变化的曲线，如图4 - 1（a）、图4 - 1（b）、图4 - 2（a）、图4 - 2（b）、图4 - 3（a）和图4 - 3（b）的虚线所示，均低于在法制完善情况下地方市场（或地方政府）效率随横向（或纵向）委托—代理关系变化而变化的曲线。因此，提高制度完善程度，既可提高地方市场的资源配置效率，也可以提高地方政府的资源配置效率。

在从计划经济向市场经济转轨过程中，我国地方资源配置效率大幅提升，主要有两方面原因，一是纵向委托—代理关系的比重有所下降和横向委托—代理关系的比重有所上升，导致地方政府微观效率和地方市场效率上升；二是中国的制度更加完善，制度完善能够同时提高地方政府和地方市场的效率。

（三）两种委托—代理关系组合而成的地方政府委托—代理结构的资源配置效率分析

根据比较优势理论，每个人从事自己擅长的部分并进行合理社会分工，才能发挥各自的比较优势。纵向和横向委托—代理关系，唯有合理分工并且发挥各自作为委托人的比较优势，才能发挥地方政府作为代理人在有效市场和有为政府方面的最优效率。如果分工不合理，对地方政府代理人的委托权错配，则不能充分发挥横向委托人和纵向委托人的委托—代理效率，进而难以在地方层面建成有效市场和有为政府。

我们可以把纵向和横向委托—代理关系两者之间的配置分成四种类型：第一种类型，纵向委托—代理关系和横向委托—代理关系达到一种按各自比较优势进行合理分工的状态；第二种类型，纵向委托—代理关系强横向委托—代理关系弱，纵向关系占主导地位；第三种类型，横向委托—代理关系强纵向委托—代理关系弱，横向关系占主导地位；第四种类型，横向和纵向委托—代理关系都弱，作为代理人的地方政府受到的约束很小，几乎处于失控状态。

下面我们分法制完善和法制不完善两种情况进行讨论。如图4-4所示，在法制完善情况下，类型二可以很好地发挥地方政府的宏观效率，但是地方市场的效率和地方政府的微观效率较低；类型三可以很好地发挥地方市场的效率和地方政府的微观效率，但是地方政府的宏观效率较低；类型四地方政府和地方市场的效率都低；类型一属于两种委托—代理关系合理分工、有机协调的地方政府委托—代理结构，既可以发挥地方政府的微观效率和地方市场的效率，也可以发挥地方政府的宏观效率，究其原因，图4-1（a）、图4-1（b）、图4-2（a）、图4-2（b）、图4-3（a）和图4-3（b）的曲线都是凹函数曲线或者先上升后下降曲线，因此，合理分工的地方政府委托—代理结构既不是完全的横向委托—代理关系，也不是完全的纵向委托—代理关系，而是横向和纵向委托—代理关系的某种组合，即类型一。

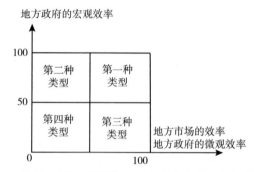

图4-4　在法制完善情况下委托—代理结构与资源配置效率的关系

在法制不完善的情况下，由于地方法制的缺陷影响地方市场和地方政府效率，因此即使横向委托—代理关系占主导位置也不能有效发挥地方市场的效率和地方政府的微观效率，即使纵向委托—代理关系占主导地位也不能有效发挥地方政府的宏观效率。在法制不完善情况下，四种类型地方政府和地方市场效率（见图4-5）均低于在法制完善情况下相应类型的地方政府和地方市场效率（见图4-4）。

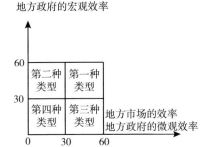

图 4-5　在法制不完善情况下委托—代理结构与资源配置效率的关系

由此可见，不管是在法制完善还是法制不完善的情况下，对地方政府的最优委托—代理结构既不是完全的纵向委托—代理关系，也不是完全的横向委托—代理关系，而是纵向和横向委托—代理关系按各自比较优势进行合理分工所形成的某种组合。根据纵向和横向委托—代理关系在不同层面具有不同的比较优势，因此，我们需要在不同层面根据两者各自的比较优势进行合理分工，寻找在不同层面的两者最优组合进而构建最优的地方政府委托—代理结构。对地方政府的最优委托—代理结构，需要根据两种委托—代理关系的比较优势，分宏微观两个层面对它们进行合理分工，对于地方政府微观行为的委托—代理而言应以横向委托—代理关系为主纵向委托—代理关系为辅，对于地方政府宏观行为的委托—代理而言应以纵向委托—代理关系为主横向委托—代理为辅，这样才能构建最优组合的地方政府委托—代理结构。

（四）在提升地方资源配置效率视角之下推进地方委托—代理结构转换

地方政府委托—代理结构，是指由纵向和横向两种委托—代理关系的比例高低、权力大小、相互关系和相互作用组成的结构。纵向委托—代理关系是指中央政府和地方政府之间的委托—代理关系，横向委托—代理关系是指地方民众对地方政府的委托—代理关系。当前我国的委托—代理结构，以纵向委托—代理关系为主横向委托—代理关系为辅，这种委托—代理关系在中国共产党的坚强领导下，取得了改革开放的伟大成就，造就了四十余年高速增长的世界奇迹，带领中国取得了世界第二经济大国和第一贸易的地位，然而，这种委托—代理结构也存在不足之处需要随着形势变化不断改革和完善。根据图4－4和图4－5，最优的地方政府委托—代理结构是第一种类型，即纵向和横向委托—代理协调配合的委托—代理结构，此时能够最大化地发挥政府和市场两种资源配置方式的综合效率。

下面对此进行一步的经济学逻辑分析。现实中，我国比较接近于第二种类型，即以纵向为主横向为辅的地方政府委托—代理结构，这种委托—代理结构能够充分发挥地方政府的宏观效率，这也是我国在抗击新冠肺炎疫情表现明显好于其他国家的关键原因，也是我国能够在改革开放后一穷二白的境况下快速推进工业化建设及基础设施建设进而取得经济高速增长的重要原因，然而，这种委托—代理结构却不利于发挥地方政府的微观效率和地方市场的效率，从而在从高速增长阶段转向高质量发展阶段过程中未能达到预期目标，因此我国地方政府委托—代理结构需要从第二种类型向第一种类型转换，即由"纵向为主横向为辅"的地方政府委托—代理结构转为"在纵向的领导下纵向和横向之间的最优平衡与相互协作"的地方政府委托—代理结构。所谓"最优平衡"，就是在不同层面根据各自的比较优势进行合理分工，对于地方政府的宏观层面行为的委托—代理，以纵向为主横向为辅，对于地方政府的微观层面行为的委托—代理，以横向为主纵向为辅；所谓"相互协作"，就是两者不仅要合理分工，而且需要相互协作和协调配合，发挥"1＋1＞2"的作用，这需要中央政府做好顶层设计，通过全国人民代表大会以立法的方式清晰地划分纵向和横向委托—代理关系的职责范围，并且，在纵向和横向委托—代理关系两者的关系上，纵向委托—代理关系是第一关系，横向委托—代理关系是第二关系，纵向委托—代理关系在其中扮演着领导者的角色。

第三节　在委托—代理结构转换基础上的地方政府制度转向及其对地方资源配置的影响

地方政府委托—代理结构与地方政府制度之间的关系，就像芯片架构与芯片设计和制造之间的关系。芯片架构（如 ARM、RISC－V 和 MIPS等）决定了芯片设计和制造，芯片架构的先进程度在一定程度上决定了芯片设计性能的优秀程度。地方政府委托—代理结构类似于芯片架构,地方政府制度类似于芯片设计和制造,因此,更为出色的地方政府委托—代理结构决定了更加优质的地方政府制度质量。

地方政府委托—代理结构相当于基础架构,而地方政府制度设计则是基础架构之上的上层应用。一方面,基础架构需要随着经济和社会发展而发生变化,从而才能建立与经济和社会发展相适应的最优架构;另一方面,当基础架构发生变化,地方政府制度这个上层应用也应随之发生变化,这样两者才能相互匹配。只有地方政府委托—代理结构进行转换,并且在此基础上地方政府制度也进行相应改变,才能充分发挥地方政府和地方市场这两种资源配置手段的效率,进而才能在地方建立现代经济体系和实现经济高质量发展。

(一) 地方政府制度转向的制度设计

为了研究的需要,我们把地方政府制度分成民主集中制、官员晋升激励制度和其他地方政府制度,前两者跟地方政府委托—代理结构紧密相关,其他地方政府制度与委托—代理结构存在相关关系但相关程度较弱。当地方政府委托—代理结构转变时,地方民主集中制、官员晋升激励制度和其他地方政府制度都需要进行相应的转向。

1. 地方民主集中制的制度转向

随着经济和社会的不断发展,民主集中制的基本内涵和表现形式应该与时俱进地改变。高速增长时期的民主集中制,强调的是集中(反映纵向委托—代理关系),民主(反映横向委托—代理关系)处于次要和从属地位;高质量发展时期的民主集中制,既重视集中,也重视民主,并且根据优势和劣势,两者协调分工、相互合作,处于一种委托权优化配置以及相互和谐协作状态。民主和集中是一对既相互对立又相互通融的结构性变量,两者是相生相合的,随着社会经济变化而不断进行调整,应是一种动态结构性均衡过程而不是稳定不变的平衡状态,"什么时候民主多一些还是集中多些,在理论上需要把握均衡,而在实践上更是一种智慧"(杨光斌和乔哲青,2015)。

地方民主集中制的制度转向,除了应保持并改进地方集中制度原有的集中方面规章制度之外，转向主要还是体现在加强和完善地方民主集中制民主方面的规章制度上面。加强和完善民主集中制民主方面规章制度的举措包括：第一，作为横向委托—代理机制的最根本制度，需要完善和保障地方人民代表大会制度中民意表达和民众监督的程序和制度设计。由于政府是强力量，市场是弱力量，只有建立对地方政府完善的横向委托—代理机制，才能有效地约束和制衡地方政府权力，减少或者防止地方政府职能"越位""错位"和"缺位"，尽量避免作为强力量的政府扭曲或者妨碍作为弱力量的市场正常运行，才能使市场在资源配置中有效、有序地运行，最终有利于建立"精巧的市场机制"。具体改善措施包括增强地方人民代表大会和地方政治协商会议在重大事务方面的参政议政作用、改进地方人民代表大会对地方政府公共服务方面的民主监督和民主考核机制、完善地方人民代表大会对地方政府施政方面的民主问责机制等。第二，加强地方政府群众路线的观念建设和制度建设。"从群众中来，到群众中去"，群众路线所体现的民本主义，不仅是我党取得革命胜利的法宝，也是我党治国理政的法宝。群众路线不但要体现在中央政府的执政理念，也应当体现于地方政府的执政意念。加强地方政府的群众路线建设，不仅要加强地方政府观念建设，而且要加强地方政府制度建设，把地方政府的群众路线落到实处。制度建设要体现在三个方面：一是积极推动地方政府信息公开，切实保障地方人民群众的知情权；二是尊重人民群众的主体地位，扩大地方人民群众的参与权、提高地方人民群众的表达权；三是让地方权力在阳光下运行，保障地方人民群众的监督权。第三，增强地方司法公正性和独立性，让地方司法成为对地方政府是否依法行政的追责工具。横向委托—代理关系，除了包括地方民众对地方政府的委托—代理关系之外，还包括地方司法对地方政府的约束和制约作用。公平公正公开的法治环境是精巧市场机制的必备要素。现实中需要保证地方司法的公正性和独立性，从而能够对地方政府官员违法乱纪行为进行及时和公正的审判及惩处，有效地约束地方政府依法行政，促进地方政府向法治政府转型，建设良好的地方法治环境。第四，提升地方政府对于民本主义的"响应性"，增强地方政府公共服务职能。完善民主集中制民主方面的制度规定，有利于加强地方政府对地方民众和地方企业的"响应性"，更好地满足地方民众和地方企业的正当需求，从而有利于地方公共服务型政府建设。例如，可以出台地方民众对地方政府公共服务满意程度的网上或现场评估办法、建立对改进地方政府公共服务的群众意见收集渠道以及对于地方政府越位或不当干预地方市场的群众监督渠道等，这些方面可以增强地方政府对于地方民众响应的积极性和主动性，推动地方政府向依法行政的公共服务型政府转型。

2. 官员晋升激励制度的制度转向

官员晋升激励制度在以往的高速增长阶段发挥了不容忽视的作用。符合国情的重要发展经验不能舍弃，应与高质量发展阶段地方政府委托—代理结构转换相适应，与时俱进地进行激励机制、约束机制和问责机制三个方面的转变：第一，从单重考核激励机制转向双重考核激励机制。一方面，保留原有的中央政府对地方政府的激励机制。对于可量化考核的方面（如 GDP 增长、就业增长等），中央政府直接采用量化指标对地方政府进行政绩考核。另一方面，加强地方民众对地方政府的激励机制。对于难以量化的地方政府微观事务方面（如地方公共服务等），可以考虑采用地方民众对地方政府的评价和考核方式。地方政府工作做得如何，感受最深切、看得最清楚、最有评判权的，还是地方人民群众，可以采用现场评价、网上评价、民主测评等定性考评和定量考评相结合的多种考核措施，在横向考核的基础上对地方政府公共服务、市场管理等政务工作设置相应的激励方案。第二，从单重约束机制转向双重约束机制。一方面，保持原有的纵向约束机制。保留原有的纵向约束机制，意味着保留中央（上级）政府对地方（下级）政府"一把手"的监督权和任免权，通过监督和任免地方（下级）政府"一把手"来实现中央（上级）政府对地方（下级）政府强有力的约束作用。另一方面，加强对地方政府的横向约束机制（即来自地方民众的约束机制和来自地方司法的约束机制）建设。地方民众通过地方人民代表大会等渠道加强对地方政府的监督和约束，有利于增强地方政府公共服务水平，促进地方政府向公共服务型政府转型；地方司法通过增强自身公正性和独立性来强化对地方政府的司法约束，有利于地方政府向法治政府转型。第三，从单重问责机制转向双重问责机制。一方面，保持原有的纵向问责机制，即中央（上级）政府对地方（下级）政府的问责机制。中央政府更关注于地方经济的宏观层面和整体层面，并且宏观层面和整体层面的数据更易于被统计，因此，中央政府适宜从宏观层面对地方政府不作为或乱作为进行问责，纠正地方政府在整体层面和宏观层面的失职行为。另一方面，加强横向问责机制，即地方民众（企业）对地方政府的问责机制。由于地方民众（企业）是公共服务和依法行政的直接服务对象，地方民众（企业）在空间距离上接近地方政府，地方民众（企业）更加适宜作为公共服务和依法行政的评价和监督主体，也适宜作为地方政府依法行政和公共服务的问责主体。

3. 其他地方政府制度的制度转向

地方政府制度是一个整体系统，需要相互配合和相互协作才能发挥地方政府制度的整体效力。因此，当地方民主集中制和地方官员晋升激励制度进行转变时，其他地方政府制度也应相应的转变，以保证其他地方政府制度与转向之后的地方民主集中制和地方官员晋升激励制度相匹配。因篇幅所限，其他地方政府制度转向这里不做讨论。

（二）委托—代理结构转换基础上的地方政府制度转向对地方资源配置效率的影响

下面分析委托—代理结构转换视角下的地方政府制度转向对地方资源配置效率所起的作用。

1. 地方民主集中制转向对地方资源配置效率的影响

任何事物都有优缺点，集中制度（反映的是纵向委托—代理关系）具有决策执行效率高、资源动员能力强、政策可持续性强及能够实施长远和整体的发展计划等优点，但是具有考核和监督难以达到预期效果、微观活力和创造力不足以及纠错能力较弱等缺点；民主制度具有更能激发微观活力和创造力、对地方政府的考核和监督更加具体与全面、制定的地方政策更能反映地方民众意见等优点，但具有决策执行效率较低、资源调控能力较弱、政策持续性较差以及可能缺乏长远和整体的视野等缺点。由此可见，民主制度和集中制度各有所长各有所短，集中制度在发挥政府的宏观层面效率方面有优势，但在发挥地方政府的微观效率和市场机制效率方面仍然有所欠缺；民主制度在发挥政府的微观层面效率和市场机制效率方面有优势，但是在发挥政府的宏观效率方面则效果较差。集中制度在宏观方面和"点"方面具有较高效率，但是在微观方面和"面"方面具有较低效率；而民主制度在宏观方面和"点"方面具有较低效率，但是在微观方面和"面"方面具有较高效率。

转向后的地方民主集中制提升了地方资源配置的效率。民主集中制里面的集中制度和民主制度的优劣势正好相互弥补，以集中为主民主为辅或者以民主为主集中为辅都偏重发挥地方资源配置某一方面的效率，不能最大化地发挥民主集中制的整体效率，而转向集中和民主之间最优平衡与有机协调的地方民主集中制，恰好可以使民主制度和集中制度互为补充、取长补短和相得益彰，从而既可以发挥地方政府的宏观层面效率，也可以发挥地方政府的微观层面效率，既可以实现地方政府的效率，也可以施展地方市场的效率，有利于实现"有为政府 + 有效市场"的高质量地方资源配置。只有民主（即横向委托—代理机制）和集中（即纵向委托—代理机制）两条腿都健壮，并且两条腿相互之间能够协调配合，这样的民主集中制才是最优平衡的民主集中制，才能更好地实现有为政府和有效市场的高质量地方资源配置。

2. 官员晋升激励制度转向对地方资源配置效率的影响

对于转向后的官员晋升激励制度而言，地方政府守法的主要压力不仅来自自上而下的压力型体制的自我逼迫，而且来自地方司法系统或地方民意机关的权力约束体制的外在制约。因此，我国应当加强横向约束和问责机制建设，独立权威的地方司法系统和强势的地方民意机关构成了对地方政府和地方官员的强大压力，最终推动地方政府向有限政府、服务政府、法治政府、责任政府方向发展。转向后的官员晋升激励制度，不但激励地方政府官员为实现本地 GDP 增长目标而竞争，而且为提升公共服务而竞争，为改善生态环境而竞争，为建设公平竞争的营商环境而竞争，为服务技术和人才而竞争，这样一方面改善地方营商环境质量，有利于塑造精巧的市场机制；另一方面提升地方政府公共服务质量，有利于打造公共服务型政府。综合两方面来看，转向后的官员晋升激励制度有利于在地方形成"有效市场 + 有为政府"的高质量资源配置方式。

3. 其他地方政府制度转向对地方资源配置效率的影响

除了以上两项重要的地方政府制度转向之外，其他地方政府制度的转向既有利于保障以上两项制度效力的发挥，也有助于发挥地方政府制度的整体效率，进而对地方资源配置效率起到促进作用。

综上可知，与地方政府委托—代理结构这个基础架构转变相适应，作为上层应用的地方民主集中制、官员晋升激励制度和其他地方政府制度也应相应改变，这种制度转向有利于把地方政府委托—代理结构转向落到实处，有利于使地方政府在提升地方公共服务和培育地方市场机制中扮演更重要的角色，有利于激励地方政府的"援助之手"并管束地方政府的"掠夺之手"，进而推动地方形成"有效市场 + 有为政府"的资源配置组合，提高地方资源配置效率。

第四节　对地方经济高质量发展逻辑框架的拓展

高培勇和杜创等（2019）的逻辑架构包括四个转向和五个机制，然而他们的研究未涉及制度层面，逻辑框架不够完整。制度是高质量发展的关键性因素（刘志彪，2018），本章从制度层面对该逻辑框架进行拓展性研究。由于制度转向是一个涉及方方面面的复杂问题，因本章篇幅所限只进行框架性研究，而这种框架性研究需抓住问题的本质。对于地方经济高质量发展而言，地方政府制度改革的核心就是要解决中央政府和地方民众与地方政府之间因信息不对称导致的委托—代理问题，因此，本章基于地方政府委托—代理结构视角探讨地方政府制度如何转向问题。

（一）高培勇和杜创等（2019）的高质量发展逻辑框架

高培勇和杜创等（2019）的高质量发展逻辑框架包括四个转向和四个机制，见图4-6。从高速增长阶段向高质量发展阶段需要做好四个转向，具体包括：①社会主要矛盾从总量变成结构；②资源配置方式从政府主导变成市场主导；③产业体系从工业主导转向服务业主导和从低端结构转向高端结构；④增长阶段从低质量发展转向高质量发展和从高速增长转向可持续稳速增长，详细表述见表4-1的第1~4点。

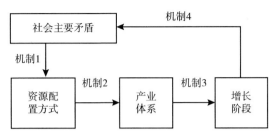

图 4-6 高培勇和杜创等（2019）的逻辑框架

高培勇和杜创等（2019）逻辑框架的四个机制分别是：①社会主要矛盾的性质决定了资源配置方式的选择，即"社会主要矛盾→资源配置方式"；②资源配置方式决定产业体系，即"资源配置方式→产业体系"；③产业体系与增长阶段的一致性，即"产业体系→增长阶段"；④高速增长到一定程度，引起社会主要矛盾从总量性到结构性的转化，进而导致从传统经济体系到现代化经济体系的内生转化，即"增长阶段变化→社会主要矛盾变化"。这四个机制组成的逻辑链条为"社会主要矛盾→资源配置方式→产业体系→增长阶段"以及"增长阶段变化→社会主要矛盾变化"。

（二）对高质量经济发展逻辑框架的拓展

考虑到地方政府委托—代理结构及其地方政府制度的转变，基于前面研究我们把高培勇和杜创等（2019）的高质量发展逻辑框架的四个转向拓展为六个转向，四个机制拓展为六个机制。

1. 四个转向拓展成六个转向

考虑了制度因素之后，基于地方政府委托—代理理论的研究视角，我们把该逻辑框架的四个转向拓展为六个转向，新增的两个转向见表 4-1 的第 5 点和第 6 点，包括：第一，从以纵向为主横向为辅的地方政府委托—代理结构向在纵向的领导下纵向和横向最优平衡与相互协作的地方政府委托—代理结构转变；第二，地方政府制度分成地方民主集中制、地方官员晋升激励制度和其他地方政府制度，与地方政府委托—代理结构转变相对应，地方民主集中制从"以集中为主民主为辅"向"在集中的统领下充分发挥集中和民主的各自作用以及两者的有机协调"转变，地方官员晋升激励制度从"纵向激励约束机制为主横向激励约束机制为辅"向"在纵向激励约束机制的统领下充分发挥纵向和横向激励约束机制的各自作用以及两者的有机协调"转变，其他地方政府制度也应跟随这两项制度进行配套性的转向。

表 4 – 1　　　　　从传统经济体系向现代化经济体系的六个转向

经济体系	传统经济体系（1978～2012 年）	现代化经济体系
1. 社会主要矛盾	总量性的矛盾： (1) 人民的基本物质文化需要； (2) 更关注数量	结构性矛盾： (1) 人的全面发展； (2) 更关注质量、个性化
2. 增长阶段	(1) 高速增长； (2) 低质量发展：要素投入驱动为主	(1) 可持续增长； (2) 高质量发展：技术进步驱动为主
3. 产业体系	(1) 工业主导； (2) 各产业内部低端主导	(1) 服务业主导； (2) 各产业内部中高端主导
4. 资源配置方式	(1) 政府主导； (2) 增长型政府、基础性的市场机制	(1) 市场主导； (2) 公共服务政府、起决定性作用的市场机制
5. 地方政府制度	(1) 以集中方面为主和民主方面为辅的地方民主集中制； (2) 纵向激励约束机制为主横向激励约束机制为辅的地方官员晋升激励制度； (3) 与前两项制度配套的其他地方政府制度	(1) 在集中的统领下充分发挥集中和民主的各自作用以及两者有机协调的民主集中制； (2) 在纵向激励约束机制的统领下充分发挥纵向和横向激励约束机制的各自作用以及两者有机协调地方官员晋升激励制度； (3) 与前两项制度配套的其他地方政府制度
6. 地方政府委托—代理结构	纵向为主横向为辅的地方政府委托—代理结构	在纵向的领导下，纵向和横向之间的最优平衡和相互协作

2. 四个机制拓展为六个机制

在原有四个机制基础上新增加了二个机制，并对原有逻辑框架中的第一个机制进行调整。新增加的二个机制及调整后的一个机制为：

（1）调整后的机制 1：社会主要矛盾决定地方政府委托—代理结构。

党的十九大报告做出新的重大判断："新时代我国社会主要矛盾已经转化为人民日益增长的美好生活需要和不平衡不充分的发展之间的矛盾。"

当社会主要矛盾是总量性的，原有委托—代理结构便是合适的地方政府委托—代理结构。因为在发展初期和中期市场发育不完善、制度不健全、工业基础比较薄弱，依靠中央政府的强力领导能够迅速地突破利益固化藩篱和破除体制机制弊端，集中资源完善基础设施和建立强大工业体系，从而快速推动经济增长，解决总量短缺的矛盾。当社会主要矛盾是结构性的，最优平衡和相互协作的地方政府委托—代理结构便是最优选择。原因是结构性矛盾表现在横向维度需求，即人民除了物质需求之外，还包括"民主、法治、公平、正义、安全、环境、教育、健康等方面"的需求，还表现在纵向维度需求，除了满足基本生活需求之外，还关注"产品和服务的品质"以及"多样化和个性化需求"（高培勇和杜创等，2019）。最优平衡和相互协作的委托—代理结构可以更好地满足地方民众的横向维度需求，因为加强横向委托—代理关系能够促进地方政府更多地关注"民主、法治、公平、正义、安全、环境、教育、健康"等方面产品和服务供给。最优平衡和相互协作的委托—代理结构也可以更好地满足地方民众的纵向维度需求，原因是横向委托—代理关系增加了对分权之后地方政府权力的制衡、监督和制约，减少了地方政府"强力量"对地方市场"弱力量"的干预和扭曲，进而提升市场机制的有效性，建立更加精巧的市场机制，而更加精巧的市场机制可以增强微观经济主体的活力和提高技术创新的动力，进而提高产品和服务的品质并提供更为多样性和个性化的产品与服务，更好地满足地方民众的纵向维度需求。

基于上述论述，调整后的机制1可总结如下：

调整后的机制1：社会主要矛盾的性质决定了地方政府委托—代理结构的选择。当社会主要矛盾是总量性的，"纵向委托—代理关系为主"和"横向委托—代理关系为辅"便是合适的委托—代理结构选择；当社会主要矛盾是结构性的，"纵向和横向委托—代理关系之间的动态平衡和相互协作"是最优的委托—代理结构选择。具体而言，在坚持纵向委托—代理关系的统领作用下，增强横向委托—代理关系，以及积极促进两者之间的协调配合。

（2）机制 5（新增）：地方委托—代理结构是置于地方政府制度之下并决定地方政府制度的基础架构。

芯片的基础架构如 ARM 和 CRV 等，芯片设计如 12 纳米、7 纳米和 5 纳米设计，芯片基础架构在一定程度上决定了芯片设计。地方政府委托—代理结构类似于芯片基础架构，地方政府制度类似于芯片设计，因此地方政府委托—代理结构决定地方政府制度。以前我国的地方政府委托—代理结构是高速增长阶段的基础架构，基于该基础架构打造的地方政府制度，有力地推动了我国经济长达四十余年的高速增长。随着经济不断发展，我国进入经济高质量发展阶段，地方政府委托—代理结构也应当是高质量发展阶段的基础架构，并基于该基础架构打造地方政府制度，来推动我国地方经济进入高质量发展阶段。

基于上述论述，机制 5 可总结如下：

机制 5：地方政府委托—代理结构在一定程度上决定地方政府制度，两者是基础架构和上层应用之间的关系。当地方政府的委托—代理结构是"纵向委托—代理关系为主"和"横向委托—代理关系为辅"时，地方民主集中制表现为"集中方面为主"和"民主方面为辅"，更加强调集中方面制度对高速增长阶段经济和社会发展的作用；官员晋升激励制度主要是中央政府对地方政府的纵向考核机制、纵向激励约束机制和纵向问责机制，中央政府成为地方民众和地方企业的忠实代表；其他地方政府制度也是在该委托—代理结构基础之上建立的与前两项制度配套的制度。当地方政府的委托—代理结构是"在纵向领导下纵向和横向委托—代理关系之间的最优平衡和相互协作"时，地方民主集中制表现为"在集中的统领作用下，充分发挥集中方面和民主方面的各自作用以及注重两者之间的有机协调"；官员晋升激励制度表现为"在纵向激励约束机制的统领下充分发挥纵向和横向激励约束机制的各自作用以及两者的有机协调"；其他地方政府制度也是在该委托—代理结构基础上建立的与前两项制度相配套的制度。

（3）机制 6（新增）：地方政府委托—代理结构及其地方政府制度决定地方资源配置方式的效率。

地方政府委托—代理结构及基于该基础架构之上的地方政府制度，

决定地方资源配置方式的效率。第一，最优平衡的地方民主集中制，强调纵向委托—代理机制（即集中制）和横向委托—代理机制（即民主制）各自充分发挥作用并且两者之间相互协调。首先，加强和完善横向委托—代理机制（即民主制），一方面通过增强地方民众监督约束提升地方政府公共服务能力，有利于促成高质量资源配置方式的"一条腿"——"公共服务型政府"；另一方面通过加强地方民众对地方政府行政权力和地方政府依法行政监督约束，强化地方司法监督约束，有利于促成高质量资源配置方式的"另一条腿"——"精巧的市场机制"。其次，最优平衡的地方民主集中制，通过法律规定纵向委托—代理机制（即集中制）和横向委托—代理机制（即民主制）之间的权力分配和责任义务，可以比较明确地划分政府和市场的边界，并且通过加强两种委托—代理机制的相对协作，能够增进公共服务型政府和精巧的市场机制两条"腿"之间的协调配合。第二，基于该委托—代理结构的官员晋升激励制度，强调对官员的纵向激励约束机制和横向激励约束机制各自充分发挥作用并且两者之间相互协调。两者之者协调约束，纵向激励约束机制有利于地方政府发挥宏观效率（宏观层面的发展计划、产业政策、改革政策等执行效率），横向激励约束机制有利于地方政府发挥微观效率（地方政府公共服务效率）和对地方政府权力进行较为有效的监督约束，继而有利于市场机制充分地发挥作用。因此，这种官员晋升激励制度既有利于政府效率的发挥，也有利于市场效率的发挥，从而有利于实现有为政府与有效市场的资源配置方式。第三，其他制度既要跟前两项制度相配套，又要自身比较完善，才能发挥地方政府制度的整体效率，进而实现有为政府和有效市场的资源配置方式。

本章将以上论述过程总结为机制6：

机制6：地方政府委托—代理结构以及基于其上的地方政府制度，决定地方资源配置效率。"集中方面为主"和"民主方面为辅"的地方民主集中制，"纵向激励约束机制为主"和"横向激励约束机制为辅"的官员晋升激励制度，以及跟这两者相匹配的其他制度，决定了"政府主导""增长型政府"和"基础性的市场机制"的资源配置方式；"在集中的统领作用下充分发挥集中和民主的各自作用以及注重两者之间的有机协调"的地方民主集中制，"在纵向激励约束机制的统领作用下充分发挥纵向和横向激励约束机制的各自作用以及注重两者之间的有机协调"的官员晋升激励制度，以及跟这两者相匹配的其他制度，决定了"市场主导""公共服务型政府"和"精巧的市场机制"的资源配置方式。

把调整后的机制 1、机制 5 和机制 6 连接起来并综合高培勇和杜创等（2019）的研究成果（机制 2、机制 3 和机制 4），社会主义高质量发展理论传导机制的逻辑链条可以归结为"社会主要矛盾→地方政府的委托—代理结构及其地方政府制度→资源配置方式→产业体系→增长阶段→社会主要矛盾"。增长型政府和基础性的市场机制（普通的资源配置方式）是与原有的地方政府委托—代理结构及构筑于其之上的地方政府制度相匹配的。公共服务型政府和精巧的市场机制（即高质量的资源配置方式）需要建设最优平衡和相互协作的地方政府委托—代理结构及基于其之上的地方政府制度。

3. 拓展后的高质量经济发展逻辑框架

在高培勇和杜创等（2019）的高质量发展逻辑框架（见图 4 - 6）基础上，本章引入地方政府委托—代理结构及基于其上的地方政府制度因素，把原来逻辑框架的四个转向拓展为六个转向，从四个机制拓展为六个机制，拓展后的地方经济高质量发展逻辑框架见图 4 - 7。

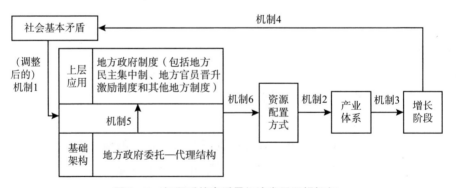

图 4 - 7　拓展后的高质量经济发展逻辑框架

根据图 4 - 7，地方经济高质量发展的逻辑链条为：

路径Ⅰ：社会主要矛盾的委托—代理结构效应：社会主要矛盾→地方

政府委托—代理结构及其地方政府制度→资源配置方式→产业体系→增长阶段，增长阶段发展到一定程度之后，又作用于社会主要矛盾。

实际上，社会主要矛盾变化有时不是通过地方政府委托—代理结构变化间接作用于地方政府制度，而是直接作用于地方政府制度，因此得到地方高质量发展的另一条逻辑链条：

路径Ⅱ：社会主要矛盾的非委托—代理结构效应：社会主要矛盾→地方政府制度→资源配置方式→产业体系→增长阶段，增长阶段发展到一定程度之后，又作用于社会主要矛盾。

上述内容的研究对象是路径Ⅰ，并未涉及路径Ⅱ。

改革开放四十余年，我国主要通过路径Ⅱ来提高地方政府制度质量，推动资源配置方式优化，进而实现经济高质量发展，这条传导路径促进了地方经济高质量发展。然而，由于我国并未通过路径Ⅰ来推动地方经济高质量发展，在基础架构未发展改变的情况下改变上层应用，导致作为上层应用的地方政府制度转型不彻底、不充分，我国多数地区尤其是欠发达地区始终未达到经济高质量发展的预期目标。为了实现地方经济高质量发展和建立地方现代经济体系，我国需要进一步深化地方政府制度改革，而路径Ⅰ为中国地方政府制度改革进而实现地方高质量发展提供了可供借鉴的战略方向和实施路径。

第五节　本章小结

中国特色社会主义市场经济体制和中国发展模式为广大发展中国家乃至西方发达经济体提供了新的可资借鉴的市场经济体制与发展模式，打破了以美国为代表的西方资本主义市场经济体制和发展模式的教条主义约束。中国改革开放以来建立的中国特色社会主义市场经济体系，把有效的市场微观资源配置职能和有为的政府宏观调整职能相互结合，取得了伟大的成功，形成中国发展模式。目前，中国特色社会主义市场经济制度和以美国为代表的西方资本主义市场经济制度已经成为国际社会最主要的两种市场经济模式，这两种市场经济模式存在着相互竞争、相互合作、相互补充与相互借鉴的关系（保健云，2019）。

而高质量发展方式，则需要进一步提高政府和市场的效率，基于纵向和横向委托—代理关系最优平衡的地方政府委托—代理结构及基于该结构构筑的地方政府制度，在保证纵向委托—代理关系的领导地位和正常作用（即基本保持地方政府的原有宏观效率）的情况下，通过加强横向委托—代理关系的作用以及两种委托—代理关系之间的协调配合，可以明显提升地方市场的效率和地方政府的微观效率，从而在原来基础上明显提升地方市场和地方政府的效率，形成有效市场和有为政府相结合的地方资源配置模式，进而为在地方建立现代经济体系和实现高质量发展打下更为坚实的基础。

现实中，在同一个层面上，有效市场和有为政府之间很难同时实现，欲实现有效市场必须实行大市场、小政府，强调市场的主导作用即承认政府的辅助作用；欲实现有为政府必须实行大政府、小市场，强调政府的主导作用即承认市场的辅助作用。在同一层面上，"两只手"不可能对同一资源同时起主导性配置作用，当一只手要把资源配置到这个地方，而另一只手把资源配置于另一个地方，此时资源流向到底听从哪只手的，最终结果或者是资源配置无所适从，或者是听从强势那一方（即政府）的。中国特色社会主义市场经济制度既需吸收西方资本主义市场经济制度的优点，同时又需摒弃其缺点，中国特色社会主义市场经济制度的典型特征是：宏观层面充分发挥中央政府强大的资源动员和资源配置能力，有效市场和有为政府两者相比较，更加强调有为政府，有为政府为主有效市场为辅；微观层面充分发挥地方市场在地方资源配置中高效率的决定作用，有效市场和有为政府两者相比较，更加强调有效市场，有效市场为主有为政府为辅。这种有为政府和有效市场相结合的资源配置效率，必然强于西方国家有效市场弱为政府的资源配置作用，需要强调的前提条件是，在宏观层面有为政府，必须是顺应市场规律的有为政府，必须是权力有边界的有为政府，必须是顺应发展方向的有为政府，否则宏观层面有为政府的效率还不如宏观层面少干预政府。以上研究表明，中国特色社会主义市场经济制度的"宏观层面有为政府"和"微观层面有效市场"，需要基于前述地方政府委托—代理结构，即"在纵向的领导下纵向和横向之间的最优平衡和相互协作"的地方政府委托—代理结构。

　　本章研究的逻辑链条可以总结为：最优的地方政府委托—代理结构以及基于其之上的地方政府制度，有利于建成精巧的地方市场机制和更具效率的公共服务型地方政府，形成高效率的地方资源配置方式，进而促进地方现代产业体系建设，推动地方经济从高速增长阶段向高质量发展阶段转变。

第三篇 有效市场建设和经济高质量发展

第五章
"双重挤压"下中国制造业突围的关键在于提升软环境基础设施

我国制造业面临"双重挤压"的不利局势，高端制造业技术创新能力不如发达国家，美欧提出再工业化，加大贸易保护力度；中低端制造业廉价要素优势逐步丧失，发展中国家利用低成本优势，承接产业和资本转移。在"双重挤压"下，近年来我国实体经济的投资和利润出现双双下滑的不利局面。现今我国硬环境基础设施建设相当成功，但软环境基础设施仍然明显滞后，增加了制造业隐性成本，阻碍了制造业转型升级。提升软环境基础设施，不仅可以降低实体经济成本，而且可以促进企业技术升级，是应对"双重挤压"下实体经济发展困局的有效途径。当前我国应当继续通过改革开放优化软环境基础设施：一方面通过深化改革优化软环境基础设施，即通过构建对地方政府的有效激励约束机制提升地方经济发展的软环境；另一方面通过扩大开放，改善包括法律制度在内的软环境基础设施，具体举措包括扩大市场准入、增加服务业对外开放、缔结与更多国家和地区之间的自贸区、积极推动境内开放促进国内相关制度与国际接轨等。

经历了改革开放以来四十余年的高速增长，当前我国制造业发展遭遇"前堵后追"和"双重挤压"的不利处境。一方面，发达国家意识到制造业在国民经济中的重要地位，大力推动本国"再工业化"，抢占新兴领域工业技术革命制高点，并且美国通过大幅减税吸引"高端回流"和不断加大对《中国制造2025》的遏制力度，对中国高端制造业发展产生向下挤压作用。虽然很多年以前已提出制造业需要转型升级，但是我国制造业转型升级速度缓慢，除了少部分企业之外，我国制造业主要仍处于全球价值链分工的中低端环节（戴翔，2015；王岚，2014；何祚宇和代谦，2016），我国向高端制造业转型面临巨大挑战。另一方面，由于制造成本不断上升、资源环境"瓶颈"日益凸显、原有比较优势逐渐消退等影响，其他发展中国家（如越南、印度、埃塞俄比亚等）低成本优势明显，对我国中低端制造业形成向外挤出效应。我国制造业受到"前堵后追"，高端技术创新能力总体上比不上发达国家，中低端资源、劳动力等比较优势正在丧失，传统的盈利模式受到挑战，处于前后夹击的中国制造业出现了增长乏力的现象，我国制造业如何突围以及如何重构我国制造业的比较优势，这将对我国制造业未来的可持续发展产生深远的影响（张素心和张丽虹等，2015；国胜铁和杨博等，2018）。

为了应对当前不利局势，学者们对我国制造业发展提出了不同的对策措施。一方面，我国政府应当大力减税降负，降低我国制造业的各项成本。为了应对美国减税措施引起制造业回流美国以及东南亚低成本替代对我国制造业造成的挑战，我国需要采取有力措施，切实为企业减税降负，从根本上降低制造业的成本负担（邱书钦，2017）。另一方面，为应对快速上涨的生产成本，我国应当走高端制造业发展之路，促进制造业向全球价值链的高端环节攀升。学者们提出不同的价值链升级对策措施。张少军和刘志彪（2009）认为，将 GVC 模式的产业转移内涵的竞争方式，与自身的国情和优势相结合发展国内价值链，应该是中国实现产业升级和缩小地区差距的一条新思路。刘志彪（2018）认为，中国经济发展中不缺作为"硬件"的生产要素，但是缺乏有效的"软件"，尤其是有效的制度创新和制度供给，制度类公共服务供给是促进产业集群转型升级的集体行动的最重要内容。戴翔和刘梦（2018）通过 1995～2011 年中国各行业的数据进行实证研究，研究结论表明，将我国推向全球价值链的高端，不仅要依赖于人力资本的培育和引进，而且还要具备能够吸纳高层次人才的相应技术水平的产业和与之相适应的制度环境。周鹏和余珊萍等（2010）认为，生产性服务业有深化制造业价值链内的分工、降低制造业价值链内部的相关成本和促进制造业价值链内的创新三大支撑作用，生产性服务业对制造业价值链具有重大的支撑作用。

虽然中国已实行一定程度上的减税降负，但是就目前经济形势而言，中国减税空间比较有限，难以做到大幅度减税。以往文献提出的培育人力资本、改善制度质量、打造国内价值链、发展生产性服务业等政策措施的理论逻辑是正确的，但是在现实中实施难度较大，往往难以找到切实可行的执行办法。从当前我国经济发展的形势来看，我国硬环境基础设施建设取得了长足进步，尤其是一、二线城市硬环境多数已位居世界前列，但是我国软环境基础设施却明显滞后，软环境不完善推高了我国制造业的隐性成本，阻碍了制造业转型升级。本章提出我国应当深化改革和扩大开放，并提出比较可行的深化改革措施（即构建软环境基础设施建设的激励约束机制）和扩大开放举措（即增加服务业对外开放、缔结与更多国家和地区之间的自贸区、积极推动境内开放促进国内相关制度与国际接轨等）来有效地提升我国的软环境基础设施，帮助我国制造业走出当前的低谷。

第一节 "双重挤压"下我国制造业发展所面临的困难

面临发达国家"高端回流"以及美国对中国高科技发展的遏制政策和发展中国家"中低端分流"的双重压力，我国制造业的发展遭遇前所未有的困难，其至持续增长的态势有可能被打破。

近年来我国工业增加值和国内生产总值的增速明显放缓。如表 5 - 1 所示，2000 ~ 2011 年，我国工业增加值和国内生产总值的年均增长率分别为11.25% 和 10.30%；2012 年以后我国工业增加值和国内生产总值增速明显下滑，2012 ~ 2021 年两者年均增速分别降至 6.30% 和 6.68%，相对而言工业增加值的降幅更大，2019 年和 2020 年的工业增加值增长率分别降至4.8% 和 2.4%。2021 年工业增加值增长率虽反弹至 9.6%，但是由于当前我国实体经济困难的局势并未根本扭转，2021 年的反弹很可能属于暂时性反弹。

表5-1　　2000~2021年中国工业增加值与国内生产总值的年增长率　　单位：%

年份	国内生产总值年增长率	工业增加值年增长率	年份	国内生产总值年增长率	工业增加值年增长率
2000	8.5	9.9	2011	9.6	10.9
2001	8.3	8.7	2012	7.9	8.1
2002	9.1	10.0	2013	7.8	7.7
2003	10.0	12.8	2014	7.4	6.7
2004	10.1	11.6	2015	7.0	5.7
2005	11.4	11.6	2016	6.8	5.7
2006	12.7	12.9	2017	6.9	6.2
2007	14.2	14.9	2018	6.7	6.1
2008	9.7	10.0	2019	6.0	4.8
2009	9.4	9.1	2020	2.2	2.4
2010	10.6	12.6	2021	8.1	9.6

资料来源：根据国家统计局网站的数据计算得到。

2015年以来我国全社会固定资产投资和民间固定资产投资出现了"断崖式"的下跌。2005~2014年，我国固定资产投资额保持两位数的高速增长，2009年达到最高25.7%的年增长率；从2015年开始，我国固定资产投资出现了大幅下跌，2015年增长率仅为8.60%，2020年和2021年大幅降至2.7%和4.9%（见表5-2）。2013年和2014年我国民间固定资产投资额保持两位数的增长，增长率分别为20.1%和15.8%；从2015年开始则大幅下降，2015年降至个位数增速，2019年和2020年降至最低的4.7%和1.0%，2021年略有反弹，但也仅为7.0%（见表5-2）。由此可见，我国实体经济投资从2015年以前的高速增长转为2015年的低速增长，情况不容乐观。

表 5 - 2　　　　　　2005 ~ 2021 年中国固定资产投资额年增长率　　　　单位:%

年份	全社会固定资产投资额增长率	民间固定资产（不含农户）投资额增长率	第一产业固定资产（不含农户）投资额增长率	第二产业固定资产（不含农户）投资额增长率	第三产业固定资产（不含农户）投资额增长率
2005	22. 3	—	22. 1	31. 3	18. 7
2006	20. 5	—	23. 6	20. 6	21. 1
2007	21. 3	—	22. 1	23. 3	21. 5
2008	22. 2	—	44. 8	22. 8	22. 6
2009	25. 7	—	39. 9	21. 5	29. 0
2010	20. 4	—	12. 3	18. 7	22. 8
2011	20. 1	—	16. 4	19. 7	20. 8
2012	18. 0	—	19. 6	14. 0	21. 0
2013	16. 9	20. 1	21. 6	12. 3	20. 1
2014	13. 5	15. 8	22. 5	9. 4	16. 1
2015	8. 6	8. 8	22. 4	5. 8	10. 3
2016	7. 0	2. 8	13. 0	2. 6	9. 5
2017	6. 2	5. 2	7. 3	2. 3	8. 3
2018	5. 9	8. 7	12. 9	6. 2	5. 6
2019	5. 1	4. 7	0. 6	3. 2	6. 5
2020	2. 7	1. 0	19. 5	0. 1	3. 6
2021	4. 9	7. 0	9. 1	11. 3	2. 1

资料来源：中国统计局官网，https：//data. stats. gov. cn/easyquery. htm?cn = C01。

　　我国经济增速和投资增速明显放缓与 2014 年以来工业企业利润大幅下降息息相关。根据表 5 - 3 可知，2014 年第四季度至 2015 年第四季度我国工业企业利润总额出现了第一次下降，但降幅较小；2017 年第四季度至 2020 年第二季度工业企业利润总额出现第二次下降，在此期间有 7 个季度达到两位数的负增长，2020 年第一季度为高达 - 42. 61% 的最低增速。2014 年以来的多数年份工业企业利润总额出现下降的势头，按 2015 年不变价格计算，2020 年的工业企业利润总额仅为 2014 年的 84. 18%，这无疑会对固定资产投资增长和经济增长造成不利的影响。2020 年 3 月 11 日，世界卫生组织正式宣布新冠肺炎疫情暴发已构成全球性大流行，新冠肺炎疫情肆虐使得世界其他国家加强疫情管控继而世界大量商品需求转向疫情成功控制的中国，导致2020年第三和第四季度由于中国出口突然急升所带来的工业企业利润总额有所反弹（见表5-3），然后自2021年底起，世界许多国家先后放松了疫情管控，世界供应链很快恢复正常，部分世界商品需求重新从中国转回到越南、印度、墨西哥等国家，受此影响，中国出口增长率先从2020年9月至2022年1月快速上升然后再从2022年2~4月快速回落（见图5-1）。

表5-3　　　　　　　2013~2020年我国工业企业利润总额同比增长率

时间	工业企业利润总额（亿元）	居民消费价格指数（上年同季＝100）	工业企业利润总额同比增长率（％）	时间	工业企业利润总额（亿元）	居民消费价格指数（上年同季＝100）	工业企业利润总额同比增长率（％）
2013年第一季度	11740.80	102.44	9.69	2017年第一季度	17043.00	101.40	25.23
2013年第二季度	14095.80	102.38	8.68	2017年第二季度	19294.50	101.40	14.79
2013年第三季度	14616.21	102.76	17.32	2017年第三季度	19508.50	101.60	17.21
2013年第四季度	22378.21	102.91	6.92	2017年第四季度	19341.10	101.80	-15.27
2014年第一季度	12942.40	102.27	7.78	2018年第一季度	15533.20	102.17	-10.79
2014年第二季度	15707.40	102.20	9.03	2018年第二季度	18348.90	101.83	-6.61
2014年第三季度	15002.40	101.97	0.66	2018年第三季度	15831.30	102.30	-20.67
2014年第四季度	21063.10	101.52	-7.28	2018年第四季度	16338.00	102.20	-15.83
2015年第一季度	12543.20	101.19	-4.22	2019年第一季度	12972.00	101.83	-17.99
2015年第二季度	15898.60	101.38	-0.16	2019年第二季度	16868.00	102.63	-10.43
2015年第三季度	14590.60	101.73	-4.40	2019年第三季度	16093.50	102.87	-1.18
2015年第四季度	20521.60	101.46	-3.98	2019年第四季度	16062.00	104.24	-7.41
2016年第一季度	13421.50	102.13	4.77	2020年第一季度	7814.50	104.97	-42.61
2016年第二季度	16576.70	102.08	2.14	2020年第二季度	17300.40	102.73	-0.17
2016年第三季度	16382.40	101.68	10.43	2020年第三季度	18550.50	102.27	12.71
2016年第四季度	22422.60	102.14	6.97	2020年第四季度	20851.10	100.07	29.73

资料来源：根据中国统计局官网的数据计算得到。

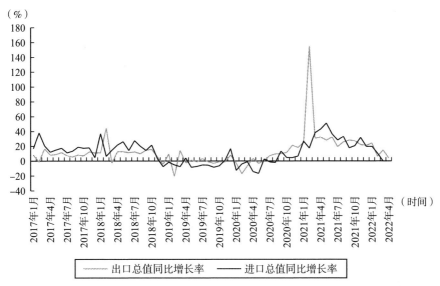

图5-1 2017年1月至2022年4月中国出口总值和进口总值的同比增长率
资料来源：根据中国统计局官网的数据计算得到。

进一步探究为何我国工业企业利润出现大幅下降，原因不难理解，当前我国大部分制造业仍属于中低端制造业或者处于中低端价值链环节，一方面，由于受到来自其他成本更低的发展中国家的竞争以及欧美国家进口商压低进口价格，我国生产的中间或最终产品价格往往难以提高；另一方面，工资和物价的过快上涨趋势不断推高中国制造的成本，并且这种上涨趋势仍未停止，以及2018年3月起至2021年底美国对中国出口商品多次加征关税，两方面的综合作用使中国工业企业利润率出现明显下滑的趋势。部分走向亏损边缘或者处于亏损状态的企业，或被迫申请破产，或向成本更低的东南亚国家转移，从而导致我国经济增速和投资增速双双下滑。归结起来，成本相对不断上升使得成本优势不再，而技术优势尚未确定，现阶段我国制造业出现比较优势"断档"现象，这是导致我国制造业出现困难的根本原因。

第二节 "双重挤压"下我国制造业遭遇困境的原因

改革开放四十余年，我国的硬环境基础设施（包括公路、铁路、地铁、水电设施和网络设施等）取得了突飞猛进的进步，多数已位居世界前列，甚至在某些领域超过欧美发达国家；而我国的软环境基础设施（包括法制环境、诚信环境、营商环境和政务环境等）虽然取得了一定的进步，但是跟欧美等发达国家之间仍有明显的差距。究其原因，地方政府官员具有较强的发展硬环境基础设施的内在激励，但缺乏改善软环境基础设施的激励机制，导致软环境基础设施发展相对落后，相对滞后的软环境基础设施拖累了我国制造业，对我国制造业未来可持续发展造成了不利的影响。

（一）软环境基础设施相对滞后制约了我国制造业可持续发展

下面从成本和效率两个方面分析软环境基础设施相对滞后对制造业可持续发展的制约作用。

首先，软环境基础设施不完善推高了企业隐性成本。发展中国家有显性成本和隐性成本两种成本，前者是指税负成本、能源成本、工资成本、地租成本等，后者指法制规章不完善、产权保护不善、营商环境不佳、不讲诚信、行政效率较低等造成的成本。多年以来我国制造业企业不仅显性成本（工资和租金等）不断上升，而且其隐性成本也相对较高，尤其是对于制度相对滞后的三、四线城市和县、镇、村而言，隐性成本更是居高难下。相对而言，一、二线城市的软环境基础设施发展还不完善，三、四线城市和县、镇、村的软环境基础设施发展水平则更加滞后，由于后者的软环境基础设施发展相对落后，增加了企业的隐性成本。具体而言，法治环境尚不完善，当合法权利受到侵害时企业有时未能得到及时有效的保护；政务环境不够完善，政府与市场之间的边界还不清晰，企业应对政府过度干预时会产生额外的成本（杨其静，2011）；融资环境不完善，融资渠道不畅，民营企业的融资成本仍然较高；社会信用体系和信用环境还不成熟，企业之间欠债不还现象仍较常见，失信行为有时得不到相应的惩戒，进而给企业正常经营活动带来影响。由于软环境基础设施不完善带来的企业隐性成本，可测性较差，现实中往往难以估量其大小，对于营商环境、法制环境、诚信环境和政务环境等较差的地区而言，隐性成本居高难下，甚至可能比显性成本还要更高。因此，除了采取措施在一定程度上降低显性成本之外，各地政府应当积极采取措施降低企业隐性成本，帮助实体经济度过当前"双重挤压"的难关。

其次，软环境基础设施不完善阻碍了企业技术创新。软环境不完善从风险和成本两个方面影响企业技术创新：一方面，知识产权保护制度不完善、政府过度干预等造成的不确定性会增加企业的研发风险。与软环境完善地区相比，软环境不完善地区的企业进行研发的收益相同但风险更大，原因是软环境不完善地区企业除了要面对来自市场的风险外，还须面对法制不完善、政府过度干预和政府自由裁量权过大等造成不确定性所带来的风险。另一方面，法制不完善、政府过度干预和融资渠道不畅等增加企业的研发成本。为了应对法制不完善和政府过度干预，研发企业与地方政府打交道需要投入一定的人力和物力，这样造成企业研发所能投入的人力和物力减少，相当于间接地推高了企业研发成本。而且，融资环境也是构成软环境的一个方面，融资渠道不畅增加企业研发投入的融资成本。综合两方面来看，软环境基础设施不完善从增加研发风险和提高研发成本两个方面影响企业研发，延缓了企业转型升级的速度。

（二）软环境基础设施发展相对滞后成为制造业持续发展的"瓶颈"

我们需要意识到的是，硬环境基础设施发展不足会阻碍制造业发展，软环境基础设施发展滞后同样也会制约制造业发展，就我国当前的现实情况而言，后者对我国制造业持续发展的不利冲击和制约作用大于前者。

当一国经济高速增长而软环境改善速度缓慢时，软环境明显滞后于经济发展阶段，软环境基础设施相对滞后会推高企业隐性成本和阻碍企业技术升级，随着经济不断发展，成本优势逐渐丧失，技术优势迟迟未能确立，该国制造业遭遇发展中国家和发达国家"双重挤压"的情况便不可避免，制造业发展面临重重困难。由于制造业是一国经济的基石，制造业增速下滑将影响该国经济发展，经济增速随之放缓。我们用图形来对此进行阐述，如图 5－2 所示，当经济高速增长时，若软环境基础设施随之不断改善，以曲线 AB_1 表示，改善速度跟得上经济增速，那么，经济增长水平便会持续提高，以曲线 EFG_1 表示；当经济高速增长时，若软环境基础设施改善速度缓慢，以曲线 AB_2 表示，那么，随着经济不断向前发展，软环境基础设施发展水平越来越滞后于经济发展水平，相对滞后的软环境会拖累经济发展，在一定阶段导致经济增速明显放缓甚至停滞不前，以曲线 EFG_2 表示。

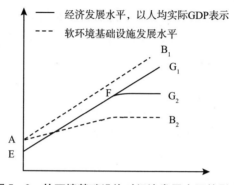

图 5 – 2　软环境基础设施对经济发展水平的影响

第三节　如何通过深化改革和扩大开放提升 我国的软环境基础设施

从以上分析可知，软环境基础设施建设的相对滞后是导致我国制造业发展面临困局的重要原因，因此，要摆脱"双重挤压"，我国必须提升软环境基础设施。唯有深化改革和扩大开放，我国才能根本走出"双重挤压"的不利境况，继续保持我国制造业平稳地增长。

（一）通过改革地方政府的激励约束机制来优化软环境基础设施

在法治化营商环境较佳的地区，例如在一、二线城市中，往往直接生产成本高（如人工成本高）而交易成本低，因而成为吸收外来投资和吸引高级人才集聚的地区。在法治化营商环境较差的地区，例如在三、四线城市和县、镇、村中，由于直接生产成本低而交易成本高，因此难以吸收对交易成本相当敏感的外来投资和高级人力资源，进而难以实现经济转型升级，摆脱经济不发达的现状。随着中国经济不断发展，中国人工成本相对其他发展中国家越来越高，因此，通过优化软环境基础设施，降低企业交易成本和推动企业技术升级，是应对当前实体经济困难的有效途径。

2017 年 7 月 17 日，习近平同志主持召开中央财经领导小组第十六次会议时强调，"营造稳定公平透明、可预期的营商环境，加快建设开放型经济新体制，推动我国经济持续健康发展"①。2018 年 1 月 5 日首次国务院常务会议上，李克强强调，"必须认识到，优化营商环境就是解放生产力，就是提高综合竞争力"②。当前我国中央政府重视软环境基础设施的建设，认识到优质的软环境是我国高质量发展的重要保障。实践证明，新常态下区域发展在分化，哪个地方的营商环境好，企业投资就往哪里走，哪个地方的发展就会更快更有活力。抓好软环境基础设施的优化，对未来发展至关重要。

我国要在软环境建设上取得突破，就需要对软环境基础设施的主要供给者（地方政府）建立有效的激励约束机制。可以考虑从以下几个方面建立对地方政府有效的激励约束机制（见图 5-3）：

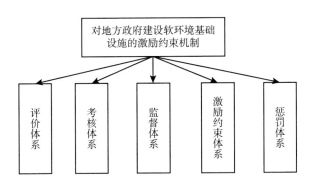

图 5-3　对地方政府建设软环境基础设施的激励约束机制

第一，建立软环境基础设施的评价体系，构建法制环境、诚信环境、营商环境和政务环境等全国统一的评价体系和统计指标。为何当前我国法制环境、诚信环境、营商环境和政务环境等仍存在诸多不完善的地方，尤

---

① 《营造稳定公平透明营商环境　加快建设开放型经济新本制》，载于《经济参考报》2017 年 7 月 18 日。

② 《国务院开年第一会：进一步优化营商环境！》，中国日报网，https：//baijiahao. baidu. com/s？id = 1588799178233320784&wfr = spider&for = pc。

其三、四线城市和县、镇、村明显相对落后，其中一个非常重要的原因是，迄今为止我国缺乏全国统一的针对上述环境的统计指标和评价体系，当务之急是尽快建立这些指标，以衡量各个地区法制法规、商业诚信、营商环境和政府公共服务等的发展状况。

第二，设置软环境基础设施的考核体系，以法制环境、诚信环境、营商环境和政务环境等指标作为新时期地方政府政绩考核的一项重要指标。唯有法制环境、诚信环境、营商环境和政府环境好了，我国才能实现高质量经济增长；如果这些环境不好，那么我国便不能摆脱低质量经济增长的状态，只好又回到从前粗放型发展的老路上去了。作为高质量发展的保障，我国应当以软环境基础设施的发展状况作为地方政府政绩考核的一项重要指标。

第三，设立软环境基础设施的监督体系，采用地方民众监督的方式改善营商环境、法制环境、诚信环境和政务环境。地方民众对本地地方政府的监督，既可以采取随机抽样调查的方式，也可以试行地方民众在网上评价的方式，抽样调查或网上评价的结果直接提交中央（上级）政府，作为中央（上级）政府对地方（下级）政府进行政绩考核的一项重要参考指标。地方民众监督不仅可以减少行政经费和降低监督成本，而且可以降低中央（上级）政府与地方（下级）政府之间的信息不对称性，提高监督的效果，因此，自下而上的地方民众监督是对自上而下的中央（上级）政府监督的一种有益补充。

第四，创建软环境基础设施的激励约束体系，中央（上级）政府对地方（下级）政府应尽快建立发展地方软环境的有效激励约束机制。在参照地方民众评价的基础上，对于这些指标表现优异或者明显改善的地方政府官员，予以升迁提拔使用；对于这些指标长期严重滞后以及地方民众评价不佳的地区，追究不作为或者乱作为的地方政府官员的相关责任。缺乏软环境基础设施激励约束机制，是我国软环境发展明显落后于欧美发达国家的重要原因，也是我国经济转型升级缓慢的重要原因。

第五，建立破坏软环境基础设施的惩罚体系，严肃追究破坏当地软环境基础设施的地方政府官员或者相关责任人员的法律或者行政责任。破坏软环境基础设施的行为，其危害不亚于破坏硬环境基础设施，不利于营商环境、法制环境、诚信环境和政务环境建设，未来我国应当像保护自然生态环境一样，保护好各地的营商环境、法制环境、诚信环境和政务环境，尽快建立对破坏软环境设施的地方政府官员或者其他人员的惩罚制度。需要强调的是，为了追求高质量的经济发展，对于存在政商之间非正常利益联系的政府官员和企业应给予从重处罚，阻断政商之间的不正常联系，以达到提升当地软环境基础设施的目的。

（二）通过全方位扩大开放改善我国的软环境基础设施

除了通过深化改革改善软环境基础设施之外，我国还可以通过扩大开放提升软环境基础设施。制度质量是软环境基础设施的重要组成部分，多数研究表明，提升贸易开放度对制度有正向的促进作用（Bhattacharyya S.，2012；Faber G.，Gerritse M.，2012；赖庆晟和郭晓合，2015）。至于为何提升对外贸易可以提高制度质量，不同学者们提出了不同的见解。诺斯（North D.，1981）认为，对外贸易会扩大市场规模和提升技术水平，而市场规模和技术水平对制度质量具有促进作用。阿西莫格鲁和罗宾逊（Acemoglu D. and Robinson J.，2006）认为，对外贸易通过技术转移提升中产阶级所占的比重，而中产阶级所占比重的提高有利于提高制度质量。张清津（2006）认为，在制度形成的过程中，环境是开放性的还是封闭性的，对制度形成也关系重大，在开放的环境中，好制度更容易被选择；而在封闭的环境中，个人有可能将自己不好的偏好强加于社会，形成不好的制度。由此可见，对外开放有利于提升一国的制度质量，进而改善该国的软环境基础设施。

顺应全球化趋势，我国应高举自由贸易大旗，加快对外开放步伐。扩大开放的举措包括，我国应采取进一步措施扩大市场准入，增加服务业的对外开放；积极与更多的国家和地区缔结自由贸易区协议，建立更紧密的对外经济联系；通过"一带一路"的基础设施建设，加强与"一带一路"沿线国家和地区之间的相互经贸往来；通过自由贸易区（港）的试点试验，新一轮的对外开放不但需推进边境开放（措施），也应当积极开展境内开放（措施），以新的规则和制度对接全球经济新规则，从体制层面上为提高开放水平和开放质量提供强大的保障。

从中国的历史发展规律来看，只有实际处于下降、衰退的周期，才是外部势力侵蚀我国安全的危险期；而在中国历史上的任何一次上升期，中国从来不惧怕任何强大对手的挑衅，不仅能对周边安全形成有效的控制，也能挫败任何对手的挑衅，从而走向盛世辉煌。由此可见，我国应练好"内功"，大力推动国内改革，解决好自己的问题，才是应对"双重挤压"形势下的正确策略。当前美国对中国所采取的各种遏制政策和贸易保护主义政策等，是对中国经济的重大考验，只有经历风雨，方能遇见彩虹，经历困难考验将会增强中国经济的韧性，增强中国经济的体魄，从而更加坚定中国经济长久稳定发展的前进动力和抗挫折能力。唯有度过当前艰难的考验，不断深化改革和扩大开放，中国经济才能最终到达理想的彼岸。

第四节　本章小结

当经济发展到一定水平之后，中国制造业面临"双重挤压"的不利局势：一方面，近年来，美国、德国、英国、日本等发达国家持续推进"再工业化"进程，纷纷制定本国工业发展规划，抢夺制造业高地，不仅如此，为了阻止中国崛起，以美国为首的西方发达国家对中国高端制造业还采取严厉的封锁和遏制策略，中国制造业价值链向上攀升和中国高端制造业持续发展面临不少障碍和困难；另一方面，中低端制造业面临廉价劳动力优势逐步丧失，以印度和越南等为代表的发展中国家利用低成本优势，承接国际产业和资本转移，大力推动本国中低端制造业发展，对中国中低端制造业的世界工厂地位形成了不小的竞争和挑战。

改革开放四十余年，我国的硬环境基础设施有了突飞猛进的进步，多数已位居世界前列，甚至在某些领域超过欧美发达国家；而我国的软环境基础设施虽然取得了一定的进步，但是跟欧美等发达国家之间仍有明显的差距。究其原因，地方政府官员具有较强的发展硬环境基础设施的内在激励，但缺乏改善软环境基础设施的激励机制，导致软环境基础设施发展相对滞后，而相对滞后的软环境基础设施拖累了我国制造业转型升级，对中低端制造业改造升级和高端制造业可持续发展形成了制约作用，进而不利于推动我国经济高质量发展。

应对"双重挤压"的不利局面以保持我国制造业可持续发展的有效策略就是，大力提升我国的软环境基础设施。一方面，对软环境基础设施的主要供给者（地方政府）建立有效的激励约束机制，包括建立软环境基础设施的评价体系、设置软环境基础设施的考核体系、设立软环境基础设施的监督体系、设立破坏软环境基础设施的惩罚体系等；另一方面，全方位推进对外开放，包括进一步扩大市场准入、增加服务业的对外开放、与更多的国家和地区缔结自由贸易区协议、积极推进自由贸易区（港）的试点试验工作、扩大制度性对外开放等。

第六章
营商环境、技术创新与比较
优势的动态变化

  本书构建的两期一般均衡模型表明，营商环境对经济增长的影响包括两个效应，一方面，营商环境具有技术促进效应，改善营商环境的某些方面（如诚信制度、法制环境、知识产权保护、融资难易程度等）将会促进企业技术创新；另一方面，营商环境具有成本降低效应，改善营商环境的另外一些方面（如行政效率、税负程度、社会稳定状况、基础设施等）将会降低企业成本。基于微观视角，本章进一步探讨营商环境对技术创新的作用，可以发现营商环境对技术创新具有门槛效应。在考虑了该门槛效应之后，发展中国家比较优势动态变化须经历"廉价生产要素比较优势→营商环境比较优势→技术比较优势"三个阶段。当前我国正处于从廉价生产要素比较优势向营商环境比较优势转变的时期，在这个时期，中央政府应当定期详细统计各地营商环境发展指数，并把营商环境发展指数当成地方政府政绩考核的重要组成部分，通过大力发展营商环境促进我国比较优势的动态变化和我国经济高质量发展。

第一节 文献综述

  随着工资和物价的不断上涨，我国廉价劳动力比较优势不断下降，中低端制造业日益受到来自工资更低的印度、越南、柬埔寨等发展中国家的挑战，为了重塑我国未来经济发展的新动能，保持我国制造业的国际竞争力，近年来中央政府非常重视营商环境建设，指出"营商环境就是生产力"，明确提出我国应当"打造营商环境的高地"①。

我国正处于转型升级的关键时期，中央政府重视对实体经济的营商环境建设，说明在新常态下营商环境对我国实体经济发展具有重要意义。本章将要研究，营商环境是否对技术创新具有显著的影响，以及是否有利于我国比较优势的动态变化。

关于营商环境对技术进步或创新影响的研究，绝大多数文献采用实证方法研究营商环境某个方面对技术进步或创新的作用：①政府干预或审批对技术创新的影响。张龙鹏、蒋为和周立群（2016）采用世界银行《2008年营商环境报告》公布的中国分地区行政审批信息数据进行实证检验，研究结果表明地区行政审批强度的提升不仅降低了当地居民的创业倾向，而且缩小了创业规模。顾元媛和沈坤荣（2012）认为，企业所处地区治理环境对企业 R&D 活动有显著的正面影响，政府干涉越少、寻租空间越小，企业越倾向于进行研发活动，R&D 投入强度也随之提高。王海兵和杨蕙馨（2016）认为，政府干预倾向和非市场化程度交互项的显著负向影响反映出利益集团式勾结对创新的破坏性作用。②知识产权保护对企业研发的作用。多数实证研究的结果表明知识产权保护对企业研究有显著的促进作用（Claessens and Laeven，2003；Lin C. et al.，2010；胡凯等，2012）。部分学者认为，知识产权保护与工业技术创新存在倒"U"型关系，加强知识产权保护可以促进工业创新能力的提高，但是过于严厉的知识产权保护会阻碍技术的良性传播（Park W.，2008；刘思明等，2015）。然而，有些学者认为知识产权保护对发展中国家的技术创新影响不显著（Branstetter et al.，2006；Kim et al.，2012），或者知识产权保护强化对发展中国家的技术创新具有负面影响（Allred and Park，2007）。③融资约束对技术进步的影响。陈海强、韩乾和吴锴（2015）利用我国制造业上市公司 2004 ~ 2009 年面板数据进行实证研究，结果表明融资约束对于公司技术效率的提高具有显著抑制作用。解维敏和方红星（2011）以中国上市公司 2002 ~

---

① 李克强：《营商环境就是生产力》，中华人民共和国中央人民政府官网，http://www. gov. cn/guowuyuan/2017 – 06/13/content_5202207. html。

2006 年数据为样本进行实证研究，结果发现银行业市场化改革的推进、地区金融发展积极地推动了我国上市公司的研发投入。少数学者持相反观点，塞娜（Sena V.，1998；2006）认为，在管理层受到融资约束的情况下，为了避免企业陷入经营困境，企业通过内部挖潜提高生产效率和克服融资约束带来的不利影响，从而促进了技术水平的提升。

营商环境是指伴随企业活动整个过程（包括从开办、营运到结束的各环节）的各种周围境况和条件的总和。目前绝大多数实证研究只是探讨营商环境某一个或某几个方面对技术创新和经济发展的影响，这样的研究不能显示营商环境对技术创新影响的全貌。

由于迄今为止全面衡量营商环境的指标并不完善，采用这些指标研究整体营商环境对技术创新的影响显得不够严谨。例如，使用得最广泛的指标是世界银行营商环境评价指标体系，从 2003 年开始世界银行采用 Distance of doing business 指数来衡量世界各个国家和地区的企业营商环境状况和排名，Distance of doing business 指数包括开办企业、办理施工许可、获得电力、登记财产、获得信贷、保护少数投资者、纳税、跨境贸易、执行合同和办理破产。然而，该指标只衡量营商环境的某些方面，并不能衡量一个国家营商环境的全貌，比如，作为对技术创新具有重要影响的知识产权保护、政府干预、融资约束等，该指数并没有统计在内。

考虑到迄今为止还没有能够准确、全面地衡量营商环境的指标，因此本章采用数理模型（而不是实证研究）的方法研究整体营商环境对一国技术进步以及比较优势动态变化的影响。本章下面内容分成几个部分：第二节构建模型，研究营商环境的技术促进效应；第三节构建模型，探讨营商环境的成本降低效应；第四节在考虑了营商环境对技术创新的门槛效应之后对比较优势理论进行补充；第五节对中国当前制造业发展和经济发展提供政策建议；第六节是本章小节。

第二节 对营商环境技术促进效应的模型分析

下面我们建立两期一般均衡模型，探讨营商环境某些方面（包括融资难易程度、法制完善程度、知识产权保护程度、诚信环境等）对技术创新的影响。

（一）基准模型——探讨融资难易程度对企业技术创新的影响

下面我们先建立两期一般均衡模型的基准模型，分析企业融资难易程度对我国企业技术创新的影响。

假设：①封闭型经济，不存在对外经济交往；②除了融资环境不完善之外，其他方面的营商环境都是完善的。

共有 N 个消费者，每个消费者消费一个单位的产品。对产品质量偏好为 θ 的消费者，购买一个价格为 p、质量为 v 的商品，消费者剩余为 $\theta v - p$。θ 是一个随机变量，服从于区间为 $[\underline{\theta}, \overline{\theta}]$ 之中的均匀分布，$\overline{\theta} - \underline{\theta} = 1$。

期数总共为两期，企业总共为两家。第一期，在封闭经济情况下，消费者只能选择低端产品，期初两个企业都生产低端的同质产品，因此，两者的产量都相同，产量分别为 $N_1 = N_2 = \dfrac{N}{2}$。两家企业的价格 p 等于成本 c，因此，两家企业在第一期的利润都为零。

在第一期，除了生产低端的同质产品之外，两家企业还投入资金以提高产品质量。假设一家企业投入研发，提高技术水平，我们称之为技术研发者或者技术领先者（即企业 1）；另一家企业进行技术模仿，我们称之为技术模仿者或者技术落后者（即企业 2）。研发投入和模仿投入对产品质量的影响有滞后性，当期的研发支出或模仿支出并不影响当期产品质量，而是会影响下一期产品质量。[①] 另外，假设研发支出和模仿支出都是从企业外部借入的资金，借入资金的利率相同，都为 r。

由于在第一期投入不同的资金提高产品质量，故第二期两家企业的产品质量存在差异。第二期，企业 1 的利润函数为 $[p_1 - c_1 - (1+r)F_1]q_1$，其中，$F_1$ 为企业 1 的单位产品研发支出，p_1 和 q_1 分别为企业 1 第二期的价格和产量，c_1 为企业 1 第二期的单位产品成本。企业 2 的利润函数为

---

① 按照会计上的配比原则，某个会计期间所取得的收入应与为取得该收入所发生的费用、成本相匹配，以正确计算在该会计期间所获得的净损益。我们的模型把企业 1 和企业 2 为提高第二期产品质量而在第一期所投入的单位产品研究支出 F_1 和单位产品模仿支出 F_2 计入第二期中。

$[p_2 - c_2 - (1+r)F_2]q_2$，其中，$F_2$ 为企业 2 的单位产品（合法）模仿支出，F_1 明显大于 F_2，p_2 和 q_2 分别为企业 2 第二期的价格和产量，c_2 为企业 2 第二期的单位产品成本。

满足以下不等式的消费者将购买企业 1 的产品：

$$\theta s_1 - p_1 \geqslant \theta s_2 - p_2$$

若 $\theta^* \in \dfrac{p_1 - p_2}{s_1 - s_2}$，那么，属于 $\theta \in [\bar{\theta}, \theta^*]$ 的消费者将会购买企业 1 的产品，而 $\theta \in [\theta^*, \underline{\theta}]$ 的消费者将购买企业 2 的产品。企业 1 的利润最大化函数为：

$$\max_{p_1} \pi_1 = [p_1 - c_1 - (1+r)F_1]\left[\left(\bar{\theta} - \frac{p_1 - p_2}{s_1 - s_2}\right)\right]$$

企业 2 的利润最大化函数为：

$$\max_{p_2} \pi_2 = [p_2 - c_2 - (1+r)F_2]\left[\left(\frac{p_1 - p_2}{s_1 - s_2} - \underline{\theta}\right)\right]$$

对上面两个目标函数求一阶最优化条件，得：

$$\frac{\partial \pi_1}{\partial p_1} = \left[\left(\bar{\theta} - \frac{p_1 - p_2}{s_1 - s_2}\right)\right] - [p_1 - c_1 - (1+r)F_1]\frac{1}{s_1 - s_2} = 0$$

$$\frac{\partial \pi_2}{\partial p_2} = \left[\left(\frac{p_1 - p_2}{s_1 - s_2} - \underline{\theta}\right)\right] - [p_2 - c_2 - (1+r)F_2]\frac{1}{s_1 - s_2} = 0$$

解以上两个方程，得：

$$p_1 = \frac{(2\bar{\theta} - \underline{\theta})(s_1 - s_2) + (2c_1 + c_2) + (1+r)(2F_1 + F_2)}{3} \tag{6.1}$$

$$p_2 = \frac{(\bar{\theta} - 2\underline{\theta})(s_1 - s_2) + (c_1 + 2c_2) + (1+r)(F_1 + 2F_2)}{3} \tag{6.2}$$

把（6.1）式和（6.2）式代入 $\theta^* = \dfrac{p_1 - p_2}{s_1 - s_2}$，则可以得到均衡时的 θ^* 为：

$$\theta^* = \frac{\bar{\theta} + \underline{\theta}}{3} + \frac{(c_1 - c_2) + (1+r)(F_1 - F_2)}{3(s_1 - s_2)} \tag{6.3}$$

企业 1 和企业 2 的产量分别为：

$$q_1^* = \bar{\theta} - \theta^* = \frac{2\bar{\theta} - \underline{\theta}}{3} - \frac{(c_1 - c_2) + (1+r)(F_1 - F_2)}{3(s_1 - s_2)} \tag{6.4}$$

$$q_2^* = \theta^* - \underline{\theta} = \frac{\overline{\theta} - 2\underline{\theta}}{3} + \frac{(c_1 - c_2) + (1 + r)(F_1 - F_2)}{3(s_1 - s_2)} \qquad (6.5)$$

一个国家的技术水平进步或者技术创新增强，是指企业1的产量增加，而企业2的产量减少，即 q_1^* 增加，q_2^* 下降。

我们用 r 来衡量企业融资的难易程度，r 越大表示融资成本越高，企业越难获得融资。由于 $F_1 - F_2 > 0$，因此，r 越大，则 q_1^* 越大，q_2^* 越小。

命题1：融资难易程度越低，越有利于一国的技术进步或技术创新。

（二）衍生模型 I ——探析法制完善程度对企业技术创新的影响

有些学者（Ma Y., Qu B. and Zhang Y., 2010；Wang Y., Wang Y. and Li K., 2014；Feenstra, Hong, Ma and Spencer, 2013；Essaji and Fujiwara, 2012）运用纳恩（Nunn, 2007）关于制度密集度的衡量方法进行实证研究，研究结果表明法制环境更好的国家或地区的企业，将会生产和出口更多制度密集型产品（institution-intensive products）。制度密集型产品受制度完善程度影响较大，非制度密集型产品则受制度完善程度影响较小，因此，在制度不完善的国家或地区，生产制度密集型产品的单位制度成本较高，而生产非制度密集型产品的单位制度成本相对较低。

衍生模型 I 的假设：①封闭型经济，不存在对外经济交往；②除了法律制度不完善之外，其他方面的营商环境都是完善的。

在基准模型的基础上，只改变第二期企业的利润函数，其他不变，我们推导衍生模型 I。

期数总共为两期，企业总共为两家。第一期两家企业都生产低端的同质产品，两家企业的产量相同，利润都为零。第二期，在法制不完善的假设下，两家企业增加了一项成本（即单位产品制度成本），技术研发者（企业1）的利润函数为 $[p_1 - c_1 - c_1' - (1 + r)F_1]q_1$，其中，$F_1$ 为企业1的单位产品研发支出，p_1 和 q_1 分别为企业1第二期的价格和产量，c_1 为企业1第二期的单位产品成本，c_1' 为企业1第二期的单位产品制度成本。技术模仿者（企业2）的利润函数为 $[p_2 - c_2 - c_2' - (1 + r)F_2]q_2$，其中，$F_2$ 为企业2的单位产品模仿支出，p_2 和 q_2 分别为企业2第二期的价格和产量，c_2 为企业2第二期的单位产品成本，c_2' 为企业2第二期的单位产品制度成本。根据以前文献的研究，企业 1 的单位产品制度成本高于企业 2，因此，$c_1' - c_2' > 0$。

考虑了制度成本之后，当达到均衡时，企业 1 和企业 2 的产量分别为：

$$q_1^* = \bar{\theta} - \theta^* = \frac{2\bar{\theta} - \underline{\theta}}{3} - \frac{(c_1 - c_2 + c_1' - c_2') + (1 + r)(F_1 - F_2)}{3(s_1 - s_2)} \quad (6.6)$$

$$q_2^* = \theta^* - \underline{\theta} = \frac{\bar{\theta} - 2\underline{\theta}}{3} + \frac{(c_1 - c_2 + c_1' - c_2') + (1 + r)(F_1 - F_2)}{3(s_1 - s_2)} \quad (6.7)$$

因为 $\dfrac{\partial q_1^*}{\partial (c_1' - c_2')} < 0$，$\dfrac{\partial q_2^*}{\partial (c_1' - c_2')} > 0$，所以制度成本使企业 1 的产量下降和企业 2 的产量上升。

命题 2：法律制度越不完善，单位产品制度成本越高，越不利于一国技术进步或技术创新。

（三）衍生模型 II——分析知识产权保护程度对企业技术创新的影响

衍生模型 II 的假设：①封闭型经济，不存在对外经济交往；②除知识产权保护制度不完善之外，其他方面的营商环境都是完善的。

由于假设做了改变，在基准模型的基础上，我们不改变消费者剩余函数，仅对企业的利润函数进行修改，推导得到衍生模型 II。

第一期期初两家企业都生产低端的同质产品且产量相同，利润都为零，与基准模型相同。第二期，在知识产权保护不完善的假设下，技术研发者（企业 1）的利润函数与基准模型相同，表示为 $[p_1 - c_1 - (1 + r)F_1]q_1$；技术模仿者（企业 2）的利润函数与基准模型不同，表示为 $[p_2 - c_2 - (1 + r)(F_2 + \Delta F_2) - PM]q_2$，其中，$p_2$ 和 q_2 分别为企业 2 第二期的价格和产量，F_2 为企业 2 未侵犯知识产权的单位产品合法模仿支出，ΔF_2 为企业 2 侵犯知识产权的单位产品非法模仿支出，P 和 M 分别为由于非法模仿而受到查处的概率和单位产品处罚金额。

Δs_2 表示企业 2 侵犯知识产权的非法技术模仿导致其产品质量提升的幅度，$\Delta s_2 \geq 0$。即使企业 2 存在非法技术模仿，企业 1 的产品质量仍然高于企业 2，用公式表示为 $s_1 \geq s_2 + \Delta s_2$，其中，$s_1$ 为第二期企业 1 的产品质量，s_2 为企业 2 在没有非法模仿情况下的产品质量，$s_2 + \Delta s_2$ 为企业 2 在有非法模仿情况下的产品质量。若 $\Delta s_2 = 0$，则 $PM = 0$，即企业 2 不侵犯知识产权，则不会受到法律惩罚。满足以下不等式的消费者将购买企业 1 的产品：

$$\theta s_1 - p_1 \geqslant \theta(s_2 + \Delta s) - p_2$$

若 $\theta^* \in \dfrac{p_1 - p_2}{s_1 - (s_2 + \Delta s_2)}$，那么，属于 $\theta \in [\bar{\theta}, \theta^*]$ 的消费者将会购买企业 1 的产品，而 $\theta \in [\theta^*, \underline{\theta}]$ 的消费者将购买企业 2 的产品。企业 1 的利润最大化函数为：

$$\max_{p_1} \pi_1 = [p_1 - c_1 - (1 + r)F_1]\left[\left(\bar{\theta} - \frac{p_1 - p_2}{s_1 - s_2 - \Delta s_2}\right)\right]$$

企业 2 的利润最大化函数为：

$$\max_{p_2} \pi_2 = [p_2 - c_2 - (1 + r)(F_2 + \Delta F_2) - PM]\left[\left(\frac{p_1 - p_2}{s_1 - s_2 - \Delta s_2} - \underline{\theta}\right)\right]$$

当达到均衡时：

$$\theta^* = \frac{\bar{\theta} + \underline{\theta}}{3} + \frac{(c_1 - c_2) + (1 + r)(F_1 - F_2 - \Delta F_2)}{3(s_1 - s_2 - \Delta s_2)}$$

企业 1 和企业 2 的产量分别为：

$$q_1^* = \bar{\theta} - \theta^* = \frac{2\bar{\theta} - \underline{\theta}}{3} - \frac{(c_1 - c_2) + (1 + r)(F_1 - F_2 - \Delta F_2) - PM}{3(s_1 - s_2 - \Delta s_2)} \quad (6.8)$$

$$q_2^* = \theta^* - \underline{\theta} = \frac{\bar{\theta} - 2\underline{\theta}}{3} + \frac{(c_1 - c_2) + (1 + r)(F_1 - F_2 - \Delta F_2) - PM}{3(s_1 - s_2 - \Delta s_2)} \quad (6.9)$$

我们用 Δs_2 衡量知识产权保护完善程度，Δs_2 越大，表示知识产权保护程度越差。我们对（6.8）式和（6.9）式进行分析，ΔF_2 随着 Δs_2 的增加而增加，但是由于企业 2 侵犯知识产权而获得的技术进步的成本 ΔF_2 是很小的，为简单起见，可以假定 $\Delta F_2 \to 0$，因此，q_1^* 随着 Δs_2 的增加而减少，q_2^* 随着 Δs 的增加而增多。也就是说，非法侵权行为 Δs_2 越大，企业 1 的产量越小而企业 2 的产量越大，这表明知识产权保护不健全不利于一国的技术创新。

命题 3：知识产权制度越完善，越有利于一国的技术进步或技术创新。

另外，根据（6.8）式和（6.9）式可知，非法侵犯知识产权被处罚的金额 M 越大，或者被处罚的概率 P 越大，那么，q_1^* 越大，而 q_2^* 越小。

命题 4：侵犯知识产权被处罚的力度或概率越大，越有利于一国的技术进步或技术创新。

（四）衍生模型Ⅲ——研究诚信环境对企业技术创新的影响

假设：①封闭型经济，不存在对外经济交往；②除了诚信环境不完善之外，其他方面的营商环境都是完善的。

我们分企业 1 采取无信号传递策略和有信号传递策略两种情况来推导衍生模型Ⅲ（推导过程见附录 1），两种情况的推导结论都表明，诚信环境不佳对一国的技术进步起负面影响。

命题 5：诚信环境不完善，不利于一国的技术进步或技术创新。

第三节　对营商环境成本降低效应的模型分析

下面我们继续用两期的一般均衡模型探讨营商环境的另外一些方面（包括行政效率、税负程度、社会稳定状况、基础设施完善程度等）对企业成本的影响。

（一）衍生模型Ⅳ——研判行政效率对企业降低成本的影响

假设：①封闭型经济，不存在对外经济交往；②除了行政效率不佳之外，其他方面的营商环境都是完善的。

期数总共两期，第一期期初两家企业都生产低端的同质产品且产量相同，利润都为零。第二期消费者的剩余函数与基准模型相同，考虑了行政效率低下的影响，假设行政效率低下导致企业 1 和企业 2 分别增加单位产品成本 c_1'' 和 c_2''，企业 1 和企业 2 的利润函数要分别多增加一项单位产品成本 c_1'' 和 c_2''。

技术研发者（企业 1）的利润最大化函数为：

$$\max_{p_1}\pi_1 = \left[p_1 - (c_1 + c_1'') - (1 + r) F_1 \right] \left[\left(\overline{\theta} - \frac{p_1 - p_2}{s_1 - s_2} \right) \right]$$

技术模仿者（企业 2）的利润最大化函数为：

$$\max_{p_2} \pi_2 = \left[p_2 - (c_2 + c_2'') - (1+r)F_2 - (1+r)G_2 \right] \left[\left(\frac{p_1 - p_2}{s_1 - s_2} - \underline{\theta} \right) \right]$$

解以上两个方程，得：

$$p_1 = \frac{(2\overline{\theta} - \underline{\theta})(s_1 - s_2) + \left[2(c_1 + c_1'') + (c_2 + c_2'') \right] + (1+r)(2F_1 + F_2)}{3}$$

(6.10)

$$p_2 = \frac{(\overline{\theta} - 2\underline{\theta})(s_1 - s_2) + \left[(c_1 + c_1'') + 2(c_2 + c_2'') \right] + (1+r)(F_1 + 2F_2)}{3}$$

(6.11)

把 (6.10) 式和 (6.11) 式代入 $\theta^* = \dfrac{p_1 - p_2}{s_1 - s_2}$，则可以得到均衡时的 θ^* 为：

$$\theta^* = \frac{\overline{\theta} + \underline{\theta}}{3} + \frac{(c_1 + c_1'') - (c_2 + c_2'') + (1+r)(F_1 - F_2)}{3(s_1 - s_2)}$$

$$= \frac{\overline{\theta} + \underline{\theta}}{3} + \frac{(c_1 - c_2) + (1+r)(F_1 - F_2)}{3(s_1 - s_2)} + \frac{(c_1'' - c_2'')}{3(s_1 - s_2)}$$

(6.12)

均衡时，企业 1 和企业 2 的产出分别为：

$$\overline{\theta} - \theta^* = \frac{2\overline{\theta} - \underline{\theta}}{3} - \frac{(c_1 - c_2) + (1+r)(F_1 - F_2)}{3(s_1 - s_2)} - \frac{(c_1'' - c_2'')}{3(s_1 - s_2)}$$

(6.13)

$$\theta^* - \underline{\theta} = \frac{\overline{\theta} - 4\underline{\theta}}{3} + \frac{(c_1 - c_2) + (1+r)(F_1 - F_2)}{3(s_1 - s_2)} + \frac{(c_1'' - c_2'')}{3(s_1 - s_2)}$$

(6.14)

由于 $\dfrac{\partial(\overline{\theta} - \theta^*)}{\partial c_1} < 0$，$\dfrac{\partial(\theta^* - \underline{\theta})}{\partial c_2} < 0$，行政效率低下，使得企业 1 和企业 2 的产出都下降了，因此，行政效率欠缺阻碍经济增长。

命题 6：行政效率低下增加了企业的成本，导致企业产出下降，不利于一国的经济增长。

（二）衍生模型 IV——研判税负程度、社会稳定状况、基础设施完善程度等对企业降低成本的影响

税负程度、社会稳定状况、基础设施完善程度等对企业成本的影响，与行政效率低下对企业成本影响的模型分析是一样的，税负越高，或社会越不稳定，或基础设施越不完善，都会增加企业的成本，不利于一国的经济增长。具体模型在这里就不展开叙述了。

综上所述，营商环境的某些方面（如融资难易程度、知识产权保护程度、法制完善程度、诚信环境等）所存在的缺陷不利于一个国家的技术进步；营商环境的另外一些方面（如行政效率、税负程度、社会稳定状况、基础设施完善程度等）所存在的不足会增加企业成本，不利于一个国家的经济增长。

第四节　考虑营商环境对技术创新的门槛效应之后对比较优势理论的补充

下面先分析营商环境对技术创新的门槛效应，然后在考虑该门槛效应之后对动态比较优势理论做一些补充。

（一）营商环境对技术创新的门槛效应

本章前面部分的模型阐述了营商环境具有技术促进效应和成本下降效应，下面我们从微观的视角进一步探讨营商环境对企业技术创新的门槛效应。企业是否进行技术创新取决于自身的技术创新能力与由营商环境决定的外部门槛之间的比较，当前者大于后者则进行技术创新，反之则相反。在营商环境良好的情况下，较优营商环境使得企业的创新门槛大大地降低，当该国的教育水平、科研能力、政策支持等比较完善时，该国企业创新能力普遍较强，创新能力高于创新门槛的企业较多，该国的整体技术创新水平较高，见图 6-1；当该国的教育水平、科研能力、政策支持等比较弱时，该国企业创新能力普遍较弱，创新能力大于创新门槛的企业较少，该国的整体技术创新水平较低，见图 6-2。

综上所述，营商环境可以降低企业技术创新的门槛，是一国整体创新水平高的必要条件（或前提条件），但不是充要条件。除了良好营商环境的条件之外，还需要教育水平、科研能力和政策支持等条件，前者降低企业的创新门槛，后者提高企业的创新能力，只有多数企业的创新能力大于创新门槛时，才能让该国获得技术比较优势。

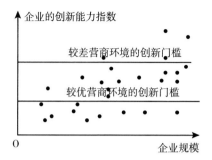

图 6 – 1　营商环境对企业技术创新的门槛效应

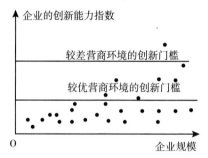

图 6 – 2　营商环境对企业技术创新的门槛效应

（二）考虑营商环境对技术创新的门槛效应之后对动态比较优势理论的补充

1. 对比较优势理论的述评

比较优势理论可以分成传统（或静态）比较优势理论和动态比较优势理论，传统（或静态）比较优势是指在静态条件下（即国内土地、其他自然资源、劳动力和资本等供给基本不变的情况下），一国出口密集使用其生产要素充裕的产品，进口密集使用其生产要素稀缺的产品。动态比较优势理论是对传统（静态）比较优势理论分析的延伸和发展，主要研究长期比较优势变化的决定因素及其福利的影响，长期比较优势变化的决定因素包括规模报酬递增、不完全竞争、技术创新和经验积累等（Stephen Redding，1999；Young，1993；Krugman，1985；Rivera and Romer，1991；杨小凯和 Borland，1991）。

比较优势理论在国际贸易理论中处于非常重要的地位，但该理论仍存在不足之外，依旧处于不断发展完善过程之中。首先，不管是静态比较优势理论还是动态比较优势理论，大多数理论强调来自企业内部的比较优势（如企业的生产成本、技术创新和专业化分工等），较少考虑来自企业外部的影响因素。有时来自企业外部因素的作用不小于来自企业内部因素的作用。例如，印度、柬埔寨等发展中国家的劳动力成本比中国低，但是这些发展中国家密集型产业的发展水平却远逊于中国，究其原因，这些发展中国家虽然劳动力成本（企业内部成本）低于中国，但是企业外部成本（如社会稳定、基础设施、供应链等不完善造成的成本）明显高于中国，因此，综合考虑了内外部成本之后，这些发展中国家的综合成本高于中国。其次，动态比较优势理论认为，干中学效应、技术创新、专业化分工等因素决定比较优势的动态变化，然而，研究动态比较优势理论的文献鲜少进一步探讨，现实中有些国家干中学效应、技术创新和专业化分工等做得好而另外一些国家做得差，其背后的原因究竟是什么并没有展开深入探讨。

2. 考虑营商环境对技术创新的门槛效应之后对动态比较优势理论的补充

下面我们首先考虑企业外部因素的影响，分析经济快速增长过程中在营商环境保持不变或不断改善的情况下发展中国家比较优势的动态变化，然后在考虑了营商环境对技术创新的门槛效应之后对动态比较优势理论做一些补充。

（1）营商环境对比较优势动态变化影响的图形分析。

下面我们分两种情况阐述营商环境对比较优势动态变化的影响。首先，分析在营商环境处于低水平并且没有改善的情况下比较优势的动态变化。随着经济快速增长和人均 GDP 不断上升，一国劳动力成本相对其他发展中国家不断上升，导致劳动力成本优势逐步下降。在营商环境处于低水平并且没有改善的情况下，考虑到营商环境对技术创新的门槛效应，只有少数企业能克服营商环境缺陷获得技术优势，总体而言该国未能建立技术比较优势。随着工资和物价相对不断上涨，在廉价生产要素成本逐步丧失的同时，由于低水平营商环境的制约，该国没有建立技术比较优势，最终导致制造业空心化，成为资源输出国和工业品输入国，这类国家包括巴西、阿根廷、俄罗斯等。

其次，用图形分析在营商环境开始时处于低水平并且不断改善的情况下比较优势的动态变化。如图 6-3 和图 6-4 所示，假设营商环境开始时处于不完善或低水平阶段（线段 ab），然后进入上升阶段（线段 bc），最后达到完善或稳定阶段（线段 cd），营商环境不断改善产生两种影响：第一，营商环境具有成本降低效应，抑制了廉价生产要素比较优势的下降。随着营商环境不断改善，该国具有相对于其他发展中国家更优的营商环境（即更低的企业平均外部成本）。在考虑了更佳的营商环境导致更低的企业外部平均成本之后，虽然该国的廉价生产要素优势随着工资物价相对（其他发展中国家）上升而下降，但是由于不断改善营商环境具有的成本降低效应，该国廉价生产要素比较优势下降速度将会减缓。第二，营商环境具有技术促进效应，促进了该国技术比较优势的上升。随着营商环境不断改善，该国技术比较优势变化会出现两种情况：第一种情况，当不具备其他条件（即教育水平、研发能力和政策支持等）时，该国的技术比较优势可能相对缓慢上升（即曲线 ABC_1D_1），也可能基本保持不变（即曲线 ABC_2D_2），甚至有可能相对缓慢下降（即曲线 ABC_3D_3），见图 6-3。当不具备其他条件时，由于教育水平、研发能力和政策支持等形成的制约，该国不能建立技术比较优势。第二种情况，当具备其他条件（即教育水平、研发能力和政策支持等）时，营商环境不断改善使该国技术比较优势逐步增强（线段 FG），从 G 点开始该国的技术水平以更快的速度上升（线段 GH）[1]，最终该国建立技术比较优势，其技术比较优势变化轨迹用图 6-4 的曲线 EFGH 表示。根据欧盟的统计标准，企业研发投入强度（即研发经费投入占销售收入的比重）在 5% 以上属于高研发强度，此类企业一般被认为具备充分的研发竞争力优势；2% 以下属于中低强度，不足 1% 则属于低强度。企业投入研发强度大于等于 5% 的企业，可视为研发型企业（即模型中的企业 1），小于 5% 的企业视为模仿型企业（即模型中的企业 2），当企业 1 所占的比重（即模型中的 $\bar{\theta} - \theta^*$）达到一定的比值（即门槛值）时，可以看作该国建立比较优势，该比值（即门槛值）所在的点对

---

① 从 G 点开始该国的技术优势上升速度明显加快，究其原因，从 G 点以后该国的营商环境达到比较完善的状态，即建立了营商环境比较优势，当具备其他条件（即教育水平、研发能力和政策支持等）时，更多的企业的创新能力将大于营商环境形成的创新门槛，因此，从 G 点开始该国的技术优势进步速度明显加快。

应图 6-4 的 G 点。之所以 GH 的斜率大于 FG 的斜率，其原因包括两个方面，一方面，当该国企业具备充分的研发竞争力优势时，没有关键技术"瓶颈"的限制和跨国企业技术封锁的束缚，该国的研发能力得到释放，技术得以更快速度的增长；另一方面，到达 G 点之后，表明该国的营商环境和研发技术达到了较高水平，因此，形成了营商环境的"洼地"效应和高级生产要素的集聚效应，导致该国的技术比较优势以更快的速度增长。

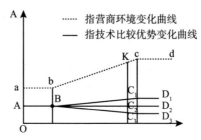

图 6-3　当其他条件不具备时技术比较优势动态变化

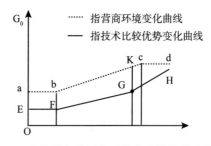

图 6-4　当其他条件具备时技术比较优势动态变化

综合以上两种情况可知，营商环境是一个国家建立技术比较优势的必要条件（或前提条件），只有达到一定完善程度的营商环境（例如达到图 6-4 的 K 点）之后，该国才可能建立技术比较优势。具备完善的营商环境只是一个必要条件（或前提条件），只有加上其他条件（即教育水平、研发能力、政策支持等）时，该国才能真正建立技术比较优势。

（2）考虑了营商环境对技术创新的门槛效应之后对动态比较优势理论的一些补充。

考虑了营商环境对技术创新的门槛效应之后，下面我们对动态比较优势理论进行补充。对于营商环境比较完善的国家，如美国、德国等，其比较优势的动态变化过程为"廉价生产要素比较优势→技术比较优势"两个阶段，然而，对于转轨国家或营商环境不佳的国家，其比较优势的动态变化过程为"廉价生产要素比较优势→营商环境比较优势①→技术比较优势"三个阶段。本书把营商环境看作一个新的比较优势，这是对廉价劳动力优势和技术比较优势的一个补充，具体理由包括：第一，传统静态比较优势理论认为廉价生产要素成本包括企业内部的成本外，如劳动力、土地、资本的成本等，没有考虑企业外部的成本。营商环境比较优势除了考虑企业内部成本外，还考虑了企业外部成本，包括制度成本、交易成本等。第二，大多数动态比较优势文献认为技术比较优势主要来自企业内部的影响因素，如企业规模、分工与专业化、技术积累等，虽然也有部分文献（Nunn，2007；Michael A. W. and Jackson G.，2016；Ferguson S. and Formai S.，2013）从制度方面研究技术比较优势的来源，但是仅从制度这个方面研究来自企业外部的影响因素显得不够全面。营商环境比较优势则更加全面地探讨了来自企业外部的技术进步影响因素，除了制度之外，还包括融资环境、行政效率、税负程度、基础设施等。

从世界经济发展史中可以找到佐证营商环境比较优势的例子，见表6-1和表6-2。第一种情况，缺乏良好营商环境的国家无法建立技术比较优势。以拉丁美洲国家为例，1945~1980年，拉丁美洲各国走向了进口替代的工业发展道路，大部分国家基本保持了5%左右的经济增长速度，20世纪70年代人均GDP达到1000美元，进入中等收入国家行列。但是1980~1989年爆发的拉丁美洲债务危机使这些国家的经济陷入了泥潭，经济一蹶不振。又以曾经的"亚洲四小虎"（泰国、马来西亚、菲律宾和印度尼西亚四国）为例，在20世纪90年代这四个国家的经济突飞猛进，但遭遇了1997年亚洲金融危机的打击，这四个国家的高速增长时代便终结了。无论是拉丁美洲国家还是"亚洲四小虎"，都经历了廉价生产要素比较优势

① 相对于以前文献提出的制度比较优势（Nunn，2007；Michael A. W. and Jackson G.，2016；Ferguson S. and Formai S.，2013），本章提出的营商环境比较优势概念更加宽泛，既包括制度因素，也包括融资难易程度、行政效率、税负程度、社会稳定状况、基础设施等其他因素，其他因素也对一国比较优势造成影响。

带来的高速增长时期，但除马来西亚之外并未建立良好的营商环境（见表6-1），无法进入营商环境比较优势阶段，没有良好营商环境这个必要条件，这些国家的技术比较优势无法确立，每万人专利申请量仍处于较低水平（见表6-2），进而高速增长就难以持续。克鲁格曼在1994年撰写文章《亚洲奇迹的神话》，其主要观点是，只靠投入推动型的经济增长是不可持续的。再以中国为例，虽然中国教育水平、研发能力和政策支持等优于拉丁美洲国家和"亚洲四小虎"，具有较好的其他条件（即教育水平、研发能力、政策支持等），但是中国的营商环境存在不足，与美国、日本、德国等相比仍有明显的差距，因此，虽然中国每万人专利申请量处于较高水平，但是，根据EPS全球数据库的统计数据，2015年中国制造业企业研发投入强度仅为1.1%，明显低于美国（4.4%）和日本（3.4%），从制造业企业研发投入强度相对不足以及缺乏核心技术这个角度来看，中国制造业具有大而不强的特点，迄今中国并未真正确立技术比较优势。第二种情况，即使具有良好的营商环境，但是不具备其他条件（即教育水平、研发能力、政策支持等），那么该国仍无法建立技术比较优势。马来西亚虽然具有良好的营商环境，但是不具备其他条件，因此，马来西亚每万人专利申请量处于较低水平，2016年仅为2.32件，未能确立技术比较优势。第三种情况，既具有优质的营商环境，又具备其他条件，那么，一般而言该国能够建立技术比较优势，现实中美国、德国和日本等就属于这种情况。

表6-1　　　　　　　2010~2017年各国企业营商环境指标的比较

年份	阿根廷	巴西	智利	乌拉圭	墨西哥	印尼	马来西亚	菲律宾	泰国	中国	美国	德国	日本
2010	56.72	53.73	68.27	58.82	64.71	56.84	74.61	54.29	73.03	56.52	85.72	79.49	78.39
2011	56.57	53.34	69.66	58.77	66.08	57.46	76.39	54.99	72.67	59.45	85.72	79.45	77.98
2012	56.99	53.31	72.21	61.85	67.69	58.39	79.31	55.65	74.96	58.58	85.65	79.59	78.88
2013	55.96	53.24	71.48	63.24	69.46	58.72	79.44	55.92	75.2	59.94	84.94	79.24	78.81
2014	56.10	53.15	72.12	63.58	69.56	57.32	81.2	59.86	75.99	61.13	82.14	79.55	78.39
2015	57.76	57.69	70.89	61.9	71.16	56.68	78.64	59.89	72.2	63.14	81.96	79.2	75.19
2016	57.04	56.6	69.48	61.33	71.95	58.51	78.18	59.53	71.65	62.86	82.46	79.88	75.36
2017	57.45	56.53	69.56	61.85	72.29	61.52	78.11	60.4	72.53	64.28	82.45	79.87	75.53

注：这里采用Distance of doing business这个指标衡量一个国家的营商环境。从表中可以看出，拉丁美洲国家、东南亚国家和中国的营商环境与发达国家（美国、德国和日本等）仍旧存在差距。

资料来源：世界银行官方网站。

表 6 - 2   2010～2017 年各国每万人专利申请量

（居民＋非居民）的比较   单位：件

年份	阿根廷	巴西	智利	乌拉圭	墨西哥	印尼	马来西亚	菲律宾	泰国	中国	美国	德国	日本
2010	1.14	1.27	0.63	2.32	1.24	0.23	2.27	0.36	0.29	2.92	15.85	7.24	26.91
2011	1.16	1.44	1.63	2.03	1.18	0.24	2.25	0.34	0.58	3.92	16.16	7.41	26.80
2012	1.14	1.52	1.74	2.06	1.27	0.00	2.38	0.31	0.99	4.83	17.29	7.63	26.86
2013	1.12	1.53	1.76	—	1.26	0.30	2.43	0.33	1.09	6.08	18.08	7.83	25.77
2014	1.09	1.49	1.76	1.98	1.30	0.31	2.52	0.36	1.16	6.80	18.17	8.15	25.61
2015	0.95	1.47	1.84	1.63	1.44	0.35	2.52	0.37	1.19	8.04	18.36	8.19	25.07
2016	0.87	1.35	1.62	—	1.37	0.33	2.32	0.33	1.14	9.71	18.72	8.25	25.07
2017	—	—	—	—	—	—	—	—	—	—	—	—	—

资料来源：根据世界银行官方网站的数据计算得到。

第五节　现阶段我国如何构建营商环境比较优势

改革开放前二三十年，我国具有更好地发挥廉价劳动力比较优势的环境，一方面那个时期我国工人不仅工资低，并且具有吃苦耐劳的优良品质；另一方面，在官员晋升激励制度和地方分税制的激励下，我国地方政府官员有强烈的招商引资激励，这种招商引资激励与我国廉价勤劳的劳动力相结合，并且改革开放不断推进所释放的制度红利，导致中国在中低端制造业产生了强大的国际竞争力，中国制造业增加值所占份额越来越大，最终超过美国、德国跃居世界第一。

然而，随着近年来我国廉价劳动力比较优势不断削弱，我国在营商环境建设方面的进展却并未取得预期的效果，与发达国家相比仍存在明显的差距，营商环境发展不足成为制约我国建立技术比较优势的关键因素，当前我国仍处于从廉价生产要素优势阶段向营商环境比较优势阶段过渡的阶段。为了促进我国经济的转型升级，建立我国营商环境相对于其他发展中国家的优势，我国应当大力加强营商环境建设，具体措施包括：

第一，应当定期详细统计各地营商环境发展指数。

当前我国缺乏营商环境的衡量指标和统计数据，因此中央政府难以准确地监测各级政府的营商环境发展情况，这对各地营商环境建设是不利的。因此，我国各级统计部门应当尽快设计能够全面反映各地营商环境情况的统计指标，并定期统计和公布各地营商环境统计数据，为我国营商环境建设提供数据支持。

第二，高度重视营商环境建设，并把营商环境指标当成地方政府政绩考核的重要部分。

我国经济发展进入新常态时期，中央政府提出了到 2025 年我国要建设成制造业强国，我国也处于从制造业大国向制造业强国的转型时期。在这个经济转型时期，营商环境建设对我国的技术创新和经济可持续发展起到了非常关键的作用，我国也相应地从依靠廉价劳动力比较优势向依靠营商环境比较优势转变，各级政府应当把营商环境建设放在地方经济发展非常重要的位置，并把营商环境、法制环境、诚信环境建设作为地方政府政绩考核的关键指标。

第三，加强地方民众监督有利于当地营商环境建设。

地方民众（消费者和企业）对本地地方政府的监督，既可以采取随机抽样调查的方式，也可以试行地方民众在网上评价的方式，抽样调查或网上评价的结果直接提交中央（上级）政府，作为中央（上级）政府对地方（下级）政府进行政绩考核的一项参考指标。地方民众监督既可以降低中央（上级）政府与地方（下级）政府之间的信息不对称性，又可以减少行政经费和降低监督成本，因此，地方民众监督是对中央（上级）政府监督的一种有益的补充。

第四，通过大力发展教育科研来加强人力资本积累。

除了营商环境之外，一国的技术创新能力对该国的技术比较优势是相当重要的。我国民众普遍来说比较重视教育，这对我国教育和科研发展是一个优势，但是，我国的教育和科研机制及水平与美国、英国等仍存在差距，因此，应当大力发展教育和科研，推进教育和科研体制改革，加大教育和科研投入，缩小乃至于赶上英美等教育和科研强国。

第六节　本章小结

　　本章构建的两期一般均衡模型表明，营商环境对经济增长的影响包括两个效应：一方面，营商环境具有技术促进效应，改善营商环境的某些方面（如诚信制度、法制环境、知识产权保护、融资难易程度等）将会促进企业技术创新；另一方面，营商环境具有成本降低效应，改善营商环境的另外一些方面（如行政效率、税负程度、社会稳定状况、基础设施等）将会降低企业成本。

　　营商环境对于推动经济高质量发展发挥着至关重要的作用。营商环境是一个国家建立技术比较优势的必要条件（或前提条件），只有具备达到一定完善程度的营商环境之后，该国才可能建立技术比较优势。具备完善的营商环境只是一个必要条件（或前提条件），还需要加上其他条件（即教育水平、研发能力、政策支持等）时，该国才能真正建立技术比较优势，才能进入经济高质量发展阶段。因此，不建立国际领先的营商环境，一个国家或地区很难真正地实现经济高质量发展，营商环境是一个国家实现经济高质量发展的关键前提条件。

　　鉴于营商环境对于推动经济高质量发展的重要作用，当前我国应当采取积极有效的措施建设我国营商环境。具体措施包括定期详细统计各地营商环境发展指数、把营商环境指标当成地方政府政绩考核的重要部分、加强地方民众对于地方政府的监督和大力发展教育科研来加强人力资本积累等，主动补足我国高质量发展所存在的营商环境短板，助推我国加快经济高质量发展的建设进程。

附录1：推导衍生模型Ⅲ——研究诚信环境对企业技术创新的影响

　　假设：①封闭型经济，不存在对外经济交往；②除了诚信环境不完善之外，其他方面的营商环境都是完善的。

　　技术研发者（企业1）只生产高端产品并以价格 p_1 出售，技术模仿者（企业2）生产低端产品，企业2生产的低端产品一部分以价格 p_2 出售，另

一部分以价格 p_1 出售（只具备低端品质但以高端价格 p_1 出售，这部分产品就是假冒产品）。由于诚信环境不完善，市场上存在假冒伪劣产品，企业 1 面临两种选择：第一，不花费资金进行信号传递，消费者不能识别企业 1 生产的高端产品与企业 2 生产的假冒产品，假设高端产品和假冒产品的供给量总共为 q_1，其中高端产品供给所占的比重为 μ，假冒产品供给所占的比重为 $1-\mu$，当消费者购买价格高（即价格为 p_1）的产品时，由于完全不能识别两种产品，消费者会以 μ 的概率购买企业 1 生产的高端产品和以 $1-\mu$ 的概率购买企业 2 生产的假冒产品。第二，花费单位产品成本 m_1 进行信号传递，由于该信号传递，消费者能够完全识别企业 1 生产的高端产品与企业 2 生产的低端产品。下面分别从这两种情况分析诚信环境对企业技术创新的影响。

1. 当企业 1 采取无信号传递策略的衍生模型 Ⅲ

在基准模型的基础上，我们对生产者的利润函数和消费者的剩余函数进行修改，推导无信号传递策略的衍生模型 Ⅲ。

期数总共两期，第一期期初两家企业都生产低端的同质产品，两家企业的产量相同，利润都为零。第二期，企业 1 的利润函数为 $[p_1-c_1-(1+r)F_1]\mu q_1$，其中，企业 1 的产量为 μq_1，企业 1 单位产品的价格和成本分别为 p_1 和 c_1。企业 2 的利润函数为 $[p_2-c_2-(1+r)F_2]q_2+[p_1-c_2-(1+r)F_2-PM](1-\mu)q_1$，其中，$q_2$ 为企业 2 第二期的生产低端产量，$(1-\mu)q_1$ 为企业 2 生产假冒产品产量[①]，P 和 M 分别为企业 2 制造假冒产品而受到处罚的概率和单位产品处罚金额。

满足以下不等式的消费者将购买价格为 p_1 的产品：

$$\theta[\mu s_1+(1-\mu)s_2]-p_1 \geqslant \theta s_2-p_2 \qquad (6.15)$$

若 $\theta^* \in \dfrac{1}{\mu} \times \dfrac{p_1-p_2}{s_1-s_2}$，那么，属于 $\theta \in [\bar{\theta},\ \theta^*]$ 的消费者将会购买价格为 p_1 的产品，而 $\theta \in [\theta^*,\ \underline{\theta}]$ 的消费者将购买价格为 p_2 的产品。技术研发者（即企业 1）和技术模仿者（即企业 2）的利润最大化函数分别为：

---

① 当企业 1 采取无信号传递策略时，消费者完全无法识别高端产品和假冒产品，设价格较贵（即价格为 p_1）产品的产量为 q_1，设 μq_1 的产量为企业 1 生产的高端产品，另外 $(1-\mu)q_1$ 的产量为企业 2 生产的假冒产品，$0 < \mu < 1$。

$$\max_{p_1} \pi_1 = \left[p_1 - c_1 - (1+r)F_1 \right] \times \mu \left[\left(\overline{\theta} - \frac{1}{\mu} \times \frac{p_1 - p_2}{s_1 - s_2} \right) \right]$$

$$\max_{p_2} \pi_2 = \left[p_2 - c_2 - (1+r)F_2 \right] \left[\left(\frac{1}{\mu} \times \frac{p_1 - p_2}{s_1 - s_2} - \underline{\theta} \right) \right]$$

$$+ \left[p_1 - c_2 - (1+r)F_2 - PM \right] \times (1-\mu) \left[\left(\overline{\theta} - \frac{1}{\mu} \times \frac{p_1 - p_2}{s_1 - s_2} \right) \right]$$

对以上两个利润函数求最优化的一阶条件，得：

$$\frac{\partial \pi_1}{\partial p_1} = \left[\mu \overline{\theta} - \frac{p_1 - p_2}{s_1 - s_2} \right] - \frac{1}{(s_1 - s_2)} \left[p_1 - c_1 - (1+r)F_1 \right] = 0$$

$$\frac{\partial \pi_2}{\partial p_2} = \left[\left(\frac{1}{\mu} \times \frac{p_1 - p_2}{s_1 - s_2} - \underline{\theta} \right) \right] - \frac{1}{\mu(s_1 - s_2)} \left[p_2 - c_2 - (1+r)F_2 \right]$$

$$+ \frac{(1-\mu)}{\mu(s_1 - s_2)} \left[p_1 - c_2 - (1+r)F_2 - PM \right] = 0$$

解以上两个一阶条件方程，得到达到均衡时的 p_1 和 p_2，然后计算出 $p_1 - p_2$：

$$p_1 - p_2 = \frac{\mu}{\mu+2} \left[(c_1 - c_2) + (1+r)(F_1 - F_2) + (\underline{\theta} + \mu \overline{\theta})(s_1 - s_2) \right] + \frac{1-\mu}{\mu+2} P$$

$$(6.16)$$

均衡时的 θ^* 为：

$$\theta^* = \frac{\Delta + (\underline{\theta} + \mu \overline{\theta})(s_1 - s_2)}{(\mu+2)(s_1 - s_2)} + \frac{(1-\mu)PM}{\mu(\mu+2)(s_1 - s_2)}$$

其中，$\Delta = (c_1 - c_2) + (1+r)(F_1 - F_2)$。均衡时企业 1 和企业 2 的产量分别为：

$$q_1^* = \mu(\overline{\theta} - \theta^*) = \frac{\mu \left[(2\overline{\theta} - \underline{\theta})(s_1 - s_2) - \Delta \right] + (\mu-1)PM}{(\mu+2)(s_1 - s_2)} \quad (6.17)$$

$$q_2^* = (\theta^* - \underline{\theta}) + (1-\mu)(\overline{\theta} - \theta^*) = \frac{(2-\mu\overline{\theta})(s_1 - s_2) + \mu\Delta + (1-\mu)PM}{(\mu+2)(s_1 - s_2)}$$

$$(6.18)$$

（6.17）式和（6.18）式分别对 μ 求偏导数，得：

$$\frac{\partial q_1^*}{\partial \mu} = \frac{3PM - 2 \left[\Delta - (1+\overline{\theta})(s_1 - s_2) \right]}{(\mu+2)^2(s_1 - s_2)} \quad (6.19)$$

$$\frac{\partial q_2^*}{\partial \mu} = \frac{2 \left[\Delta - (1+\overline{\theta})(s_1 - s_2) \right] - 3PM}{(\mu+2)^2(s_1 - s_2)} \quad (6.20)$$

我们用 μ 来衡量诚信环境，若 μ 越大则表示诚信环境越好。根据（6.19）式和（6.20）式，当 $PM > \dfrac{2}{3}\big[\Delta - (1 + \bar{\theta})(s_1 - s_2)\big]$ 时，$\dfrac{\partial q_1^*}{\partial \mu} < 0$，$\dfrac{\partial q_2^*}{\partial \mu} > 0$。由于 $\big[\Delta - (1 + \bar{\theta})(s_1 - s_2)\big] \leqslant 0$（证明过程请见附录2）以及 $P > 0$ 和 $M > 0$，$PM > \dfrac{2}{3}\big[\Delta - (1 + \bar{\theta})(s_1 - s_2)\big]$ 恒成立。因此，我们可以得到结论，当企业1采取无信号传递策略时，$\dfrac{\partial q_1^*}{\partial \mu} < 0$，$\dfrac{\partial q_2^*}{\partial \mu} > 0$，这表明诚信环境越好（即 μ 越大），则企业1的均衡产量上升，企业2的均衡产量下降，诚信环境改善有利于一国的技术进步。

2. 当企业1采取有信号传递策略的衍生模型Ⅲ

当企业1花费资金进行信号传导时，消费者能够完全识别企业1生产的高端产品与企业2生产的低端产品，两个企业消费者函数与基准模型相同，企业1第二期的利润函数比基准模型增加了一项成本，该项成本就是单位产品的信号传递成本 m_1。由于企业1和企业2的产品能够完全被消费者识别，因此不存在假冒产品。

技术研发者（企业1）的利润最大化函数为：

$$\max_{p_1} \pi_1 = \big[p_1 - c_1 - m_1 - (1 + r)F_1\big]\Big[\Big(\bar{\theta} - \dfrac{p_1 - p_2}{s_1 - s_2}\Big)\Big]$$

技术模仿者（企业2）的利润最大化函数为：

$$\max_{p_2} \pi_2 = \big[p_2 - c_2 - (1 + r)F_2\big]\Big[\Big(\dfrac{p_1 - p_2}{s_1 - s_2} - \underline{\theta}\Big)\Big]$$

采用相同的求解过程，可以得到均衡时的 θ^* 为：

$$\theta^* = \dfrac{\bar{\theta} + \underline{\theta}}{3} + \dfrac{(c_1 + m_1 - c_2) + (1 + r)(F_1 - F_2)}{3(s_1 - s_2)}$$

企业1和企业2的产量分别为：

$$q_1^* = \bar{\theta} - \theta^* = \dfrac{2\bar{\theta} - \underline{\theta}}{3} - \dfrac{(c_1 + m_1 - c_2) + (1 + r)(F_1 - F_2)}{3(s_1 - s_2)} \tag{6.21}$$

$$q_2^* = \theta^* - \underline{\theta} = \dfrac{\bar{\theta} - 2\underline{\theta}}{3} + \dfrac{(c_1 - c_2) + (1 + r)(F_1 - F_2)}{3(s_1 - s_2)} \tag{6.22}$$

因为 $\dfrac{\partial q_1^*}{\partial m_1} < 0$，$\dfrac{\partial q_2^*}{\partial m_1} > 0$。因此，当存在信号传递成本 m_1 时，企业1的

均衡产量会下降，企业 2 的均衡产量上升，不利于一个国家的技术进步。

至于企业 1 采取两种策略中的哪种策略，取决于两种策略的利润函数何者更大，若达到均衡时策略 1 的利润大，则企业 1 采取策略 1；反之，则采取策略 2。综合两种情况来看，诚信环境不佳对一国的技术进步产生负面影响。

附录 2：证明 $[\Delta - (1+\bar{\theta})(s_1 - s_2)] \leq 0$

证明：根据（6.15）式 $\theta[\mu s_1 + (1-\mu)s_2] - p_1 \geq \theta s_2 - p_2$，可得：

$$\theta\mu(s_1 - s_2) \geq p_1 - p_2 \tag{6.23}$$

把（6.16）式 $p_1 - p_2 = \frac{\mu}{\mu+2}[(c_1 - c_2) + (1+r)(F_1 - F_2) + (\underline{\theta} + \mu\bar{\theta})(s_1 - s_2)] + \frac{1-\mu}{\mu+2}PM$ 代入（6.23）式，可得：

$$\theta\mu(s_1 - s_2) \geq \frac{\mu}{\mu+2}[\Delta + (\underline{\theta} + \mu\bar{\theta})(s_1 - s_2)] + \frac{1-\mu}{\mu+2}PM \tag{6.24}$$

其中，$\Delta = (c_1 - c_2) + (1+r)(F_1 - F_2)$。

对（6.24）式进行变换，得：

$$\theta\mu(s_1 - s_2) \geq \frac{\mu}{\mu+2}\{[\Delta - (1+\bar{\theta})(s_1 - s_2)] + [(1+\bar{\theta})(s_1 - s_2) + (\underline{\theta} + \mu\bar{\theta})(s_1 - s_2)]\} + \frac{1-\mu}{\mu+2}PM \tag{6.25}$$

由于 $\underline{\theta} - \bar{\theta} = 1$，得到 $\underline{\theta} = \bar{\theta} - 1$，把该式代入（6.25）式，得：

$$\theta\mu(s_1 - s_2) \geq \frac{\mu}{\mu+2}\{[\Delta - (1+\bar{\theta})(s_1 - s_2)] + [(1+\bar{\theta})(s_1 - s_2) + (\bar{\theta} - 1 + \mu\bar{\theta})(s_1 - s_2)]\} + \frac{1-\mu}{\mu+2}PM$$

整理后，得：

$$0 \geq \frac{\mu}{\mu+2}[\Delta - (1+\bar{\theta})(s_1 - s_2)] + \mu(\bar{\theta} - \theta)(s_1 - s_2) + \frac{1-\mu}{\mu+2}PM \tag{6.26}$$

由于 $\bar{\theta} \geq \theta$，$s_1 \geq s_2$，$1 \geq \mu \geq 0$，$P > 0$，$M > 0$，所以 $\mu(\bar{\theta} - \theta)(s_1 - s_2) + \frac{1-\mu}{\mu+2}PM \geq 0$，再根据（6.26）式可以推导得到 $[\Delta - (1+\bar{\theta})(s_1 - s_2)] \leq 0$，证毕。

第七章
高质量发展阶段完善中国模式的
核心是建立完善的市场机制

中国模式既包括共性也包括个性，高质量发展阶段中国模式的共性与所有发达市场经济国家的共性是相同的，即具有完美的市场机制；高质量发展阶段中国模式的个性是根据本国国情选择了适合自己的发展道路，即在中国共产党领导下的人民民主专政的社会主义道路。中国模式首要强调的是共性，其次才是个性，个性是在共性基础上的个性。在基础的市场机制基础上，市场机制都不完善，此时不可能实现政府和市场的有效结合，这种模式不能称为完善的中国模式；只有在完善的市场机制基础上才能实现政府和市场的有效结合，该模式才能称为完善的中国模式。当前我国若要建立完善的市场机制，一方面应当大力推行并积极完善行政权责清单制度，厘清政府与市场之间的边界；另一方面政府应当设置完备的宪法法律监督、民众监督和政府内部监督，使得政府权力在宪法、法律和监督下规范运行，不断提升软环境基础设施建设，双管齐下才有可能建立完善的市场机制，推动中国模式日臻完善。

第一节　文献综述

改革开放以来，中国并没有全盘接受西方发展模式，而是在大胆地借鉴人类文明成果的基础上，结合本国的具体国情，走出了一条不同于欧洲国家、美国、日本、韩国等发达国家的发展道路。改革开放四十多年的成功经验表明，中国选择的是适合本国国情的发展道路，持续地解放和促进了本国的生产力，取得了令世界瞩目的发展成就，中国跃居成为世界第二大经济体，并且据国际货币基金组织"IMF 预测"在 2030 年前后中国有望超越美国成为世界第一大经济体。

关于不同于西方的中国发展道路和发展经验是否可以总结为中国模式的问题，当前学术界仍然存在一些争议。

（一）关于是否存在中国模式的问题

多数学者赞同中国已经形成了不同于西方国家的独特模式，即"中国模式"。不同学者对于中国模式内涵的理解存在差别。个别学者只从政治方面区分中国模式与其他模式。王鸿铭和杨光斌（2018）认为，中国模式就是以民主集中制为核心的政治发展。多数学者从经济和政治两个方面界定中国模式。张维为（2011）认为，所谓"中国模式"，是指"大规模的经济体制改革与相对较小规模的政治体制改革"的有机结合，是"以一种循序渐进、摸索和积累的方式，从易到难进行改革，并吸取中外一切优秀的思想和经验"的改革和发展模式。新加坡国立大学东亚研究所所长郑永年（2008）认为，中国模式的核心是中国的政治和经济体制，政治上是开放的一党制下形成的"内部多元主义"，而经济上是混合经济模式。刘俏和王贵东（2019）把"中国发展模式"概括为，政府和市场的有效结合、全球化产业分工的积极参与、持续不断的制度创新以及营造稳定的经济发展环境。有些学者从政治、经济、外交、军事等多方面总结中国模式。印度的中国问题专家（2004）认为，中国模式具有以下几个特点："政治上，稳定推进适合中国国情的民主改革；经济上，制定适合本国国情的对外开放政策，趋利避害，与全球化潮流齐头并进；外交上，奉行独立自主和平共处的外交政策，与邻与善、稳固周边；军事上，在实现国防现代化的同时，将大量原来投入到军事领域的宝贵资源转化为民用，大大地减轻了国家的负担。"张宇和张晨等（2011）从基本制度、经济体制、发展道路、转型方式和全球化五个方面概括中国经济模式，即中国经济模式包括以公有制为主体多种所有制经济共同发展的基本经济制度、与社会主义基本制度相结合的新型市场经济体制、以新型工业化和体制创新为动力的科学发展道路、独立自主的对外开放战略和以社会主义市场经济为目标的渐进式转型五个方面的特征。

有些学者认为中国模式借鉴的是其他国家或者现有经济学理论的发展经验，不存在真正意义上的中国模式。陈志武（2011）认为，没有中国模式这回事，中国的改革经验恰恰证明，新自由主义主张的经济、政治模式非但没有得到否定，反而得到了中国经验的支持。姚洋（2010）认为，改革开放以来，中国经济准确无误地朝着新古典经济学理论的市场信条迈进，即强调谨慎的财政政策、经济开放、私有化、自由市场和保护私有产权。许小年（2013）认为，中国可以分为两个阶段，分税制改革之前（即1994年之前）中国经济发展得益于"国退民进"，改革开放把计划体制打破，把资源配置任务交给市场，资源在市场价格信号的指导下进行配置，资源从农业配置到工商业和从国有部门配置到民营部门，效率大幅度提高，这种不是中国所独创，而是在亚当·斯密的著作中就有描述，叫亚当·斯密模式更加恰当。分税制改革之后（即1994年之后）中国的经济发展源自"国进民退"，政府占有大量的预算内资金以及行政事业性收费、政府性基金和土地出让金等预算外资金，中国经济发展属于大政府模式下的政府主导型经济发展，这也不是中国独创，日本"二战"后的经济发展就采用这种模式，可以称之为东亚模式或凯恩斯模式。

有些学者认为当前中国属于过渡性的经济体制，并不是完善的经济体制。吴敬琏（2012）不同意中国模式这种提法，他认为，中国当前的经济体制，是一种既有市场经济因素，又有大量旧体制残余的过渡性的经济体制。秦晓（2012）认为，"这个制度本来是一个过渡性的安排，现在被有些人包装成一种制度的创新，希望把它固化下来"。

（二）关于如何完善中国模式的问题

学者们都一致赞同，中国模式远非完美，还存在制度不完善、贫富差距拉大、官员的腐败问题未得到有效遏制和内需也没有得到有效拓展等问题（朱可辛，2009；张维为，2008；林毅夫，2013）。随着中国发展经验的不断累积，随着中国改革试验的不断探索，中国模式不是一成不变的，而是一个与时俱进、内涵不断丰富的概念。过去四十余年的高速发展，中国科技水平距离世界技术前沿越来越近，中国当前从基于投资的发展阶段转向基于创新的发展阶段，在一个阶段被证明是成功的体制和政策，在下一个阶段有可能成为经济发展的桎梏和障碍，前期最优的治理结构和发展策略应该不失时机地加以调整，这可能是下一个阶段所面临的最大任务和挑战（张军和王永钦，2018）。

学者们对如何完善中国模式提出了自己的看法。有些学者认为应该划清政府与市场的边界。蔡继明（2013）认为，市场、社会能办的政府一律不介入，需要政府办的，如教育、医疗等公共服务，政府必须依法办好；需要市场和社会办的，政府要提高专业化水平，做好监管。林毅夫（2013）认为，处理好政府与市场之间的关系，是未来十年中国改革的一个重大主题，政府的主要作用是做环境。有些学者认为应当对政府权力进行有效的监督和制约。胡应泉（2015）认为，中国模式的特征在于"政治上集权，经济上放开"，未来完善中国模式需要进行政治体制改革，使权力受到有效的监督和制约，厘清政府与市场之间的关系，政府一方面要从直接的经济活动中退出，另一方面要维护正常的市场秩序。吴敬琏（2012）认为，中国整体改革能否顺利推进，关键在于政府自身。目前的问题是政府支配资源的权力太大，下一步改革必须要划清楚政府和市场的边界。必须把直接控制经济的全能型政府改造为提供公共服务的服务型政府，并将政府机关的官员更好地置于民众的监督之下。

（三）文献评述

中国既吸收西方发达国家的经验又结合自身国情走出了一条异于世界其他国家的经济发展道路，这让中国经济保持了四十多年的高速成长奇迹，这种不同于欧美模式和日韩模式的独特发展模式，值得对其成功经验进行经验总结和理论升华，也需要对其不完善的地方进行反思和改进。现有文献对中国模式进行了卓有成效的研究，得到了许多富有理论意义和现实意义的观点，本章的研究是在前人研究基础上进行进一步发展，拓展对于中国发展模式的理论和实践研究。

第二节　世界发展模式成功或失败的共同原因分析

除了中国模式之外，世界还有其他典型的发展模式，成功的发展模式包括英美模式、德国模式、日本模式、"亚洲四小龙"模式等，失败的发展模式包括苏联模式、拉美模式等。通过比较成功模式和不成功模式，可以得到不同的发展模式取得成功或者走向失败的共同原因。

通过国别比较可知，成功模式的共同特点是政府清廉、法治完善、公开透明、市场秩序良好、交易成本低等，而不成功模式的共同特点是腐败严重、法治不完善、暗箱操作、市场秩序较差、交易成本较高等。这些共同特点可用一句话加以概括——成功发展模式都具备完善的市场机制，而不成功发展模式都不具有完善的市场机制。下面我们用世界各个国家和地区的数据对此加以分析和论证。

由于缺少市场机制发育完善程度的统计指标，这里采用营商环境指数和清廉指数作为市场机制完善程度的替代指标，用来比较不同国家和地区的市场机制发育完善程度。全球营商环境指数数据每年由世界银行发布，对世界各个国家或地区的营商环境进行评估，包括私有财产权、创新、税收、技术、官僚作风、腐败、人身自由、经济和贸易自由等11项因素。全球清廉指数数据每年由世界著名的非政府组织透明国际发布，反映的是全球各地商人、学者及风险分析人员对世界各地腐败状况的观察和感受。一般而言，营商环境指数越高，或者清廉指数越高，则表明市场机制发育越完善。根据表7-1和表7-2的数据，英国、美国、德国、日本和"亚洲四小龙"的营商环境指数和清廉指数都位居世界前列，墨西哥、哥伦比亚、乌拉圭、巴西、巴拉圭、阿根廷、塞舌尔、圭亚那、玻利维亚、苏里南、委内瑞拉等拉美国家以及俄罗斯的营商环境指数和清廉指数排名比较靠后。由此可见，成功的发展模式，如英美模式、德国模式、日本模式、"亚洲四小龙"模式等，无一不是建立了完善的市场机制；而失败的发展模式，如拉美模式和苏联模式，则没有建立完善的市场机制。

表 7 - 1

2020 年世界各个国家和地区的全球营商环境指数排名

国家（或地区）	美国	英国	德国	日本	韩国	中国香港	中国台湾	新加坡	中国	俄罗斯		
排名	6	8	22	29	5	3	15	2	31	28		
国家（或地区）	智利	墨西哥	哥伦比亚	乌拉圭	巴西	巴拉圭	阿根廷	塞舌尔	圭亚那	玻利维亚	苏里南	委内瑞拉
排名	59	60	67	101	124	125	126	100	134	150	162	188

资料来源：世界银行数据库。

表 7 - 2

2020 年世界各个国家和地区的清廉指数排名

国家（或地区）	美国	英国	德国	日本	韩国	中国香港	中国台湾	新加坡	中国	俄罗斯		
排名	23	12	9	20	39	16	28	4	78	79 名以外		
国家（或地区）	智利	墨西哥	哥伦比亚	乌拉圭	巴西	巴拉圭	阿根廷	塞舌尔	圭亚那	玻利维亚	苏里南	委内瑞拉
排名	26	79 名以外	92	71	94	79 名以外	66	79 名以外	79 名以外	79 名以外	79 名以外	176

资料来源：透明国际官方网站。

失败的发展模式之所以未能建立完善的市场机制，原因各不相同。对于拉美模式而言，由于发展中国家建立完善的市场机制是一个艰巨的长期过程，不是一朝一夕可以完成的，而拉丁美洲国家的民选政府轮流执政，不同政党之间的政策差异甚大，并且政党过度迎合选民，导致政府在建立完善市场机制过程中目标摇摆不定，难以发挥其应有的作用，最终没能建立完善的市场机制。对于苏联模式而言，苏联政府当局看到计划经济体制的诸多弊病，试图通过改革改变计划经济体制，向市场经济体制转轨，但由于很难破除利益集团的利益藩篱和传统制度的制度惯性，苏联政府推动制度改革不力，最终导致无法转轨至市场经济体制，苏联经济最终难逃崩溃的结局。

综上可知，并不是建立了市场经济的国家就可以实现创新驱动的高质量发展，就可以进入发达国家行列，只有建立高质量市场经济的国家才可能实现创新驱动的高质量发展，才可能进入发达国家行列。而高质量市场经济的标志，就是具有完善的市场机制。胡应泉（2015）认为，对于一个历史悠久、人口众多而又长期经历社会主义实践的国家而言，实行独特的发展模式是可以有的、应该有的，但是这应该建立在认同市场经济的共同制度和价值的基础之上。因此，完美的市场机制（即共性）才是市场经济最为本质的要求，而选择不同的发展模式（即个性）是共性基础上的延伸，是建立在共性基础上的适合本国国情发展模式的选择。没有共性，只强调个性，不可能建立完善的市场经济，不可能有高质量发展；只强调共性，不强调个性，生搬硬套其他国家的发展模式，最终也难以实现本国经济的振兴与腾飞。

第三节　完善市场机制影响高质量发展的理论机制

高速增长阶段本质上是基于投资的发展阶段，高质量发展阶段本质上是基于创新的发展阶段，创新驱动是高质量发展阶段最为本质的内涵。不完善市场机制的社会，不可能出现大规模、大范围的创新活动，只能是局部地区、局部范围的创新活动，由于创新规模、创新力度有限，社会经济发展不可能主要依靠创新驱动，而只能更多依赖要素驱动，因而不可能彻底地从高速增长阶段转向高质量发展阶段。由此可见，市场机制不完善的社会，不可能是创新驱动的社会，不可能是高质量发展的社会。

下面从市场"无形之手"和政府"有形之手"对创新活动两个方面的作用来对此展开论述和证明。

（一）完善的市场机制才可能产生大范围的创新活动

对于劳动密集型产品而言，市场机制不完善所产生的成本（即制度成本）是可以弥补的，只要劳动力、土地等生产要素的价格足够低，低廉的生产要素成本加上制度成本仍然低于其他国家的生产成本，此时，该国的劳动密集型产业仍具有比较优势。

对于高科技研发而言，高科技行业具有"赢者通吃"的特征，在多数情况下行业排名前一至前三的企业或地区占据该行业大部分市场份额。以芯片行业为例，光刻机生产领域荷兰 ASML 一家独大，芯片制造领域中国台湾台积电和韩国三星双雄争霸，芯片设计领域由美国企业（2020 年世界排名前九名的六家企业）和中国台湾企业（2020 年世界排名前九名的三家企业）把控，在芯片架构设计领域英国芯片架构公司 ARM 垄断全球 95% 以上的移动芯片市场，而美国英特尔 X86 占据全球 95% 以上的 PC 市场，在 EDA 软件设计领域则由三家美国血统的公司新思科技（Synopsys）、铿腾电子（Cadence）和明导国际（Mentor Graphics）把持。[①] 除了在芯片设计领域之外，排名行业前二或前三之外的企业所占市场份额很小，或者说连生存下来都有些困难，更别提在未来取得更大的发展。以国家和地区为例，美国、荷兰、韩国、日本、中国台湾等少数国家和地区掌握了芯片核心技术，占据了芯片行业绝大部分利润份额，处于芯片行业的主导地位，这五个国家和地区尤其是美国在该领域具有绝对的话语权，其他国家和地区要么处于中低端价值链位置，要么根本就没有办法发展芯片相关的

---

① 傅翠晓、全利平：《集成电路装备产业的全球竞争格局与我国竞争态势分析》，载于《世界科技研究与发展》2017 年第 12 期，第 497～502 页。

产业。

高科技产业是一个制度密集型产业，对制度完善程度要求很高，对于高科技研发而言，市场机制不完善所引起的问题是无法弥补的。劳动密集型产业就像生存能力强的鱼类，水质不太好的环境也能生存和发展；高科技产业就像生存能力弱的鱼类，只有在水质很好的环境才能存活和繁衍。究其原因，技术研发过程包括"新的创新思想产生→寻找投资→寻求合作→投入研发→产出研究成果→科研成果转化为现实应用→提供新的产品或服务"，在技术研发过程中，市场机制不完善将会影响研发过程的每一个环节，对所有环节的不利影响叠加将极大地增加创新成本或者增大创新风险。具体而言，在市场机制不完善的情况下，知识产权得不到有效保护，或者财产权得不到有效保护，创新成果也难以得到有效的保护；契约不完善让科研合作变得困难，科研协作效率大打折扣；创新活动难以获得外部融资，创新活动缺少所需的资金；科研成果转化为现实应用的机制不完善，科研成果难以转化为现实应用。对于整个研发过程而言，市场机制不完善影响研发链条的每一个环节，这些负向影响叠加起来，将使得研发者所需承担的预期成本和承受的预期风险呈几何倍数增大，研发活动便被大大地抑制了，这是市场机制不完善的发展中国家研发水平较差的重要原因。对于具有"赢者通吃"特征的高科技产业而言，在世界科技角逐和竞赛中，当一个国家或地区市场机制不完善的时候，这个国家或地区高科技企业想挤入世界排名前二至三位变得相当困难，创新驱动的高质量发展也无从谈起。

由此可见，只有具备完善市场机制的国家或地区中的企业，才能在世界高科技创新中名列前茅，才有可能成为世界前二至前三位的高科技企业，而市场机制不完善的国家，由于科技创新的成本明显增加和风险显著增大，很难在世界高科技创新活动中名列前茅，很难诞生世界排名前二至前三位的高科技企业，很难从要素驱动转向创新驱动，最终难以真正实现经济高质量发展。

（二）在科技创新领域政府"有形之手"无法替代市场"无形之手"

科技创新是属于微观层面的活动，市场机制通过价格、竞争、风险、收益等微观机制激励微观层面的创新活动，市场机制本身所具备的特征使得其成为最好的创新资源配置机制：第一，高效的识别机制。科技创新是专业性很强的活动，识别科技创新的内在价值是一件相当困难的事情，市场用自己特有的方式解决了消费者与创新者之间的信息不对称问题。消费者既不需要掌握专业技术知识，也不需要知晓创新是否具有价值，只要消费者愿意购买创新者研发出来的创新产品，那么创新者就实现了科技创新的市场价值，否则创新者的科技创新投入将会血本无归。第二，公平公正的竞争机制。在排除其他因素干扰的情况下，创新竞争中到底谁胜谁负，是由公平公正的市场机制决定的，通过公平竞争，优胜者继续留在市场而劣败者则被淘汰出局，公平竞争机制不断留下优胜者淘汰落后者继而提升整个社会经济的竞争力。第三，持续创新的激励机制。创新者的科技创新并不能一劳永逸，即使创新者过去取得了成功，但如果不继续创新，那么创新者很容易被后来者所取代，因此，只有不懈的创新才能在激烈竞争的市场中存活下去，市场竞争机制给予创新者持续创新的压力和动力。第四，较高的资源配置效率。市场通过优胜劣汰的方式，把资源从低效率的行业和企业流转出来，流入高效率的行业和企业中去，导致低效率的企业不断被淘汰，高效率的企业则不断发展壮大，这种选优去劣的市场淘汰机制使得资源始终被配置到效率高的地区和部门，从而保证了整个社会经济处于高效率运行的状态。综上可知，自从资本主义实施市场经济以来，人类的技术进步迅猛，工业革命以来两三百年资本主义社会的科技成果远远大于工业革命以前几千年的科技成果，这表明了市场机制对技术创新的巨大促进作用。

由于政府"有形之手"自身所存在的缺陷，它不能取代市场机制成为创新资源配置的主导手段：第一，无法建立高效的识别机制。政府官员与创新者之间往往存在较为严重的信息不对称性，政府代替市场配置创新资源的结果只会是扭曲资源配置和损害配置效率。第二，难以建立公平公正的竞争机制。由于政府代替市场配置创新资源难以设计细致而精准的标准，这给了政府官员寻租的空间，创新资源很难真正实现公平公正的配置效果。第三，扭曲创新激励机制。行政手段是制定和执行计划、绩效考核、行政指导和行政命令等，这种激励对于可用指标精确量化的领域（如基础设施建设、环境保护、疫情防控等）激励比较有效；然而，在难以用指标准确衡量的领域（如科技创新、营商环境建设、政府公共服务等）行政手段效果不佳，由于上级部门难以准确地考核下级部门，下级部门在这些领域的工作可能出现懈怠、敷衍甚至负向激励行为，运用行政手段激励科技创新、营商环境建设等可能产生扭曲效应。第四，较低的资源配置效率。政府官员是有限理性的，不能够全面掌握市场的所有信息，随着中国科技发展越来越接近世界科技前沿，中国从技术引进模仿阶段进入技术创新阶段，在这种情况下政府很难准确地知道何处、何地、何时会发生技术创新，政府对创新资源配置的干预往往收效不大，从这个意义来讲政府对创新资源的配置是低效的。由此可见，计划经济的技术创新远远差于市场经济，这表明政府"有形之手"对科技创新的作用效率远远不如市场"无形之手"。

只有市场机制做得不好的地方才应交给政府去做，例如在科技创新方面完善市场经济制度、改善科研创新和成果转化制度、建立多层次金融市场、组织核心技术攻关等领域，这些领域市场机制难以发挥有效的作用，应该由政府发挥作用以弥补市场自身的失灵。而市场能够做好的领域，例如除军工、航天航空等少数特殊行业之外的竞争性行业，精巧的市场机制远比政府要高效，政府不应该干预这些行业的正常经营活动，否则不但不能改进反而会损害创新资源配置的效率。

第四节　高质量发展阶段对中国模式内涵的重新诠释

以往关于中国模式讨论的文献中，强调中国独特的发展道路和发展经验，即中国模式的个性，本章在此基础上进行一些拓展，认为中国模式不仅包括个性也包括共性，两者的有机结合才能构成完整的中国模式。

（一）高质量发展阶段中国模式的共性

所谓共性，就是所有成功的市场经济国家发展模式都有共同的特点，该特点是都具备完善的市场机制。不具有这个共性的市场经济国家和地区，只能被称为较低质量的发展模式，例如拉美模式和苏联模式等；具有这个共性的市场经济国家和地区，才能称为高质量的发展模式，例如英美模式、德国模式、日本模式、"亚洲四小龙"模式等。进入高质量发展阶段的中国模式，也必然要具备这个共性，才能称为高质量的市场经济发展模式。所谓个性，就是基于本国政治、经济、历史、文化、地理条件、人口特征和国际环境等选择的适合本国国情具体的发展模式。由于每个国家的国情差异较大，复制粘贴别国的发展模式在现实世界中失败的例子多于成功的案例。共性是最基础、最底层的东西，个性在是共性基础上的特征，没有共性的个性就如无本之木、无源之水，没有共性的发展模式注定是不会取得最终成功的；个性是针对世界发展模式的比较做出适合本国国情的选择，没有个性地照搬、照套别国模式是不妥当的，也是难以取得成功的。

高质量发展阶段中国模式最为本质的共性是具有完善的市场机制（见图7-1）。高质量发展阶段的本质特征是经济发展从要素驱动转向创新驱动，而要做到创新驱动，则必须要有完善的市场。究其原因，技术创新是对制度高度敏感的经济活动，必须在完善的市场机制下才能最大限度地发挥企业创新效率，才能在较多行业、较多地区将技术创新做到世界前两名或前三名，由此整个社会才能真正实现创新驱动型的经济发展；在不完善的市场机制下，由于市场机制不完善并不仅仅体现在某一方面，而是存在于诸多方面，诸多不完善方面的叠加效应无疑大大拖累了所有企业的创新效率，科技创新能够在世界领先的企业仅仅存在于少数地区或少数行业，不可能存在于较多地区或较多领域，由此导致多数地区、多数行业的企业仍然处于全球价值链的中低端位置，仍然需要依靠要素驱动型发展，由此整个社会的经济发展无法从要素驱动转向创新驱动，无法从高速增长阶段转向高质量发展阶段。

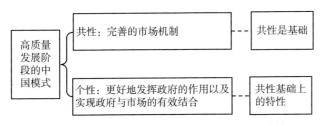

图7-1 高质量发展阶段中国模式的共性和个性

（二）高质量发展阶段中国模式的个性

每个国家具有不同的历史沿革、道德文化、法律制度、人口特征和经济发展水平，即每个国家都具有不同的国情，因此，虽然世界上绝大多数国家都选择市场经济，但是每个国家基于自身国情所建立的市场经济都有不同程度的差异。

与西方国家小政府、大社会的发展模式不同，我国国情决定了中国模式更强调政府作用的发展模式。第一，我国是从计划经济向市场经济转轨的国家，计划经济使用政府有形之手对资源进行配置，即使我国已经从计划经济转向市场经济，但是我国政府对经济发展制订计划和执行计划以及对经济干预来实现发展目标的传统经济管理方式仍然保留下来。第二，我国是社会主义国家，社会主义国家是人民当家作主的国家，这与西方资本主义国家不同，社会主义国家既重视效率也重视公平，不仅要让一部分人先富起来，也要先富带动后富，实现共同富裕，因此，社会主义国家既重视通过发展改善人民生活，也重视通过分配消灭贫困和缩小贫富差距，这表明社会主义国家政府比资本主义国家政府在分配领域存在更多的政府干预。第三，中国实行的是一党领导下多党合作的政治体制，与西方国家多党轮流执政不同，中国共产党领导下的多党合作制具有更强的政策延续性和更强的资源动员能力，政府调控和管理经济的效率和效果比西方国家多党制要强。第四，中国是一个有着 14 亿人口的大国，而西方国家除了美国有 3 亿多人口之外，日本、德国、法国、意大利、西班牙、新西兰、澳大利亚、加拿大等的人口数量相当于我国某一个省份的人口数量，在拥有 14 亿人口和 56 个民族的国家，国情更加复杂，需要政府更多地参与管理和干预日常的国家事务。第五，中国崛起对美国的全球霸主地位形成挑战，中国在各行各业核心技术的突破对整个西方世界的高薪资、高福利形成挑战，这让以美国为首的西方国家对作为世界第二大经济体和世界第一人口大国的中国的经济崛起充满敌意，妄图采取各种手段打压和遏制中国的崛起，需要采取合理的发展策略予以应对。综上可知，从制度、人口、经济、国际环境和发展道路来看，中国与西方国家存在显著的差异，这表明我国当前不宜采取"华盛顿共识"，照搬照套西方国家的"小政府、大社会"发展模式，中国模式既重视市场的作用也重视政府的作用，实现两者的有机结合。事实证明，照搬照套西方国家发展模式的不少发展中国家，并未取得预想中的成功，反而是坚持走自己发展道路的中国，取得了令世界瞩目的发展成就。

与西方模式相比，高质量发展阶段中国模式在坚持市场对资源配置起决定性作用的基础上更加强调政府对经济的计划、调控和监督作用。通过对比各个学术流派可知，结构主义提倡政府的作用，忽略市场的作用；新自由主义强调市场的作用，忽略政府的作用。林毅夫（2013）提倡的新结构主义既强调市场的作用，又强调政府的作用，在政府的作用上，既要避免结构主义的"过"之过，也要避免新自由主义"不及"之过。一言以蔽之，中国模式的个性是更好地发挥政府的作用以及实现政府与市场的有效结合，也就是党的十九大报告提到的"让市场在资源配置中起决定性作用，并且更好地发挥政府的作用"[①]。

（三）高速增长阶段中国模式的优缺点

中国模式区别于其他模式的显著特征是政府具有较强干预能力和较多干预经济的特征。高速增长阶段中国模式的优点是政府具有强大的资源动员能力，政府制定和执行政策具有很好的政策延续性，可以执行5年、10年甚至20年、30年发展规划，政府具有强大的制度改革能力以及很强的危机和紧急情况应对能力，政府不会过度迎合民众的短期利益，能更好地兼顾长期发展和短期利益之间的关系，从中央到地方的垂直领导体制使得决策和执行变得高效。中国模式有利于突破核心技术，中国在短短四十多年的时间里成功研发了北斗卫星、歼20隐身战机、C919发动机、5G技术、第四代核能技术等，这是中国市场与政府两个手段更加有效结合的结果，中国能够集中全社会资源进行核心技术攻关，这是世界其他国家难以比拟的优势，也是中国发展成功的重要原因之一。

高速增长阶段中国模式的缺点是政府在干预经济过程中可能不能很好

① 习近平：《决胜全面建成小康社会，夺取新时代中国特色社会主义伟大胜利——在中国共产党第十九次全国代表大会上的报告》，中华人民共和国中央人民政府官网，2017年10月27日，http://www.gov.cn/zhuanti/2017 - 10/27/content_5234876.htm。

地处理政府与市场之间的关系从而对竞争公平性和市场有效性造成一定程度的损害，进而可能难以建立完善的市场机制。与西方国家松散的从下至上体制不同，中国政府对经济和社会具有较强的干预和调控能力，这在新冠肺炎疫情防疫和抗洪救灾中表现尤为突出。当政府具有较强的干预和调控能力时，则可能会出现过多干预经济的内生性。究其原因，第一，对于政府而言，其有许多目标，为了实现这些目标，直接干预经济是更容易实现目标的途径，这导致政府更容易直接干预经济。第二，对于政府而言，越多的直接干预经济，就越能显现本部门或本地区的政绩，越不直接干预经济，就越不能显示本部门或本地区的政绩。为了能更好地表现本部门或本地区的政绩，政府倾向于直接干预经济。第三，对于政府而言，越多直接干预经济，就能在资源配置中掌握越多的实权或者话语权，从而越凸显本部门的重要性，本部门或本地区就能获取更多的部门或者地区利益。第四，对于政府而言，越多干预经济，本地区或本机构就会更加庞大，这样就更能凸显本地区或本部门的重要性。总而言之，当政府具备对经济和社会较强的干预和调控能力的时候，一方面政府干预越多必然出现越多扭曲市场对资源配置的行为。另一方面政府干预越多意味着政府可能出现越多偏离公共利益的行为。综合两方面可知，当政府干预超过一定程度之后，政府干预越多则越可能损害市场机制有效性，因而可知，高速增长阶段中国模式的缺点是难以处理好政府与市场之间的关系以及可能出现公共利益偏离行为，过强的政府干预能力不利于建设完善的市场机制。

在对政府的边界约束和内外监督制约尚不健全的情况下，政府在弥补了市场失灵的同时，也内生性地具有损害市场机制有效性的倾向，即政府难以解决自身存在的失灵问题。政府干预产生收益的同时，也会产生不小的成本，这些成本在许多情况下是隐性成本，如交易成本上升、资源配置扭曲、增加投资不确定性和降低微观活力等的成本。因此，需要建立对政府与市场边界以及政府监督制约的硬约束机制，当这个机制越健全、越硬化，则市场机制越完善；当这个机制越不健全、越软化，则市场机制越不完善。

第五节　在高质量发展阶段如何完善中国模式

我国经济体制改革的核心问题仍然是正确处理政府与市场之间的关系，最大限度地发挥市场这只"看不见的手"的作用，与此同时更好地发挥政府这只"看得见的手"的调控管理作用。而要推进经济体制改革，实现"市场主导＋有效市场＋有为政府"的资源配置方式，政府自身改革在改革全局中起到"盘活全盘棋子"的首要关键作用。

政府干预对市场机制完善性可能产生两方面不利影响：一是政府不该干预的地方干预过多，该干预的地方干预过少，即政府职能越位、缺位和错位问题；二是政府干预的方法或措施不当，即政府公共利益偏离问题或政府有限理性问题。政府干预的以上两方面不利影响在现实中无法完全杜绝，但是由于制度不完善而引起的以上两方面不利影响，称为制度性政府失灵问题，可以通过完善制度，降低制度性政府失灵对市场机制有效性的负面影响。措施主要体现在于两个方面：第一，厘清政府与市场的边界，让政府在该发挥作用的地方发挥作用，在不该发挥作用的地方不发挥作用，主要针对的是第一方面的不利影响；第二，建立对政府健全的监督和制衡制度，既要发挥政府的有利作用，又要减少政府的不利作用，主要针对的是第二方面的不利影响。若政府与市场的边界不清晰或对政府的监督和制约制度不健全，政府不能成为真正的法治型政府和公共服务型政府，不能有效地制止不当干预经济的行为，也不能尽职地维护市场的正常运行。因此，政府与市场的边界是否厘清和对政府监督和制约机制是否健全决定了市场机制的完善程度。

（一）厘清政府与市场之间的边界，大力推行政府权责清单

如何保证政府在应该发挥作用的地方充分发挥作用和在不该发挥作用的地方不发挥作用？必须从制度源头上解决这个问题，唯有健全的制度设计，才能确保让政府做好该做的事情，弥补市场失灵，让市场机制变得更加完善；才能确保政府不做不该做的事情，防止政府失灵，减少对市场机

制运行的扭曲或妨碍。

建设完善的市场机制要厘清政府与市场之间的边界，推行政府权责清单。一般认为，政府和市场的边界就是，凡是市场机制能够充分发挥作用的地方，就不需要政府发挥作用；凡是存在市场失灵，市场机制不能有效发挥作用的地方，才需要政府发挥作用。权责清单的减权限权，就是让政府尊重市场的作用，明确政府与市场之间的作用边界，把市场能够充分发挥作用的地方交还给市场，切实履行好政府的监管职能，防范政府职能出现越位、缺位和错位现象。从行政权责清单来看，权力清单规定政府"法无授权不可为"，规范政府乱作为行为；责任清单规定政府"法定责任必须为"，约束政府不作为行为；负面清单规定企业"法无禁止即可为"，明确企业不该做什么，只有法律不禁止的地方企业都可以去做。法治的意思就是指政府在一切行动中都受到事前规章的约束，这些规章使得居民和企业可以十分肯定地预见到当局在某种情况下，会如何使用它的强制能力，再根据这种预见规划居民和企业的具体事务，这可以降低政府行为不确定的风险。2013 年 3 月，李克强总理指出，"要把错装在政府身上的手换成市场的手"①。当前我国政府权责清单的推广实施仍然不到位，唯有大力推广实施政府权责清单，才能更好地厘清政府与市场之间的边界，才能更好地做到简政放权，才能更好地建设有限政府、法治政府和公共服务型政府。当政府与市场之间的边界清晰之时，市场更好地发挥在资源配置中的决定性作用，政府则更偏重于宏观管理，更好地致力于市场规则的制定、市场秩序的规范和社会诚信的建立等。

（二）完善政府公共利益偏离问题的监督和约束机制

建设完善的市场机制要对政府权力设置完善的监督和约束机制。究其原因，政府属于强势力量，市场属于弱势力量，当缺乏监督和约束的时候，作为强势力量的权力有可能干预作为弱势力量的市场，从而使得市场机制被扭曲进而难以形成完善的市场机制。政府在经济方面的权力不受限

---

① 李克强：《把错装在政府身上的手换成市场的手》，新华网，2013 年 3 月 17 日，http://www. xinhuanet. com//2013lh/2013 - 03/17/c_115053461. htm。

制，政府行为出现公共利益偏离，就不免会破坏市场秩序的自主与完整（丁美东，2001）。由此可见，市场机制的精巧程度（或者说市场的有效程度）在一定程度上取决于对政府权力的监督和约束制度设计的完善程度。因此，需要践行习总书记提到的"把权力关进制度的笼子里"[①]，对政府设置健全的监督约束机制，才有可能建立完善的或者精巧的市场机制。

党的十五大报告中对依法治国下了定义："就是广大人民群众在党的领导下，依照宪法和法律规定，通过各种途径和形式管理国家事务，管理经济文化事业，管理社会事务，保证国家各项工作都依法进行，逐步实现社会主义民主制度化、法律化。"根据这一定义，纠正公共利益偏离，弥补制度性政府失灵，进而改善市场机制的整体架构包括两层内涵：第一，政府以法律为依据（即依法行政）管理国家事务、经济文化事业，以及社会事务，以此来规范经济人的行为；第二，运用法治、社会公众监督以及政府内部监督机构或者机制约束政府，解决好政府可能存在的公共利益偏离问题，见图7-2。通过四十余年的改革开放，随着我国法治建设水平不断提高，对于第一层含义中国已经取得了巨大的成绩，政府在依法行政方面取得了显著的进步；然而，对于第二层含义，虽然中国政府取得了不错的进步，但是距离高质量发展阶段所要求的水平仍然存在一定的距离，某

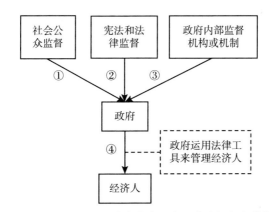

图7-2 通过改善制度性政府失灵来完善市场机制的架构

---

① 习近平：《把权力关进制度的笼子里》，人民网，2015年9月7日，http://theory.people.com.cn/n1/2017/0608/c40531-29327086.html。

些政府部门或者某些政府官员的公共利益偏离问题得不到妥善的解决，进而导致我国的市场机制仍不完善，营商环境、诚信环境、法制环境、创新创业环境等离世界先进水平还有一些差距，而市场机制不完善是阻碍我国从高速增长阶段向高质量发展阶段转变以及从制造业大国向制造业强国转型最为关键的因素。

解决政府可能存在的公共利益偏离问题，建立符合中国国情的政府监督约束机制，是建立成熟完善的中国模式的关键所在。这种权力监督约束机制，既包括政府外部权力监督约束机制，又包括政府内部权力监督约束机制，这样既能保持原来自上而下的高效行政效率，又能更好地解决潜在的公共利益偏离问题。具体改善措施（见图 7-2）包括：第一，完善对政府的宪法法律监督和约束机制。完善的市场经济体制必然是法治经济，即经济人依法进行经济和社会活动的经济；而要经济人做到依法从事经济和社会活动，则政府自身也必须依法行政；而要政府做到依法行政，则必须建立对政府完善的宪法法律监督和约束机制。第二，改进对政府的社会公众监督机制。在经济理性人假设下，政府并不能保证每时每刻都以公共利益最大化为目标，也存在公共利益偏离的可能性，而这种公共利益偏离必然会损害社会公平竞争、增加交易成本、产生贪污腐败、破坏营商环境等，也就是说对市场机制完善性和有效性造成损害，因此，对政府的社会公众监督机制越完善，政府的公共利益偏离程度越小，市场机制就越完善和越精巧。第三，改善政府内部的监督约束机制。来自政府内部的监督约束机制也是解决政府官员公共利益偏离的一种有效途径，当前我国政府内部监督制度相比以前取得明显进步，但是仍然存在需要继续改进的地方，如行政决策权、政府项目招投标、政府采购等方面的监督约束机制等，改善这些地方的内部监督约束机制有利于提升政府的依法行政水平，继而增强市场机制的有效性。

综上可知，高质量发展经济体的共同特征有两个：一是政府与市场之间存在较为明晰的边界，较好地解决了政府职能缺位和越位问题；二是能够解决好政府可能存在的公共利益偏离问题，从而尽量减少乃至于避免政府在弥补市场失灵的同时引起自身的制度性失灵。唯有具备以上两个特征的市场经济，才有可能具备精巧的或有效的市场机制，才有可能称为高质量发展阶段的市场经济或者完善的市场经济。中国模式作为世界众多市场经济模式的一种，必须要完善以上的制度建设，才能建设成为完善市场经济机制的中国发展模式或者高质量发展阶段的中国发展模式。

一言以蔽之，当政府和市场的边界清晰并且对政府设计了精巧的宪法法律监督、民众监督和政府内部监督的时候，政府干预便是有序、有度和符合公共利益的政府干预，此时的政府更接近于有为政府，此时的市场更加趋近于有效市场；当政府和市场的边界不清晰并且对政府缺少完善的宪法法律监督、民众监督和政府内部监督的时候，政府干预可能是无序、无度和偏离公共利益的政府干预，政府在弥补市场失灵的同时难以解决自身的失灵问题，此时的政府很难真正成为有为政府，此时的市场也很难成为有效市场。

第六节　本章小结

只有建立政府与市场边界清晰和具有精巧监督约束机制的政府干预，才能使政府干预既有为又不乱为，并且不损害市场机制的决定性作用和顺畅有序运行，这样的政府干预才能称为精巧的政府干预，具备这样特征的中国模式才能称为完善的中国模式。

权力得不到合理分工和有效监督约束，一个国家不可能真正进入法治型社会，政府不可能真正地成为公共服务型政府，市场不可能成为真正的有效市场，在资源配置中也不可能发挥不被人为扭曲的决定性作用。

既然中国是市场经济国家，都要遵守市场经济的共有规律——如果中国要实现高质量发展，就必须具备精巧的或者有效的市场机制。这是市场经济的共性，任何市场经济国家都必然遵循的共性，不能以某个国家发展道路的个性去否认市场经济的共性。由邓小平同志发起的改革开放，是社会主义初级阶段的改革开放，建立了基础的市场经济体制；新时代的改革开放，是社会主义中级阶段的改革开放，需要建立高级的市场经济体制。初级市场经济体制的特征就是基础性的市场机制，高级市场经济体制的特征就是具有完善的市场机制。政府与市场的边界不清晰，政府权力得不到完善的监督和制约，市场机制不可能成为完善的市场机制。

第八章
数字平台反垄断、有效市场
建设与经济高质量发展

　　优胜劣汰的市场淘汰机制使得资源逐步向优势企业集中，由此在不少行业形成了头部一至三家企业占据了市场的大部分销量，增强了市场垄断力量。由于网络效应的规模性和市场进入的高壁垒性，互联网平台企业相对于传统行业而言更具有垄断的特征，随着互联网不断渗透到经济生活的方方面面，互联网平台企业的垄断行为对经济社会的不利影响日益显现。当前中国政府不应当遏制或拆分互联网平台企业，而是应当预防和阻止互联网平台企业的垄断行为。针对当前互联网平台反垄断所存在的不足，借鉴世界其他国家互联网平台反垄断经验和做法，中国政府可以通过加强事前合规性指导、扩大监管范围、坚持合理性原则、增强人才储备和完善法律法规体系等措施来改进平台领域反垄断法律和监管。

　　随着互联网日益普及，以及手机成为国人不可缺少的工具，背靠 14 亿人口的巨大国内市场，我国涌现出众多互联网巨头，互联网巨头的触角伸入国家经济的方方面面，大型互联网平台在经济运行和经济生活中的作用越发显现，逐渐成为社会运行和大众生活不可或缺的"基础设施"。

　　传统经济垄断，无论是反垄断界定还是反垄断治理，都已经有相当成熟的理论和做法，传统经济垄断也得到较好的治理。然而，互联网平台垄断是一种新鲜事物，带来的数据泄露和滥用、"大数据杀熟"、平台"二选一"、价格歧视、算法合谋、"杀手并购"等新型垄断行为与传统垄断有明显的不同，垄断行为也更加专业、更为隐蔽，这使得传统的反垄断理论和治理显得有些过时，需要有专门针对互联网平台垄断的相关理论和相关对策，在这种情况下，本章针对互联网平台的垄断行为进行研究，并对其垄断治理提出相应的解决对策。

第一节 文献综述

针对社会各方反映较多的互联网平台垄断问题，2021 年 2 月，国务院反垄断委员会印发并实施的《关于平台经济领域的反垄断指南》明确，认定平台经济领域滥用市场支配地位行为，通常需要先界定相关市场，分析经营者在相关市场是否具有支配地位，再根据个案情况判定是否构成滥用市场支配地位行为。也即是说，需要遵循"界定相关市场—分析经营者是否具有市场支配地位—判断涉案行为是否构成滥用市场支配地位行为"思路，认定平台经济领域滥用市场支配地位。

互联网平台的业务复杂，对于如何判定互联网平台是否存在垄断问题的研究，学者们针对互联网平台垄断界定的不同问题提出了不同的观点：①如何进行相关市场界定问题。谭袁（2021）认为，互联网平台是双边市场，在界定互联网平台是否具有市场支配地位时，应当从用户端进行界定。考察从用户需求的角度来看，哪些其他方式能够替代互联网平台。黄勇和蒋潇君（2021）认为，在界定互联网产业的"相关市场"时应考虑来自双边的竞争性产品，同时在特定条件下可以越过"相关市场"界定这一传统理论中的必备环节，直接认定企业的市场支配地位，从而达到有效节省反垄断法司法与执法成本和提高司法与执法效率的目的。叶明（2014）认为，为应对互联网对相关产品市场界定的挑战，除了改革 SSNIP 法的假设条件之外，还可引进产品性能测试法、盈利模式测试法和销售方式测试法界定互联网相关产品市场。王卉和刘嘉凌（2014）认为，互联网平台企业为了争夺更多的网络用户而选择对用户免费的营销策略，而对于广告商和其他企业则采取收费策略，此时相关市场界定应以利润来源为准，相关产品市场的界定应当具体问题具体分析，根据市场的特点确定可以适用的最优测试方法。如果企业通过平台在相关市场占有很高的市场份额，又存在市场进入障碍时，就可以认定具有市场支配地位。于左（2017）认为，如果企业通过平台在相关市场占有很大的市场份额，并且存在市场进入障碍时，就可以认定具有市场支配地位。②如何认定市场支配地位的问题。互联网具有网络效应等特点，这决定了在判断互联网企业是否滥用市场支配地位时，照搬界定相关市场和认定市场支配地位的传统方法是不行的，在认定市场支配地位时除了考虑市场份额之外还应考虑进入壁垒，在认定滥用市场支配地位的行为时要结合互联网企业的特殊性，运用合理原则本着谨慎的态度予以认定（石英和尚芹，2014）。梁庆（2021）认为，反垄断执法机构应结合互联网平台的特点，不断改进"假定垄断者测试"、需求替代等方法，准确界定平台经济相关市场的范围，认定平台经营者是否具有市场支配地位。③是否存在创新市场形成损害公平竞争的并购行为。于左（2017）认为，近年来拥有产品、技术或创意的企业，在产品、技术乃至研发创新阶段大都被互联网平台巨头收购了，竞争和潜在竞争在萌芽阶段就被消除了，这不利于形成有序竞争的国内市场。

有些学者从互联网平台自身的不同特点出发提出平台反垄断应当采取与传统反垄断不同的治理对策，主要观点包括：一类主张采用审慎监管的态度。戴龙等（2021）认为，平台领域仍然存在比较激烈的"熊彼特式竞争"，虽然互联网平台属于垄断的市场结构，但是我们需要确立竞争、创新与消费者利益保护并重的监管原则，单独强调竞争、创新或消费者利益，都是片面的。另一类主张积极干预和规制互联网平台的垄断。谭袁（2021）认为，长期以来我国对互联网行业秉持的是一种包容审慎监管的原则，这为互联网行业的发展提供了相对宽松的环境，但是，包容审慎监管并不等于不监管，监管是前提。曲创和王夕琛（2021）认为，互联网平台竞争从增量竞争时期进入存量竞争时期，互联网平台监管应当秉持规范与发展并重的原则，强调行为后果分析与差异化分析，加强多部门协同监管，严格限制大平台无序扩张。李凯和樊明太（2021）认为，平台经济的反垄断监管与传统经济没有本质差别，只是在影响因素、市场格局、监管重点和监管模式方面有所区别，中国政府应当从转变监管方式、扩大监管范围、制定监管政策和增强国际合作等方面来加强对平台经济反垄断的监管。曲创和王夕琛（2021）认为，在平台初创期，互联网公司投入大量的补贴去争夺用户，导致用户向少数一两家互联网平台集中，这是市场竞争的自然规律，政府不应干预；在平台成熟期，高额补贴、明显不合理的低价行为可能是为了消灭竞争对手，此时政府应当对其进行严格监管。张元钊和李鸿阶（2021）从互联网平台垄断的形成机理和危害后果出发，提出完善相关法律法规、强化数据治理、加强反垄断国际交流、建立保障消费者福利市场机制等平台垄断治理思路。还有学者从国外平台反垄断法律和案例中寻找对中国有益的启示。谭家超和李芳（2021）认为欧盟和美国分别采取严格规制和审慎规制的策略，这对我国互联网反垄断具有一定的借鉴意义，我国互联网平台反垄断应当从加强制度建设、提高反垄断执法水平、完善相关司法制度三方面展开。侯利阳（2021）认为，鉴于《反垄断法》在互联网领域适用中的系统性困境，建议我国可以借鉴欧盟《数字法草案》的做法，设立互联网看门人这个特殊的主体制度，执法机构可以给看门人施以禁止"大数据杀熟"、自我优待、最惠国条款、"二选一"等义务。

第二节　市场竞争必然导致资源向少数头部企业集中

数字平台建立以前，买卖大多数是现场交易，买者一手交钱卖者一手交货或者提供服务，两者就完成了交易过程。随着互联网不断普及和应用，互联网在商品和服务的交易中扮演着重要的角色，越来越多的买卖通过数字平台进行。数字平台不但让买卖双方可以快捷方便地得到交易信息，而且还可以为买卖双方提供交易服务、售后服务以及制定双方的交易规则，从而保证交易更加便捷高效，由于数字平台具有线下交易难以比拟的优势，数字平台已经渗透到商品和服务交易的方方面面，在许多领域取代了线下交易成为市场交易的主要方式。

市场竞争就是一个优胜劣汰的过程，刚开始市场上有许多家企业，市场竞争使得落后企业逐步退出市场，而先进企业则不断发展壮大，存量市场里大公司不断蚕食小公司的市场，最后形成只有一两家或两三家企业的寡头格局。例如，自从 2010 年初我国第一家团购网站上线以来，到 2011 年如雨后春笋般地成立了 5000 多家团购网站企业。这 5000 多家企业掀起了中国互联网历史上最为疯狂的"千团大战",绝大多数企业不是卖给对手就是破产倒闭。由此可见,数字平台具有天然垄断的属性,市场优胜劣汰竞争形成一至三家寡头垄断整个市场的最终结局。

随着互联网的不断发展,商品和服务的供需双方不断通过互联网平台联系在一起,而互联网平台具有"赢者通吃"的特征,最终头部一至三家企业几乎垄断了整个市场,从而导致互联网平台具有寡头垄断特征。这是市场优胜劣汰竞争的必然结果,如果强行把竞争淘汰剩下的企业再进行拆分,则是违反市场规律的行为。因此,世界各国反垄断一般不会采取强行拆分数字平台垄断企业的措施,而更多地对垄断企业可能出现的垄断行为进行严格监管,避免垄断企业的垄断行为有损市场竞争、企业创新和消费者福利。2020 年 12 月,财政部原副部长朱光耀指出,就像银行可能"大而不能倒"一样,巨型数字平台也可能有"大而不能拆"的特征,如何进行合理监管,对全世界均提出挑战。①

第三节　世界各国数字平台反垄断的国际比较和经验借鉴

中国 2008 年出台《反垄断法》,2020 年《〈反垄断法〉修订草案(公开征求意见稿)》发布,是自 2008 年正式实施的首次修订,增设了互联网反垄断的相关规定,这表明中国互联网反垄断是最近两年的事情。中国在反垄断的时间和经验方面仍然有些欠缺,本节通过研究国外反垄断立法和案例,为中国互联网和其他新兴领域反垄断提供经验借鉴。

(一) 美国数字平台反垄断的现实经验

1994 年,网景公司(Netscape)发布了 Navigator 网络浏览器,作为世界上第一款商用浏览器迅速占领了 90% 以上的市场份额。1995 年微软公司

---

① 《朱光耀谈反垄断监管:巨型数字平台有可能"大而不能拆"》,澎湃新闻网,2020 年 12 月 15 日,https://www.thepaper.cn/newsDetail_forward_10404481。

推出第一代 IE 浏览器并将 IE 浏览器与其 Widows95 一起捆绑销售。通过与 Windows95 的捆绑销售策略，IE 浏览器快速占领 75% 的市场份额，网景公司的 Navigator 浏览器则迅速衰败。1996 年，网景公司向美国司法部投诉微软公司的捆绑销售行为。然后，网关 2000（Gateway2000）、尼科龙电子（Nicron Electronics）和康柏（Compaq）等 OEM 厂商也向美国司法部提供证据，指责微软公司强迫这些 PC 生产厂商若要预装 Windows95 则必须预装其 IE 浏览器。1997 年 10 月，美国司法部对微软提出了反垄断诉讼，三项反垄断指控包括：通过反竞争行为维持垄断、企图垄断浏览器市场和将其浏览器与 Windows 操作系统捆绑销售。2000 年 6 月，美国地方法院判定微软公司违反了《谢尔曼反垄断法》，对微软涉嫌垄断案作出对微软进行拆分和停止在 Windows 的销售中捆绑 IE 浏览器的一审判决。微软公司表示不服，向联邦法院上诉。2001 年 6 月，上诉法院认为微软公司确实存在违反反托拉斯法案的行为，但是驳回了地方法院将微软公司拆分为两家公司的判决，并要求地方法院重新审查此案。2001 年 11 月，微软公司与美国司法部达成了和解协议，微软公司向其他公司公开其部分源代码，使这些公司能够设计与 Windows 兼容的软件，并且微软公司不得干预计算机设备制造商选择什么样的软件，杜绝了微软公司与 Windows 操作系统的捆绑销售行为。

启示意义：美国是世界上首个出台反垄断法的国家，拥有丰富的反垄断经验，自从 1890 年美国颁布实施反垄断法《谢尔曼法案》后美国反垄断已有 130 多年的历史。透过微软反垄断案，美国司法机构既保护了知识产权，保护了创新，又维护了公平竞争的市场环境，避免大企业利用知识产权破坏市场的竞争行为，在保护知识产权和维护市场竞争之间达到了较好的平衡。

（二）欧盟数字平台反垄断的现实经验

2019 年 6 月，有"互联网女皇"之称的玛丽·米克尔（Mary Meeke）发布了全球市值前 30 大互联网公司榜单，其中美国 18 家，中国 7 家，日本 1 家，加拿大 1 家，澳大利亚 1 家，阿根廷 1 家，欧盟（即瑞典）1 家，并且欧盟的互联网巨头排名第 30 位（见表 8 - 1）。欧盟之所以在互联网领域处于如此之弱势地位，究其原因，第一是欧盟国家面积普遍不大，无人口过亿的国家；第二是欧盟国家普遍高工资、高福利，科技创新活力难与美国匹敌；第三是欧美文化同宗共源，欧盟国家无法抗拒美国互联网公司。除了 Tiktok 等少数企业之外，中国互联网巨头阿里巴巴、腾讯、美团、京东、百度等受益于 14 亿人口规模的国内市场，大多数属于区域性企业；美国互联网巨头谷歌、脸书、微软、亚马逊、Uber 等稳住全球头部，几乎全是世界性企业，美国当之无愧是互联网领域的世界第一强国。

表 8–1　　　　　　　　　全球市值前 30 大互联网公司榜单

排名	公司	国家	市值（单位：十亿美元）		变动率（%）
			2019 年 7 月	2018 年 7 月	
1	微软	美国	10078	4108	+146%
2	亚马逊	美国	888	343	+159%
3	苹果	美国	875	540	+62%
4	Alphabet	美国	741	497	+49%
5	脸书	美国	495	340	+46%
6	阿里巴巴	中国	402	195	+106%
7	腾讯	中国	398	206	+93%
8	Netflix	美国	158	43	+266%
9	Adobe	美国	136	50	+174%
10	Paypal	美国	134	46	+190%
11	Salesforce	美国	125	56	+123%
12	Booking. com	美国	77	67	+15%
13	Uber	美国	75	—	—
14	Recruit Holdings	日本	52	20	+167%
15	ServiceNow	美国	51	12	+316%
16	Workday	美国	48	16	+197%
17	美团	中国	44	—	—
18	京东	中国	39	32	+22%
19	百度	中国	38	60	−36%
20	Activision Blizzard	美国	35	28	+25%

续表

排名	公司	国家	市值（单位：十亿美元）		变动率（%）
			2019 年 7 月	2018 年 7 月	
21	Shopify	加拿大	34	2	+1297%
22	网易	中国	33	23	+44%
23	eBay	美国	33	28	+44%
24	Atlassian	澳大利亚	32	5	+509%
25	Mercadolibre	阿根廷	30	6	+388%
26	Twitter	美国	29	11	+173%
27	Square	美国	29	3	+808%
28	Electronic Arta	美国	29	23	+25%
29	小米	中国	28	—	—
30	Spotify	瑞典	25	—	—

资料来源：《2019 互联网女皇报告（中文完整版）》，腾讯科技，2019 年 6 月 11 日，https：// tech. qq. com/a/20190612/000306. htm#p = 1。

2004 年谷歌正式进入欧洲购物比价市场，从 2008 年起，谷歌利用其搜索引擎的优势地位操纵购物比价的搜索结果，导致"谷歌购物"服务的流量大增，而其他购物比价网站的流量猛跌。在接到美国消费者评论网站 Yelp、TripAdvisor，英国比价网站 Foundem、News Corp 和美国微软等多家公司投诉之后，2010 年，欧盟委员会对谷歌正式发起了 3 项反垄断调查：第一，应用捆绑。欧盟起诉谷歌滥用安卓系统打压竞争对手，指责其利用安卓的支配性地位强制推广谷歌搜索、YouTube 及 Chrome 浏览器。第二，搜索排他性。在谷歌搜索引擎诞生的初期，谷歌搜索能够按照网站的服务进行公正的排序。然而如今的谷歌干预互联网的搜索结果，谷歌搜索系统自动将其购物服务放在搜索结果的显要位置，并且将其竞争对手购物服务放在搜索结果不起眼的位置，这损害了竞争对手和消费者的利益。第三，网络广告的不正当竞争。谷歌垄断了欧洲 90% 的网页搜索和搜索广告市场，欧盟指责谷歌在网络广告市场中存在不正当竞争的行为，谷歌曾经要求一些使用其网页广告服务的网站，停止使用非谷歌网络广告。2017 年 6 月 27 日，欧盟委员会宣布，鉴于其处于搜索引擎的主导地位，操纵搜索结果，把搜索流量不合理地引向其购物服务，决定对谷歌处以营业额的 3%（即 24.2 亿欧元）的罚款①，以处罚其违反欧盟竞争监管规定的行为。

启示意义：欧盟通过收集大量的数据进行认证，从算法的角度确认谷歌存在垄断行为，这一经验值得中国学习和借鉴。

（三）韩国数字平台反垄断的现实经验

苹果和谷歌利用其市场主导地位，强制软件开发商使用其支付系统，并且通过其支付系统对软件应用内购买活动收取佣金。2021 年 8 月，韩国通过了《电信业务法》修正案，该修正案禁止苹果、谷歌和三星等旗下 App 商店强制 App 开发者使用他们指定的支付系统，并允许政府以防止用户遭受损失、保护用户权益等为由对应用市场运营商进行调查，违反规定的公司会被韩国监管机构通信委员会处以高达在韩国收入 3% 的罚款。这意味着，苹果商店（Apple Store）和谷歌商店（Google Play）的开发商可以使用第三方支付，从而可以绕过苹果和谷歌长期以来收取的 30% 的平台税。

启示意义：韩国是全球第一个立法禁止应用商店垄断的主要经济体，在此之后，其他国家和地区采取类似的措施限制美国科技巨头，中国可以此为鉴。

（四）俄罗斯数字平台反垄断的现实经验

2015 年 2 月，俄罗斯互联网巨头 Yandex 指控谷歌公司将搜索引擎和其他服务与安卓操作系统捆绑，而安卓操作系统在俄罗斯智能手机中占据 85% 的市场份额。Yandex 声称，使用安卓系统的智能手机和平板电脑必须要使用谷歌应用商店和封闭的应用程度接口。而设备厂商要在设备上安装 Google Play，则必须预装整套谷歌移动服务并将谷歌设为默认搜索引擎。Yandex 还特意提到了谷歌禁止 Prestigio、Fly 和 Explay 三家智能手机厂商预

---

① 《欧盟对谷歌处以 24.2 亿欧元反垄断罚款 创"最大罚单"纪录》，中国经济网，2017 年 6 月 27 日，http：//www.ce.cn/xwzx/gnsz/gdxw/201706/27/t20170627_23896404.shtml。

装一切 Yandex 出品的应用。在接到 Yandex 投诉之后，俄罗斯反垄断局对谷歌开展调查，调查谷歌是否滥用安卓系统的主导地位。经过半年的反垄断调查，2015 年 9 月，俄罗斯反垄断局认定谷歌公司违反了俄罗斯反垄断法，并责令谷歌公司于 2015 年 11 月之前纠正其垄断行为并处于在俄罗斯营业收入的 1% ~ 15% 的罚款。谷歌公司表示不满，对判决结果进行上诉。经过长达两年的拉锯战，2017 年 4 月俄罗斯反垄断局与谷歌公司达成和解，谷歌承诺不进行任何应用程度的预安装。经过这场反垄断案之后，Yandex 在俄罗斯搜索市场的份额有所上升，一举超过了谷歌搜索。

启示意义：对跨国公司的垄断行为开展反垄断调查，有利于保障本国公平竞争的市场环境，进而有利于本土企业的生存和发展。

（五）世界各国数字平台反垄断实践的总结

国家利益至上几乎是所有国家和地区互联网反垄断的基本原则。由于 20 世纪美国在信息技术方面拥有世界最为强大的创新能力，互联网、电脑操作系统、手机操作系统、芯片、聊天软件、网上购物等都起源于美国，美国凭借其在信息技术方面的先发优势，建立了微软、苹果、谷歌、脸书、亚马逊、Uber 等世界互联网巨头，而欧盟、日韩、俄罗斯等国家和地区则在互联网领域处于后发劣势，其互联网公司发展比较薄弱。欧盟、日韩、俄罗斯等国家和地区的互联网反垄断有助于抑制微软、苹果、谷歌等国际互联网巨头的垄断行为，为本土互联网公司发展创造更好的发展空间；而美国无意改变微软、苹果、谷歌等美国互联网巨头在国际上的垄断地位，对于这些互联网巨头的反垄断行为大多数是雷声大雨点小，这些不疼不痒的美国反垄断行为，非但没有实质性的限制美国互联网巨头发展，反而在客观上维护了这些互联网巨头的垄断地位。

第四节　国内互联网平台反垄断所遭遇的困难

互联网平台是指基于互联网或者以互联网的网站为介质向消费者提供

信息和便捷服务的商业平台，互联网平台反垄断属于新型反垄断，这种反垄断相对于传统反垄断而言显得更为困难：

第一，互联网平台具有天然垄断的属性，互联网平台对社会经济的掌控力日益增强。随着互联网在经济领域的不断渗透和扩张，除了需要现场体验和现场消费的少数领域（如餐饮、培训等）之外，跟线下交易相比，线上交易具有信息获取便捷、交易相当便利、买卖信用良好、退换服务周到和商品比价方便等优势，因此，线上交易不断侵蚀线下交易，近年来不少线下实体店经营困难甚至破产倒闭，互联网平台交易规模日渐壮大，互联网平台企业的势力逐步扩张，由此导致近年来互联网平台垄断行为日益增多，对市场公平竞争的环境造成了损害，平台领域反垄断显得比以往更为迫切和更加艰巨。

第二，相对传统领域而言，平台领域的新型垄断行为更加隐蔽且更难界定。互联网平台具备"赢者通吃"的特征，少数头部平台企业几乎控制了整个市场。并且，互联网平台兼具"企业"和"市场"的双重属性，既是资源和信息交互的场所，又兼企业经营者的身份；互联网平台既是运行员，又是规则制定者和裁判员。数据、算法、平台规则等让互联网平台的垄断行为更具隐蔽性，并且举证麻烦和判定不易，这给互联网平台反垄断带来了困难。

第三，相关法律和监管相对滞后，跟不上平台反垄断的客观需要。传统的反垄断法在某些标准和规定方面不再适用于平台领域的相关市场界定、市场支配地位认定和滥用市场支配地位判定，2021年2月印发并实施的《关于平台经济领域的反垄断指南》对于平台领域反垄断仍然存在不完善的地方。面对互联网平台领域不断出现的新技术和新情况，现有的法律和监管显得相对滞后，反垄断法规和制度跟不上形势发展的需要，平台领域反垄断难以达到预期的目标和效果。

由此可见，美国、欧盟、韩国、俄罗斯等国平台领域所遇到的问题，我国同样也会遇到，并且由于我国平台领域反垄断的时间较短，经验比较欠缺，因此需要结合自身的国情，并学习其他国家和地区平台反垄断经验，不断改进和完善我国平台领域反垄断的法律和监管。

第五节　改进互联网平台反垄断的战略措施

与短期内运动式平台反垄断相比，为了保障公平竞争的市场环境，我国更需要建立长期常态化平台反垄断的机构。借鉴其他国家平台领域反垄断的经验，在结合中国具体国情的情况下，本章提出的战略措施包括：

（一）加强事前合规性指导，减少互联网平台垄断行为

与事后监管相比，事前预防注重危害的预防，互联网平台企业也会意识到自身可能出现的垄断行为，并在平台运营中注重防范，通过事前指导可以避免相当部分的垄断行为。

（二）扩大监管范围，覆盖更多的相关领域

互联网平台具有开放性、跨地域、跨行业、线上线下融合等特点，对互联网平台应当扩大监管范围。以欧盟对谷歌的反垄断事件为例，谷歌搜索服务的垄断行为涉及将其购物服务放在搜索结果的显要位置，并且将其竞争对手的购物服务放在靠后位置，由此造成了排挤竞争对手不公平竞争行为。谷歌在搜索领域处于主导地位，其垄断行为却发生在对其竞争对手的购物服务进行排挤上面，谷歌的垄断行为具有跨行业特点。当前我国部分互联网平台企业，在跨行业并购中处于优势地位，初创企业面对这些企业的竞争处于弱势地位，这不利于形成公平有序的市场竞争环境，也不利于我国初创企业的生存和发展。因此，当前我国应当大力加强跨业跨地域的反垄断监管，打击部分互联网平台企业对初创企业的不合理并购行为。

（三）坚持合理性原则，界定是否滥用市场支配地位

应该全面考虑互联网平台的行为后果，既要考虑其消极后果，又要考虑其积极后果，在综合考虑两种后果的情况下再对互联网平台的行为是否构成垄断行为进行科学的判定。互联网平台企业虽然存在垄断行为，但是互联网平台反垄断不应矫枉过正，防止把整治互联网行为扩大化，以保障我国互联网产业健康有序发展，毕竟我国互联网产业可持续发展面临的挑战和压力主要来自美国互联网企业，而非国内的互联网企业。

（四）提升技术支撑，增强平台领域反垄断人才储备

随着科学技术的发展，互联网平台的技术、算法、数据、规则等越来越复杂，此时，反垄断机构应当吸纳计算机、大数据、法律、经济等方面的高素质人才，通过人才战略增强对互联网平台反垄断的能力。

（五）适应形势发展，完善互联网平台反垄断法律法规

当前我国在相关市场界定、市场支配地位和滥用市场支配地位等方面的标准和细则仍然存在较多不完善的地方，可以参照欧盟、美国、日韩等国家和地区平台领域反垄断的法规和经验，进一步完善我国互联网平台反垄断的法律法规体系，既保障我国公平有序的竞争环境，又能促进我国互联网产业健康发展。

第六节　本章小结

垄断会损害市场秩序和市场有效性，改进互联网平台反垄断监管，有利于促进创新要素自主有序流动、高效配置，维护公平有序竞争秩序，建设高效公正的营商环境，提升市场机制有效性，促进企事业单位科技创新和推动经济高质量发展。针对当前互联网平台反垄断存在的不足，我国政府可以通过加强事前合规性指导、扩大监管范围、坚持合理性原则、增强人才储备和完善法律法规体系等措施改进平台领域反垄断法律和监管。通过限制和防止互联网垄断平台损害公平竞争的市场环境，建设公平有序竞争的市场机制，打造社会主义有效市场，以此来积极推进经济高质量发展。

第四篇　外贸高质量发展的战略举措

第九章
国内外复杂经贸形势下中国外贸
高质量发展的新理念和新对策

近几年，国际经济形势变得比以前更加复杂，中美之间的竞争更加激烈，中国经济正处于新旧增长动力转换的时期，外贸高质量发展需要具备新的理念和对策。中国应当坚持基于"数量"增长的"量""质"并行的理念；更加重视关键技术攻关，争取突破发达国家高科技壁垒，保证外贸高质量可持续发展。美国对中国的战略遏制将长期存在，中国应当着力推行更高水平市场化改革和全方位对外开放，推动商品贸易与服务贸易及其进出口更加平衡、外贸区域更加均衡、市场更加多元化；应当与更多国家建立更加紧密的经贸关系，通过推行人民币国际化抑制美元霸权地位，推动行业组织积极参与制定国际标准，以增强中国在全球治理中的话语权，更好地维护中国在对外经济交往中的利益。

20 世纪 70 年代末，中国开始了体制改革和对外开放，经济和对外贸易都实现了快速发展，市场化程度不断提高，对外开放和国际化程度快速提升，并逐步融入全球化发展浪潮中。2008 年爆发国际金融危机后，中国快速发展所依赖的国际经贸环境逐步发生变化。尽管中国的经济总量自 2011 年以来保持全球第 2 位、出口额于 2009 年首次排全球第 1 位、进出口总额于 2013 年首次排全球第 1 位[1]，但是，国际经贸环境越来越不利于中国经济和贸易的发展。从国际环境看，涉及来自美国等发达国家的制约和打压。2017 年以来，美国援引其国内贸易法律"201 条款""232 条款""301 条款""337 条款"等条文对世界各国发起大规模贸易摩擦，引起世

---

① 数据来自中国统计局网站，https：//data. stats. gov. cn/easyquery. htm？cn = G0104。

界性贸易保护主义和"逆全球化"趋势，尤其针对中国发起的贸易摩擦不断升级，一系列遏制手段严重地打压中国对外经贸发展。紧接着，2020年初暴发的新冠肺炎疫情在全球蔓延，对生产、交易及跨境流通、市场销售和消费等环节造成较大影响，随着疫情蔓延和治理延续，全球产业链中断和"逆全球化"的风险不断扩大。因此，中国外贸发展的外部环境变得恶劣。从国内环境看，国际金融危机以来，中国国内经济形势也发生了明显的变化，正处于新旧经济增长转换时期，数量型增长的传统动力已经不足，而技术创新驱动的新动力尚未真正确立，导致中国近年来经济增长乏力，进入低速增长阶段。实际上，中国外贸发展一直受人诟病，批评的焦点主要集中于"只赚数字不赚利润"和质量效益不高等，必须重视培育竞争新优势，大幅度提升外贸发展质量。

面对复杂的国内外经贸形势和问题，中共中央和国务院于2019年11月发布的《关于推进贸易高质量发展的指导意见》正当其时，必须在复杂经贸形势下审时度势，重新审视外贸高质量发展的国内外环境，赋予外贸高质量发展新的内涵，转变外贸发展思路和对策。

第一节 国内外复杂经贸形势下外贸高质量发展的新内涵

如何科学地界定外贸高质量发展，目前国内外学术界仍无公认的一致看法。主要观点包括两类：一是从推动外贸发展的影响因素角度界定外贸发展质量。戴翔（2018）认为外贸高质量发展本质上就是"发展更趋平衡和更加充分"的对外贸易。从平衡角度看，要实现区域结构、产业结构、开放领域更加平衡；从充分角度看，实现从中低端价值链向高端价值链转型、从要素驱动向创新驱动转型、从简单融入全球化向具备全球治理能力转型。曲维玺和崔艳新等（2019）认为外贸高质量发展必须是出口产业与科技基础雄厚、外贸结构更加平衡、外贸国际竞争力显著增强、外贸综合服务制度体系完备和拥有国际经贸规则话语权。强调科技创新、贸易结构优化和国际规则制定对外贸高质量发展的作用（张菲，2019）。二是从外

贸发展的效果及其对经济发展的作用角度评价外贸发展质量。哈拉克
（Hallak，2006）、Szczygielski 和格拉博夫斯基（Grabowski，2012）认为出
口商品质量决定了出口单位价值，并论证了出口单位价格作为反映出口质
量指标的合理性和有效性。何莉（2010）从外贸发展和外贸效益两方面衡
量外贸发展质量，前者包括进出口商品结构、贸易条件、贸易方式、贸易
地理及区域结构等，后者是指外贸对经济增长、产业结构、技术进步、吸
引外资等的贡献。喻志军和姜万军（2013）认为，对外贸易质量是指在国
民经济运行过程中对外贸易发展的整体状况，以及其对一国经济、社会发
展发挥作用的程度与效果。

可以看出，第二种界定方法过于宽泛，而第一种方法能够反映外贸发
展的本质特征但不够全面。综合两种界定方法，本书主要从数量、技术、
外贸竞争力、结构、国际规则话语权等方面界定外贸高质量发展的内涵。
实际上，外贸竞争力来自技术水平，具备核心技术能力便具有外贸竞争
力，因此，两者可以合二为一。外贸高质量发展的内涵要与时俱进，在不
同条件下，外贸高质量发展的内涵可能不同。在当前复杂国内外新形势
下，外贸高质量发展的内涵应该强调"数量""品质""内部关系"和
"国际规则话语权"等方面的刻画，具体阐述如下：

第一，外贸高质量发展是以"量"作为基础的、与"质"并进的发展
方式。外贸高质量发展首先是"数量"的增长，外贸"量"是"质"的
基础，没有量作为基础，谈论质没有实际意义。以前"重量""轻质"的
外贸发展战略不恰当，而"重质""轻量"的外贸发展战略同样也不妥当。
外贸高质量发展应当是质和量齐头并进，树立既有量又有质的发展理念。

第二，外贸高质量发展是品质持续提升的发展方式。品质的可持续提
升必须有技术创新做保障。外贸高质量发展必须掌握出口产业的核心技
术，突破欧美发达国家高科技壁垒。如果不能攻克核心技术，不能突破欧
美国家高科技壁垒，那么，外贸发展质量提升到一定程度便会遭遇技术
"天花板"，被发达国家的主导企业长期锁定于全球价值链的低端位置，外
贸发展质量难以持续地提高。因此，外贸产业必须占据全球价值链的主导
位置，并且掌握了核心技术。

第三，外贸高质量发展是内部关系协调均衡的发展方式。外贸构成内

部关系包括货物贸易与服务贸易、市场构成、产地区域构成的协调发展以及出口与进口之间的平衡发展。我国不但应继续保持商品贸易的平稳增长，而且要大力促进服务贸易的迅速发展，实现进口与出口的平衡发展；不但继续保持在欧洲、美国、日本、韩国等传统市场贸易的稳定增长，而且要加快南美、非洲、东南亚、南亚、中东等新兴市场贸易的发展进程；不但继续保持东部地区对外贸易的稳步增长，而且要推动中西部地区对外贸易的快速成长。

第四，外贸高质量发展要求中国拥有一定规则话语权。发达国家希望通过《国际服务贸易协定》（TiSA）、《全面与进步跨太平洋伙伴关系协定》（CPTPP）、《跨大西洋贸易与关系协定》（TTIP）等区域贸易协定，重新掌握国际贸易规则的制定权。中国作为新兴贸易大国，随着进出口贸易规模的持续扩大，应当更多地参与国际贸易事务的治理，制定更加公平的国际贸易规则，为中国和其他发展中国家的外贸发展打造更加平等和更加稳定的国际经济环境。

综上所述，为了应对外贸环境复杂变化，外贸高质量发展的内涵应该包含：维持数量上的稳定增长，掌握产业核心技术研发能力，稳定外贸内部关系的协调和促进平衡发展，增强外贸国际规则制定方面的话语权。

第二节　国内外复杂经贸环境对中国外贸高质量发展的制约

20 世纪 80 年代以来，发生了一系列重大国际事件：1985 年美国通过《广场协议》遏制日本发展，1991 年苏联解体和东欧各国体制变革，20 世纪 90 年代初的海湾战争，1999 年的科索沃战争，进入 21 世纪以来的反恐战争，军事打击伊拉克、利比亚等，美国都有深度参与，并取得了某种程度上的成功，更加助长了美国的霸权气势。但是，受 2008 年国际金融危机打击，美国经济实力出现一定程度的衰退。面对中国经济贸易稳定快速发展，美国政府滋生"零和"博弈、冷战思维，重点针对中国，实施亚太平衡战略。《广场协议》后日本经济长期萧条和苏联解体表明，美国对中国的种种政策，以及美国对中国的全面战略性遏制并不是偶然现象，而是美国国际战略的根本性调整。

（一）中国外贸发展"质"和"量"的困境

在复杂的国际经贸环境下，中国外贸高质量发展必须要求以数量为基础的"质"和"量"共同提升，但受到发达国家和发展中国家的夹击，深陷困境。从"品质"看，外贸发展面临高科技突破的困境。一是以美国为代表的发达国家对中国高科技研发设置壁垒；二是对高科技产业发展进行围堵，美国凭着其高科技的领先地位，对崛起中的中国高科技企业发展进行极力遏制，同时美国和日本等推动高端制造业回流本国。

从"数量"看，外贸发展也面临不利的局面。中国拥有世界上最为完备的工业体系，成为全球中低端产品和中间品的全球制造中心，号称"世界工厂"，但是中国世界工厂地位并非是牢不可破的，外贸"数量"增长受到外部发展中国家竞争的影响。一是其他发展中国家在极力争夺中国中低端制造业的世界份额，导致中国部分中低端制造业向外转移。近年来，一些跨国公司逐步把部分或者全部制造转移到巴西、越南、印度等国家，这会导致一大批国内配套企业倒闭或者转移，打击了中国制造业供应链。二是美国、日本等发达国家不仅推动高端制造业回流本国，而且也推动中低端制造业回流本国。因此，中国中低端制造业不但面临其他发展中国家极力争夺而发生顺向国际转移，而且还被发达国家阻拦，发生逆向国际转移。

无论高科技研发还是中低端产业发展，都受到了严峻挑战。没有高科技研发的突破，外贸发展的"品质"难以提高；没有中低端制造业发展，外贸发展的"数量"得不到保障。

（二）中国外贸发展遭遇核心技术创新能力的制约

外贸高质量发展必须依赖核心技术创新能力，尽管中国在科技创新发展方面取得了巨大进步，但受到高新技术人才限制，核心技术创新能力遭遇高科技的"天花板"。就目前高科技发展的国际形势而言，依靠某一家或两家实力强劲的高科技企业去突破技术"天花板"是极难的。究其原因，美国拥有一批高科技企业，如苹果、高通、英特尔、谷歌、博通、脸书、思科等，而中国这类高科技企业非常少，在高科技研发领域难以与美国进行竞争。美国多年来一直制约中国高科技发展，通过制定法律和签订贸易协定等方式对中国实行高技术出口管制。早在1949年美国就制定了《出口管制法》，1969年修改为《出口管理法》，以"在管制下的商品清单和相关技术资料"条款，对中国进行高技术和战略物资出口管制，而且还通过主导多边体制对中国高技术出口进行管制。1996年，美国与日本、英国、荷兰等33个国家签订了《关于常规武器和两用物品及技术出口控制的瓦森纳协定》，对于先进材料、材料处理、电子器件、计算机、电信与信息安全、传感与激光、导航与航空电子仪器等9大类军民两用技术和武器弹药、设备及作战平台等共22类军用技术进行出口管制，中国不是成员国，在被禁运国家之列。

为了实现外贸高质量发展，中国必须建立独立于美国的高科技基础架构。但是，中国核心技术研发能力和科研实力还处于成长阶段，而且还主要受制于美国等发达国家的长期遏制，这是中国外贸高质量发展的"瓶颈"和"天花板"。

（三）中国外贸发展内部关系存在不协调问题

中国外贸发展内部关系存在明显不协调问题。一是外贸出口市场不平衡。对外贸易出口额过度集中于美国、欧洲、东南亚传统出口市场，尤其是对美国市场的出口占比过大。根据中国统计局公布的数据，2018年，中国对美国的商品出口额为4783.96亿美元，占中国商品出口额的19.24%，排第1位。中国对日本、韩国、德国和荷兰的商品出口额分别为1470.49亿美元、1087.56亿美元、774.89亿美元和728.34亿美元，分列第2～5位，中国对这四个国家的出口额之和还不及美国。中国出口市场过度集中于欧美等传统出口市场，不利于中国外贸的可持续发展。二是区域开放和贸易发展不均衡。中国东部沿海地区对外开放比较充分，中西部沿边对外开放相对滞后。中国陆地边境线与14个国家毗邻，边界开放和边界经济的发展潜力巨大。随着中美贸易摩擦的不断加剧以及国际环境不断恶化，中西部地区的沿边开放显得尤为重要。三是服务贸易与商品贸易之间发展不平衡。中国商品对外贸易发展比较充分，而服务贸易则发展相对滞后，多年来保持逆差态势；服务贸易额与商品贸易额比值不到20%，而一些发达国家这一数值高达25%以上，服务贸易特别是跨境电子商务、数字贸易等仍具较大的潜力和空间。

（四）中国外贸高质量发展受到全球经济治理环境的约束

随着开放深化和外贸发展，中国参与国际投资和经济合作的能力逐步增强。中国外贸快速发展得益于发达国家构建的治理机制，中国享有世界贸易组织（WTO）规则、IMF规则等国际机制赋予的权利，并承担其责任和义务。从全球经济治理形势来看，国际治理体系和规则碎片化，中国有机会参与全球经济治理规则的制定，但是，以美国为首的发达国家极力阻碍中国参与有关规则的制定，并不认可中国在国际组织中的行为和规则主张。同时，不仅发达国家极力阻碍中国的参与行为，同时部分发展中国家也不理解和支持。所以，中国参与全球经济治理存在许多挑战。一是中国仍然属于发展中国家，还不具备为全球提供国际规则研究和设计等公共产品的经济实力和话语权。发达国家一直主导国际规则制定权和解释权，垄断着全球化进程和利益分配的主动权，以中国为代表的新兴国家仍不具有足以抗衡发达国家的优势地位。二是中国的经济组织在国际行业组织及其技术领域缺乏话语权。全球经济治理通常以政府间组织为依托，集聚大量各个行业的国际组织在技术上进行支撑。中国在技术上没有取得绝对的原始创新和标准制定权，在有关治理领域和具体问题上难以协调和引导国际社会的意见。三是在跨境电子商务及数字贸易、知识产权、投资与金融等新领域，国内经济治理规则还不完善，在国际规则制定方面更没有经验，也不足以担任制度顶层设计者，最后成为这些领域贸易与投资规则的接受者，不利于中国在这些新领域的外贸发展。

总体来看，中国走过了粗放式的低质量发展阶段，正在走向高质量发展阶段，处于进退两难的状况：一是传统的成本比较优势在逐步削弱，新的竞争优势还没有建立起来。面临着其他发展中国家优惠政策的激烈竞争和成本比较优势，中国制造业价值链中低端生产环节的竞争优势不足。二是技术比较优势取得了长足的进步，关键技术创新能力及核心竞争力不足。中国与美国、日本、德国等国家科技创新能力仍存在较大的差距，并且受制欧美国家多年建立起来的高科技壁垒，其科技技术创新面临巨大困难。在这种双层夹击的情况下，无论是在中低端制造领域还是在高端制造领域，增长动力都明显不足。

第三节　国内外复杂经贸形势下外贸高质量发展的对策

改革开放四十余年国内外形势发生了重大变化，特别是国际金融危机后，中国正在走向高质量发展阶段，需要采取更加务实、更具前瞻性和更具开放性的对策，具体包括以下方面：

（一）重新审视和重视中低端产业外贸"数量"增长

随着国际、国内形势变得更加严峻，外贸高质量发展"量"的问题，比以往任何时候都更加重要。不能只注意"质"，不注意"量"，不能只注意高端价值链，忽视中低端价值链，"量"和中低端价值链对于外贸高质量发展仍具有非凡的意义。

跟以往"腾笼换鸟"思路不同的是，中国应当像对待高端价值链和产业一样地对待中低端价值链和产业。对于传统制造业而言，可以从两个方面实现外贸保"量"的目标，一是降低企业内部成本。为了应对东南亚以及非洲等国家低工资、低税收的竞争，中国可以大力发展智能机器人产业并与传统产业相结合，通过智能机器人替代人力要素的方式，降低工资成本提高工作效率，抵减其他发展中国家低成本优势；二是减少企业外部成本。积极改善中国特别是中西部地区营商环境，打造更加公平的竞争环境，提供更加优质的政府服务，通过降低制度成本和增强政府公共服务，留住东部沿海地区的传统制造业，增强中西部地区承接东部地区产业转移的能力。

（二）充分发挥市场机制对资源配置的决定作用

外贸高质量发展以产业竞争力为核心，表现为产品或服务必须满足市场消费需求，就必须通过市场竞争来实现，是因为市场机制对资源配置具有决定作用。不妨从深圳经济特区发展历程看，深圳通过多年的改革开放和快速发展，已经具备了国际科技产业创新中心功能，涌现出一大批高科技创新企业，其成就归功于市场机制的作用。深圳科技创新中心的形成，值得重视的有五个方面：一是高度市场化。深圳是市场化改革、对外开放先行先试的经济特区，加上毗邻香港，又受到了香港市场化、国际化观念的影响，因此市场化和国际化程度都比较高，能够集聚全世界高质量要素，推动科技创新中心的形成。二是高度发达的高等教育。深圳非常注重高等教育发展，深圳大学长足进步，南方科技大学异军突起，深圳职业技术学院提供大量职业型人才，深圳还通过合作办学建立了一大批具有强大研发实力的合作型高校，为科技创新中心建设培育了大批高素质创新人才。三是高效服务型政府。深圳从管制型政府转型为服务型政府，服务型政府观念已经深入政府公务员的内心之中，高效服务型政府是深圳成为全国科技创新中心的重要驱动力量。四是不断优化营商环境。深圳各级政府通过高效服务为企业在市场中顺利运行和公平竞争提供了良好的营商环境。五是坚持社会主义市场经济体制建设，并不断与国际规则和惯例进行接轨。经济特区建设需要外资，但不被外资主导。如果是资本势力操纵则有可能背离创新中心建设的初衷，离创新中心的建设目标越来越远。综上，深圳经验值得借鉴，必须重视和最大限度地发挥市场机制的决定性作用，不断优化营商环境，推动产业转型升级和科技创新，形成创新驱动的高质量发展模式。

（三）建立和完善高科技发展的"新举国体制"和突破核心技术

从深圳创新中心的形成看，政府在科技创新企业成长过程中发挥了重要的激励作用，通过政府高效服务和营造良好的营商环境，培育了一批高科技企业，促进高科技创新中心的形成。从技术研发规律看，一般性技术可以通过国内企业自主研发来实现，即使在以美国为首的西方国家长期技术封锁的情况下，中国技术研发实力也取得了长足进步。随着技术水平的提升，技术复杂程度越来越高，关键技术或复杂技术研发难度越来越大。在这种情况下，仅靠企业自身的力量很难实现突破，但可以通过中央政府发挥"举国体制"的制度优势，集中资源攻关，选拔和配置尖端人才，增强核心技术攻关的驱动力量，最终实现核心技术研发的突破。依靠科研力量的集聚，才能够突破高科技发展的"天花板"。

从高科技竞争看，中美两国都在争夺高科技的主导权，仅凭国内企业的孤军作战很难突破西方高科技壁垒，中国需要建立和完善高科技发展的"新举国体制"，才更有希望打破美国在核心技术方面对中国的封锁。而这种"新举国体制"，必须是坚持市场对资源配置起决定作用，发挥政府在核心技术攻关过程中的高效服务和政策支持作用，推动产学研高效结合的一种制度。所以，对于核心技术攻关，还是要发挥中国"新举国体制"优势，比如中国"两弹一星"的成功归功于"举国体制"优势，否则难以获得现在的成就。

（四）加强外贸内部关系协调和均衡发展

外贸高质量发展一定是维持内部基本平衡关系的协调发展。从外贸系统来看，主要存在区域和市场平衡、进出口平衡、商品贸易和服务贸易之间的平衡等关系。在国内外比较不利的新形势下，应当采用新对策平衡外贸内部关系，促进外贸数量增长和外贸质量提高。一是通过全方位开放促外贸平衡。积极扩大中西部地区开放，推动中国外贸区域均衡发展。加快改变服务行业开放相对滞后的现状，推动服务贸易与商品贸易之间的平衡发展；持续推进"一带一路"倡议，积极整合亚欧大陆，使出口市场多元化，降低单一市场的风险。二是以高水平市场化改革促外贸平衡。不仅加快改革市场体制机制，而且必须充分发挥市场竞争机制的决定作用。可以借鉴自由贸易试验区（港）先行先试的成功经验，积极推进东中西部地区的外贸制度、投资制度、金融制度等方面改革开放进程。三是加快从政策性开放向制度性开放的转变，建设更加优质的营商环境、法制环境和诚信环境，尤其对于中西部地区和欠发达地区，更需要加快推动其地方政府向服务型政府转变，推动外贸地区结构平衡发展。四是大力发展跨境电子商务及数字贸易、市场采购贸易、外贸综合服务企业等外贸新业态、新模式，通过新业态、新模式激发外贸发展的新潜力和寻找外贸发展的新增长点，助力中国实现外贸保"量"的目标。

（五）积极参与全球经济治理和提升国际规则制定的话语权

美国等西方国家是自由贸易和经济全球化的倡导者与获利者，当推行自由贸易和经济全球化威胁到自身利益时，美国等西方国家又重拾贸易保护主义的大旗，由此可见，美国等发达国家主导的国际贸易体系都是从自身利益出发去制定规则的。中国为了维护自身的利益，也应当积极参与全球经济治理，更多地参与国际规则制定，更好地维护本国企业在国际经济交往中的利益，这样有利于外贸高质量发展。过去中国不够重视在对外经济交往中的国际规则制定权，导致中国在这方面吃了不少亏，未来中国应当积极参加全球经济治理，参与国际规则制定。为了在国际规则制定中获得更多的话语权，一是中国应当更多地建立或者参与国际性贸易组织，与更多国家和地区签订国际贸易协定，如加快中日韩自由贸易区、中国—欧盟自由贸易区、中俄自由贸易区等建设进程，积极和全面与进步跨太平洋伙伴关系协定（CPTPP）接触，与更多国家和地区建立更紧密的贸易安排，这样有利于尽可能地团结更多的力量，增强中国在国际贸易规则和国际贸易摩擦中的话语权。二是大力推动人民币国际化，增强人民币的国际地位和减弱美元的国际地位，这也可以间接地增强中国的国际地位和降低美国的国际地位，从而有利于提升中国在国际规则制定方面的话语权。三是推动国内各个行业协会组织"走出去"，参与国际组织活动，争取加入相关行业权威性国际组织，展示中国的技术标准，增强在国际标准制定中的话语权。

第四节　本章小结

外贸高质量发展与外贸质量是既相互关联又相互区别的两个概念。外贸质量的核心是"质量"；而外贸高质量发展的核心是"发展"。外贸高质量发展的关键问题是高科技领域的标准和贸易规则话语权。随着中国不断推进改革开放释放制度红利，不断发展教育释放人力资源红利，中国科技产业实力得以持续增强，逐步挑战高工资和高福利的欧美国家所主导的技术标准和规则话语权。欧美国家主导的国际分工格局和利益格局在未来可能难以维系，引起相关国家贸易保护主义和民粹主义抬头，以美国为首的发达国家逐步遏制中国高科技产业发展，并企图把中国排除在贸易规则话语权之外。

在这种复杂形势下，中国外贸高质量发展的重点在于：一是继续维持外贸数量的增长，保护制造业产业链，重视中低端产业发展；二是建立和完善高科技发展的"新举国体制"，加强自主创新，突破核心技术，突破欧美国家多年建立的高科技基本架构和高科技壁垒；三是加强外贸内部关系协调和均衡发展，开拓多元化国际市场，加快中西部地区外贸发展，推动进出口平衡发展；四是积极参与全球治理，提升国际规则制定的话语权，改善中国在国际贸易规则制定方面的不利地位。

第五篇　完善制度变迁机制与经济高质量发展

第十章
突破制度障碍：制度变迁
机制改进的逻辑框架

当前我国正处于从高速增长阶段向高质量发展转型的关键时期，在这个关键时期，唯有充分发挥人力资本红利和制度红利，我国才能最终实现成功转型，而人力资本红利又与制度红利存在莫大的关系，原因是若无制度红利作为保障，人力资本红利也难以发挥其应有的作用，因此，建立高质量的市场经济体制是我国实现向高质量发展阶段转型的最为核心环节。进一步分析可知，高质量的制度有赖于高质量的制度变迁机制，若无高质量的制度变迁机制，则难以产出高质量的制度，继而难以建立完善的市场经济体制。本章对于我国制度变迁机制建立演化博弈模型，通过演化博弈模型的推论得到高质量的制度变迁机制取决于三个条件：第一，制度变迁参与各方应当是利益中性的或者是在中央领导之下各方处于力量均势状态；第二，制度变迁过程应当充分投入高水平的理论方面和实践方面的人力资源并让其在制度变迁过程中发挥重要作用；第三，制度变迁过程应当能够充分发挥人力资源的集合效率。基于这三个条件进行判断，当前我国制度变迁机制仍存在不完善的地方，本章尝试对我国诱致性和强制性制度变迁机制提出一些抛砖引玉的改进措施。

人类社会的生产分为三种：一是产品和服务的生产，用于满足消费的需要和生产的需要；二是知识和技术的生产，用于提高产品和服务生产的质量或效率；三是制度的生产（即制度的变迁），用于规范建制内人们的行为以保障社会或单位公平有序地运行。知识和技术的生产质量与效率在一定程度上决定产品和服务生产的质量与效率，而制度的生产质量和效率在一定程度上决定知识和技术的生产质量与效率，因此，制度的生产质量和效率，从微观层面来讲对于提升产品和服务生产的质量与效率具有重要意义，从宏观层面来说对于经济高质量发展和建立现代化产业体系具有重大作用。对于产品和服务生产机制与知识和技术的生产机制，目前已经存在大量的研究文献，然而对于制度的生产机制，现有的研究文献相对较少，并且，制度这种特殊产品与商品和服务、知识和技术的生产截然不同，商品和服务生产追求的是利润最大化，知识和技术生产追求的是利润最大化或者科技进步最大化，并未涉及各方的利益博弈关系，而制度生产则会涉及各方的利益博弈关系，唯有有效地处理好各方的利益博弈关系的制度变迁机制才属于高质量的制度变迁机制，进而生产高质量的制度，由此可见，制度生产机制不仅跟商品和服务生产机制、知识和技术生产机制不同，而且明显复杂于这两个机制，这就是为何迄今为止市场经济制度完善的国家和地区仅占少数，大部分国家和地区的市场经济制度并不完善。本章对既重要又复杂的制度生产机制（也即制度变迁机制）进行抛砖引玉的探讨，进一步分析可知，制度变迁机制（或者生产机制）对于制度生产的质量和效率发挥关键作用。下面对中国制度的变迁机制（或者生产机制）存在的不足、改进对策及理论基础进行探讨。

第一节　文献综述

所谓制度变迁，是指新制度（或新制度结构）产生、替代或改变旧制度的动态过程。关于制度变迁有多种观点，而主流观点主要包括四种。制度的意识形态观（ideological view of institutions）认为意识形态、宗教信仰和社会文化等是决定制度演进的基础。制度的效率观（efficiency view of institutions）认为当制度变迁的社会收益大于社会成本时该项制度变迁就会发生。当制度变迁可以产生更高的利益时，此时会引起制度变迁（Davis and North，1971；North and Thomas，1973）。制度的社会冲突观（social conflict view of institutions）认为，制度变迁是具有不同利益的利益集团相互冲突、相互博弈或相互协商的结果。有学者把政治过程引入制度变迁过程，认为在某些情况下才会导致乐观的结果（Yang Yao，2004）。也有学者认为，寻租行为会导致制度变迁掉进低质制度陷阱（bad institutions trap），只有给予在制度变迁过程中具有强势议价能力的特权集团（privileged group）足够激励，才能使制度变迁走出低质制度陷阱（Karim Khan，2015）。制度的偶然生成观（incidental view of institutions）认为制度变迁是社会与经济相互互动或者某些历史事件偶然引发的结果。

中国是拥有 14 亿人口的社会主义国家，中国的制度变迁往往基于自身的国情出发，由于前进的方向缺少参照物，改革开放以来中国政府一直都是"摸着石头过河"，探索符合自身发展道路和发展阶段的制度变迁，因此，中国制度变迁理论具有与西方国家不同的研究特色。

国内制度变迁理论研究多数是基于制度经济学派诺斯提出的研究框架，把制度变迁分为强制性与诱致性两种方式，并在此基础上结合中国制度变迁实践进行进一步的延伸和发展。强制性制度变迁指的是"由政府的法令引起的变迁"，诱致性制度变迁指的是"一群（个）人在响应由制度不均衡引致的获利机会时所进行的自发性变迁"（林毅夫，1994）。基于中国实践对制度变迁方式所做的延伸和拓展包括：第一，提出基于中国国情的"中间扩散型"制度变迁方式。自上而下的供给主导型制度变迁（即强制性制度变迁）不能很好地解决"诺斯悖论"问题，自下而上的需求诱致性制度变迁存在能否"突破进入壁垒"、难以形成"集体行动"和"搭便车"等问题，两种制度变迁方式都可能面临着障碍甚至有时是难以逾越的障碍。而当利益独立化的地方政府成为沟通权力中心的制度供给意愿与微观主体的制度创新需求的中介环节时，就有可能突破权力中心设置的制度创新进入壁垒，从而使权力中心的垄断租金最大化与保护有效率的产权结构之间达成一致，从而化解"诺斯悖论"，这就是"中间扩散型"制度变迁（杨瑞龙，1998；杨瑞龙和杨其静，2000）。第二，提出基于中国国情的准需求诱致型制度变迁方式。在转型社会里，受到意识形态约束的任何制度创新要承受很大的解放思想的风险和成本。"解放思想的摩擦成本等于零"称为需求诱致型制度变迁方式，而"解放思想的摩擦成本大于零的需求诱致型制度创新"称为准需求诱致型制度变迁方式（金祥荣，2000）。

关于这几种制度变迁方式的相互关系以及未来变化，主要观点包括：

第一，制度变迁方式会随着经济发展而发生转变。推动制度创新的主体，包括了个人、团体和政府（中央政府和地方政府）。强制性制度变迁有不少局限，一般会违背"一致性同意原则"，即未达成制度变迁主体的一致同意，并且，作为制度创新主体的中央政府受到有限理性的限制，以及中央政府会把新制度安排的实施成本转移给地方（贾志永，1999）。与强制性制度变迁相比，诱致性制度变迁能充分激发各方参与改革的热情（孟大虎，2004）。强制性制度安排比较适合"追赶型"经济发展阶段，而当经济转入"开拓型"阶段时应采取诱致性制度安排（金仁淑和冯志，2004）。日本"政府主导型"制度安排曾为日本经济高速增长发挥了重要作用，如今却成为阻碍经济复苏、加深经济萧条的加速器，也暴露出强制性制度安排在不同经济环境下的缺陷（金仁淑和冯志，2004）。中央集权型计划经济的国家有可能成功地向市场经济体制渐进过渡的现实路径是，由改革之初的供给主导型制度变迁方式逐步向中间扩散型制度变迁方式转变，并随着排他性产权的逐步确立，最终过渡到需求诱致型制度变迁方式，从而完成向市场经济体制的过渡，这就是制度变迁方式转换的三阶段论（杨瑞龙，1999）。第二，多种制度变迁方式同时共存和相互补充。由于诱致性制度变迁存在外部效应和"搭便车"问题，初级行动团体不可能进行充分的制度创新。由诱致性制度变迁所实现的制度安排的社会供给量，要少于社会的最佳供给量。因此，诱致性制度变迁必须有强制性制度变迁作为补充（刘小怡，2007）。然而，由国家进行的强制性制度变迁也存在一些问题，如统治者的偏好与有限理性、意识形态刚性、集团利益冲突、社会科学知识的局限性及官僚机构等问题（林毅夫，1994）。由于各种制度变迁方式各有其优缺点，适用于不同发展阶段和不同应用场景，当前我国应当走供给主导型、准需求诱致型和需求诱致型等多种制度变迁方式并存和渐进转换的改革道路（金祥荣，2000）。第三，制度创新角色转换说。制度创新总是涉及多元利益主体，不同利益主体在制度创新中所扮演的角色以及所起的作用并不相同，而且在创新过程的不同阶段或不同方面，这种角色也是在变化的（黄少安，1999）。

除了以上提到的主流制度变迁方式之外，还有两种制度变迁方式值得关注：第一，知识驱动型的制度变迁（knowledge-driven institutional change）。在防治荒漠化制度改革的 50 个案例中发现，学者及其知识确实在与防治荒漠化有关的制度变革中发挥了重要作用。知识驱动的制度变迁包括两种：一是基于当地人自学或本土知识和积累的经验的自愿制度变迁；二是基于当地和外部学者、专家、政府和相关实体的知识强加的制度变迁。尽管自愿和强制知识驱动的体制改革在所有情况下都是重叠的，但后者在正式文件和宣传中往往被视为更加进步、科学和理性，主导着荒漠化防治进程，而前者往往被忽视甚至压制（Lihua Yang and Jianguo Wu，2012）。第二，实践驱动型的制度变迁（knowledge-driven institutional change）。目前不少制度变迁理论因忽视微观层面的起源和制度变迁的最早时刻而受到批评，促使人们呼吁更密切地关注因个人日常工作行为而产生的变化。实践驱动型的制度变迁认为制度变迁是从日常工作中的即兴创作中产生，在组织内整合，并辐射到领域层面。该理论展示了实践者在努力完成工作的日常活动中如何产生实地层面的制度变迁，如何在组织层面合理化，然后转移到实地并推动制度变迁（Smets M. and Morris T. et al.，2012；Schatzki T. R.，2001）。实践驱动型制度变迁的典型案例就是 20 世纪 80 年代农村家庭联产承包责任制改革。主流制度变迁方式根据制度改革的主体来划分，而后两者（知识驱动型和实践驱动型的制度变迁方式）则依据制度改革的驱动力量来区分。

虽然改革开放四十余年，中国历经了多次制度变迁，但是迄今为止中国还不能说真正建立了完善的市场经济体制，中国的市场化进程尚不够彻底、不够完整，这与我国尚未建立完善的制度变迁机制有关。相较于以前的文献研究，本章的贡献在于提出制度变迁机制的优化措施。能够持续地生成高质量的制度称为高质量的制度变迁机制，而制度变迁质量高低取决于三个关键要素：第一，制度变迁机制具有利益博弈的公共利益导向性，唯有导向公共利益，才能产生高质量的制度，而背离公共利益，必然产生低质量的制度。因此，应对制度变迁第一行动集团参与方的资格进行严格限制，第一行动集团的制度变迁参与者应当是追求公共利益最大化而非私人利益的参与者，或者是利益中立的参与者；若不满足这个条件，则在第一行动集团的制度变迁参与者应达到各方均势状态，从而能够在制度变迁中进行公平博弈。第二，制度变迁的人力资源投入数量或者配置效率越高，则制度变迁产出的制度质量越高，人力资源是指理论型人才、实务型人才以及两者兼有的人才。第三，制度变迁涉及各种方案的制定以及最终方案的选择过程，因此，制度变迁能否产生高质量的制度，不仅取决于制度变迁过程中所投入人力资源的数量和质量，而且取决于制度变迁过程中人力资源集合的效率。

第二节　地方政府的有利作用和局限性分析

因为制度改革的实施效果往往难以预测，所以中国制度改革往往选择在部分地区先行先试，等制度成熟符合推广条件再在全国范围内加以推广。在渐进式制度改革进程中，地方政府在其中扮演着非常重要的作用，本节不仅分析地方政府在制度改革中所起的积极作用，而且分析其在制度改革中存在的局限性。

（一）地方政府在制度变迁中的积极作用

由于中国社会主义市场经济体制建设并无先例可以模仿和学习，中国制度变迁多数情况下采用"摸着石头过河"的渐进式改革思路，在渐进式制度变迁过程中地方政府发挥着非常重要的作用：

第一，地方政府起着联结中央政府与地方微观主体之间的桥梁作用。与中央政府相比，地方政府更了解地方社会成员的需求及资源状况，因此就更有理由相信地方政府对外部规则的选择会有利于地方的福利增进（周业安，2000）。与地方政府相比，地方微观主体由于可能存在"搭便车"行为以及难以形成一致的行动，地方微观主体的制度变迁效率相对较低，而地方政府在制度变迁过程中能够采取一致行动，并且由于中央政府与地方政府所存在的上下级垂直领导关系，地方政府在制度改革过程中更易于拿出令中央政府满意的制度变迁方案。因此，地方政府在制度变迁中起着承上启下的作用，在制度供给中心与制度需求主体之间扮演着举足轻重的"桥梁"作用。

第二，地方政府有助于在一定程度上更好地化解"诺斯悖论"问题。

中国制度变迁在解决"诺斯悖论"中逐渐演化出中国模式，即将地方政府作为沟通权力中心的制度供给与微观主体的制度创新需求的中间环节重建经济、政治合约，使效率与产权达成一致，从而化解"诺斯悖论"（景维民和张炜，2011）。

第三，地方政府在诱致性制度变迁的支持、总结和推广中起到重要的作用。由于实行分税制、地方政绩考核以及不同地区相互竞争三个方面的作用，地方政府在诱导性制度变迁中发挥积极的正向作用，地方政府的主调是对促进效率的制度创新给予支持、总结和推广（贾志永，1999）。如果缺少地方政府对诱致性制度变迁的支持、总结和推广，那么，有些诱致性制度变迁的效率就会大打折扣，甚至有些诱致性制度变迁将可能最终难以实行。

（二）地方政府在制度变迁中的局限性

任何事物都具有两面性，地方政府在制度变迁过程中虽能起到有利的积极作用，但是自身也存在难以克服的局限性。地方政府既为民间力量制度创新提供了良好的制度环境，同时又为诱致性制度变迁设置了障碍（赵军，2007）。地方政府在制度变迁过程中存在的局限性包括：

1. 利益局限性

由于微观个体（团队）、中央政府和地方政府都是理性的，都有各自不同的利益，导致中央政府和地方政府的制度需求较易得到满足，而微观个体（团队）的制度需求在三方利益一致的领域较易得到满足，在三方利益不一致的领域较难得到满足。在三方利益不一致的领域，由于微观个体（团队）的制度需求得到抑制，从而延缓了改革的进程，使得易摘的果实已经被摘，剩下的多数属于"难啃的硬骨头"，而易摘的果实多属于三方利益一致的领域，"难啃的硬骨头"多属于三方利益难以达成一致的领域。传统的制度变迁机制在三方利益一致的领域具有很大的效果，而在不一致的领域推进则可能会存在一些难度。

地方政府在制度变迁过程中同样面临"诺斯悖论"问题。诺斯在1981年提出了"诺斯悖论"，该悖论指出，国家提供制度供给包括租金最大化和社会产出最大化两个目标。上述两个目标有时保持一致，有时产生冲突。当两者产生冲突时，国家为了实现租金最大化可能会容忍无效率的制度安排的存在。地方政府同样也受到"诺斯悖论"的制约。如果来自民间的制度需求符合地方政府的偏好函数和约束条件，地方政府就会大力支持；反之，如果新的制度需求与地方政府偏好函数和约束条件产生偏差，"即使符合这种新的制度需求的供给能够促进社会产出最大化，地方政府也可能会以各种借口、方式延滞甚至拒绝"（赵军，2007）。

2. 认知局限性

诺斯（1990）指出，每个人或者组织在社会选择中处理、组织以及在利用信息上均存在着一定的心智能力上的局限，而"这种人的心智能力与辨识环境时的不确定性结合在一起，便演化出了旨在简化处理过程的规则和程序。由此而形成的制度框架则通过结构化人们的互动，限制了行为人的选择集合"。由此产生的结果是，不同国家和地区在制度演进过程中形成了各种类型不同的制度，有些属于高质量的制度，有些属于低质量的制度，并且产生了制度变迁的路径依赖效应和制度锁入效应等。

任何人都不可避免地存在认知局限性，一个人的认知局限性大于一群人的认知局限性，一个阶层的认知局限性大于几个阶层的认知局限性，随着信息交流集的不断扩大，认知局限性逐渐下降。由此可见，扩大信息交流的人群集合和阶层集合，将有助于降低认知局限性。

3. 制度进入权限的局限性

中央政府具备完备的制度进入权限，但是，由于中央政府不能承担制度试验的角色，并且中央政府与微观个体之间存在较大的空间距离和业务距离，使得中央政府难以真实和客观地了解微观个体的制度需求，导致中央政府即使具备改革的意愿和制度进入权限，也不具备设计制度变迁具体方案的能力。

地方政府也是通过与中央政府商讨才能获得一定的制度进入权限，由于制度进入权限的局限性，地方政府的部分制度变革需求也得不到满足，从而地方政府或者压抑自己的制度需求，或者选择迂回曲折的方式绕开制度的约束。

赵军（2007）认为，在陕西民办高等教育发展过程中，来自民间的诱致性制度变迁最大的困难在于如何突破权力中心的制度壁垒。地方政府往往在核心制度供给上缺乏决策权，即使地方政府意识到核心制度供给的预期收效高于预期成本，也要面临一个如何突破中央政府的制度壁垒问题。

4. 深水区改革的局限性

经过了四十余年，中国市场化制度改革取得了令世界瞩目的成就，当前的制度变迁方式对于推进深水区制度改革仍然存在局限性：第一，在市场化进程中，容易摘的低垂的果子多数已经被摘了，剩下的就是"难啃的硬骨头"，这些深水区改革涉及利益攸关的各方，需要系统性、集成性改革才能成行，对于这些方面的改革，一方面涉及诸多方面的利益关系，地方政府难以协调其中各方的利益；另一方面由于改革的风险较高，一些地方政府官员顾忌自身的职业发展前景，因此地方政府往往不太愿意触及这些方面的改革。第二，政府作为市场经济的重要参与者和监督管理者，不但需要推动其他各方的制度改革，也需要推动自身的制度改革。"理发人如何给自己理发"问题，即地方政府如何进行自我改革的问题，是当前中国改革面临的一个难题。当前中国许多方面的改革取得了重大进展，然而地方政府尚未彻底地从建设型政府转型为公共服务型政府，这与政府自身的制度改革仍然未完全到位有关。由于改革会牵涉自身利益，地方政府在推动自身的制度改革时往往会遇到不少困难。

第三节 两种制度变迁机制改进的演化博弈模型分析

中央政府（即权力中心）在制度供给侧中所扮演的角色不可动摇，在此情况下，能够变动的是地方政府与微观个体之间的地位和作用。

（一）制度变迁的演化博弈模型

市场化、法治化和服务型政府是完善市场经济体制的必备构成要素，向市场经济体制转型是一个系统工程，当其中某个构成部分不能向完善市场经济体制转型时，这个短板因素必然导致整个社会的整体也不能向完善市场经济体制转型。相对于微观个体而言，地方政府在制度变迁机制中扮演着强势作用，而微观个体扮演着弱势作用，同时地方政府受到"诺斯悖论"的制约，一方面追求社会财富最大化的有效率的产权结构，另一方面追求垄断租金最大化，在不同领域中两者的大小是不相同的，有些领域前者大于后者，即有效率产权结构所带来的财政收入增长和 GDP 增长给地方政府带来的效用大于垄断租金减少导致的损失，在改革开放早期阶段这样的领域依然不少，因此，地方政府在推动改革方面扮演着重要的作用；而有些领域前者小于后者，进入改革中后期阶段，由于前者大于后者的领域改得差不多了，即低垂的果实被摘得差不多了，剩下的是前者小于后者的领域，即"难啃的硬骨头"，在这种情况下这种制度变迁机制的效率必然会下降，进而影响中国市场经济体制的改革进程，进一步影响中国经济的转型升级和从高速增长阶段转向高质量发展阶段转变。现有的制度变迁机制供给侧方面所存在的不足，可以解决"政府给别人理发"的问题，但却难以解决"给自己理发"的问题。为了推进中国顺利地从不完善的市场经济体制向完善的市场经济体制过渡，从高速增长阶段向高质量发展阶段过渡，中国有必要推进现有的制度变迁机制供给侧改革，完善我国的制度变迁供给机制。

1. 博弈各方效用函数的建立

中央政府、地方政府和微观主体三方的效用函数参照杨瑞龙和杨其静（2000）的设定并作适当的修改。

（1）微观主体的损益函数。

令微观主体的效用函数 $U_A = Kg = K\lambda^x$，K 为大于零的常数，$x \in (0, 1)$ 的常数。$\lambda \in [0, 1]$ 表示市场化程度，$\lambda = 0$ 表示完全计划化，$\lambda = 1$ 表示完全市场化，λ 越大表示市场化程度越高。λ^x 对微观主体意味着市场自由和机会，对社会来说代表了社会经济活力，市场化进程是高质量发展的基础。如果微观个体通过努力成功地推进市场化改革进程，市场化进程将从 g_i 变成 g_{i+1}，微观个体为此而付出的政治成本或政治风险设为 F_{Li}，此时微观个体的损益为 $Kg_{i+1} - F_{Li}$；若微观个体通过努力后不能推进市场化进程，则市场化进程仍旧为原来的 g_i，其损益为 $Kg_i - F_{Li}$。如果微观个体不去推进市场化进程，那么，市场化水平没有任何变化，还是原来的 g_i，微观个体的损益为 Kg_i。

（2）地方政府的效用函数。

地方政府的效用函数设为：

$$U_{Li}^e = q(\lambda_i)\left[A(g_{i+1} - g_i) - B(h_{i+1}^2 - h_i^2)\right] - \left[1 - q(\lambda_i)\right]R_{Li}$$

市场化进程①对地方政府有两种影响，一种是更有效率的产权结构，这对于地方政府而言是正效用；另一种是降低地方政府的垄断租金，这对地方政府来说是负效用。其中，g_i 表示地方政府官员由制度创新所带来的平均业绩；h_i 表示地方政府官员由制度创新所导致的垄断租金损失，垄断租金损失随着市场化进程而不断减少，$h = \lambda^y$，y 是大于 1 的有限常数。在这两种相反力量的作用下，地方政府的效用函数与市场化进程之间的关系不是简单的线性关系，而是一种非线性关系。若地方政府不推进市场化改革，则市场化程度还是原来的 λ_i，地方政府的损益为 $Ag_i - Bh_i^2$；若地方政府积极推进市场化改革，但改革获得中央政府认可，地方政府的损益为 $Ag_{i+1} - Bh_{i+1}^2$；若地方政府推进市场化改革，但改革未获得中央政府认可，地方政府的损益为 $Ag_i - Bh_i^2 - R_{Li}$；若中央政府希望地方政府推动改革，但是地方政府并未推动改革，地方政府的损益为 $Ag_i - Bh_i^2 - E_{Li}$，其中，E_{Li} 表示地方政府因改革不力受到的追责或者惩戒，R_{Li} 表示制度改革不成功引发的政治成本或政治风险，$q(\lambda_i)$ 表示制度变迁成功（即中央政府认可地方政府推行的制度改革）的概率，制度变迁成功的概率与当前所处的市场化水平 λ_i 有关。

（3）中央政府的效用函数。

在改革之前，中央政府（即中央治国者）对市场经济制度的知识 $K_0 = 0$ 或掌握得很少，从而不足以启动改革。当市场经济制度水平 $\lambda_0 = 0$ 时，中央治国者的效用 $U_{C0} = 0$。假设中央治国者通过看书、对传统体制的反思、出国考察或从治国实践中积累了一定的市场经济知识 k_i，主动或被动地将制度变迁发展到 λ_i 阶段，其中 $k_i \in [0, 1]$，0 表示中央治国者对市场经济制度一无所知，持否定态度；1 表示充分认知，完全认同。制度改革对于中央治国者有两方面的效用：第一种效用为经济方面的正效用，用 $U_{C2i} = \lambda_i^x b^{k_i}$ 表示，其中 $b > 1$，制度改革导致综合国力增强、国际地位上升，这给中央治国者带来经济方面的正效用；第二种效用为意识形态的负效用，用 $U_{C1i} = \lambda_i(a^{1/k_i} - a)$ 表示，a 是大于 1 的常数，市场经济知识 k_i 越

① 这里讲的市场化进程，是指市场化程度、法治化程度和服务型政府的综合进展程度。

大，$U_{Cli} = \lambda_i(a^{1/k_i} - a)$ 越小。两者相减得到中央治国者所获得的总效用 $U_{Ci} = \lambda_i^x b^{k_i} - \lambda_i(a^{\frac{1}{k_i}} - a) > 0$。

2. 中央政府与地方政府关于地方制度改革的演化稳定策略求解

若此时中央政府（即中央治国者）不进一步推动改革，市场化水平仍然停留在原来水平 λ_i，则中央政府的损益为 $U_{Ci} = -\lambda_i(a^{1/k_i} - a) + \lambda_i^x b^{k_i}$；若中央政府希望进一步改革，则中央政府的损益为 $U_{Ci+1} = -\lambda_{i+1}(a^{1/k_i} - a) + \lambda_{i+1}^x b^{k_i}$。另外，$C_{Li}$ 表示由于中央政府期望地方政府推进制度改革而地方政府未能推进预期改革而导致中央政府执政声望的损失，D_{Li} 表示由于中央政府不批准地方政府改革而承担过于保守的声望损失。

第一，当 $q(\lambda_i)A(g_{i+1} - g_i) < q(\lambda_i)\frac{a}{2}(h_{i+1}^2 - h_i^2) + [1 - q(\lambda_i)]R_{Li}$ 时，此时表示政治风险过大（例如改革开放前的时期），或者地方政府的垄断租金过多，此时，地方政府没有任何推动本地方改革进程的倾向。

第二，当 $q(\lambda_i)A(g_{i+1} - g_i) \geq q(\lambda_i)\frac{a}{2}(h_{i+1}^2 - h_i^2) + [1 - q(\lambda_i)]R_{Li}$ 时，此时表示政治风险较小和地方政府的垄断租金较少，并且市场化进程的收益较大，这些往往表现在市场化"领头羊地区"，如深圳等，通过市场化领先的作用集聚了高级生产要素，进而收获市场化的很多好处，因此，A 比较大；而对于欠发达地区而言，即使推进市场化进程，依然落后于其他地区，A 比较小，因此推进市场化进程的意愿明显不足。

第三，在推进市场化进程的某些时期（多属改革开放的早期和中期阶段），一般而言 $q(\lambda_i)A(g_{i+1} - g_i) > q(\lambda_i)\frac{a}{2}(h_{i+1}^2 - h_i^2) + [1 - q(\lambda_i)]R_{Li}$，此时地方政府在推进市场化进程中扮演着积极角色；在推进市场化进程的另外一些时期（多属于改革开放的后期阶段），在多数情况下 $q(\lambda_i)A(g_{i+1} - g_i) \leq q(\lambda_i)\frac{a}{2}(h_{i+1}^2 - h_i^2) + [1 - q(\lambda_i)]R_{Li}$，此时地方政府在推进市场化进程方面的作用比较有限，甚至有时可能起一定程度的负面作用。

中央政府作为国家的最高权力者，致力于维护社会福利最大化。当中央政府和地方政府目标一致时，地方政府会支持中央政府的改革行为。当中央政府和地方政府目标不一致时，地方政府较大可能采取消极改革策略：一是虽然在积极改革但做无效或低效改革，维护垄断租金；二是由于信息不对称性，中央政府对地方政府的监督成本较高，地方政府以改革的艰难性为借口，在改革方面迟迟不作为或者尽量少作为，在推进改革方面消极怠工。

微观个体缺少制度进入权，而微观个体在某些方面〔即对地方政府损害较小的市场化进程方面，也就是 $A(g_{i+1} - g_i) \geqslant \dfrac{a}{2}(h_{i+1}^2 - h_i^2)$ 的那部分市场化进程〕的利益与地方政府是一致的，而在另外一些方面的利益〔即对地方政府损害较小的市场化进程方面，也就是 $A(g_{i+1} - g_i) < \dfrac{a}{2}(h_{i+1}^2 - h_i^2)$ 的那部分市场化进程〕与地方政府不一致。对于微观个体与地方政府利益不一致的市场化进程，无论是诱致性制度变迁机制，还是强制性制度变迁机制，都因为供给机制不完善，导致制度供给不足，从而使得制度供给偏离最优制度供给曲线而产生较高的制度成本（见表 10 - 1）。

表 10 - 1 　　　　　　　　中央政府与地方政府的演化博弈分析

项目		地方政府	
		改革（p）	不改革（$1-p$）
中央政府	认可（q）	$-\lambda_{i+1}(a^{\frac{1}{k_i}} - a) + \lambda_{i+1}^x b^{k_i}$ $Ag_{i+1} - Bh_{i+1}^2$	$-\lambda_i(a^{\frac{1}{k_i}} - a) + \lambda_i^x b^{k_i} - C_{Li}$ $Ag_i - Bh_i^2 - E_{Li}$
	不认可（$1-q$）	$-\lambda_i(a^{\frac{1}{k_i}} - a) + \lambda_i^x b^{k_i} - D_{Li}$ $Ag_i - Bh_i^2 - R_{Li}$	$-\lambda_i(a^{\frac{1}{k_i}} - a) + \lambda_i^x b^{k_i}$ $Ag_i - Bh_i^2$

其中，C_{Li} 表示由于地方政府未能如期推进预期的改革而导致中央政府执政声望的损失，R_{Li} 表示地方政府推动改革不成功的政治风险。

地方政府的收益期望效用函数为：

$$E_{改革} = q(Ag_{i+1} - Bh_{i+1}^2) + (1 - q)(Ag_i - Bh_i^2 - R_{Li})$$

$$E_{不改革} = (Ag_i - Bh_i^2) - qE_{Li}$$

地方政府的复制动态方程为：

$$F(p) = \frac{\mathrm{d}p}{\mathrm{d}t} = q(E_{改革} - E_{不改革})$$

$$= q(1 - q)[qA(g_{i+1} - g_i) - qB(h_{i+1}^2 - h_i^2) + qE_{Li} - (1 - q)R_{Li}]$$

令 $F(p) = \dfrac{\mathrm{d}p}{\mathrm{d}t} = 0$，可得：

$$q^* = 0, q^* = 1, q^* = \frac{R_{Li}}{A(g_{i+1} - g_i) - B(h_{i+1}^2 - h_i^2) + E_{Li} + R_{Li}} \quad (10.1)$$

中央政府的收益期望效用函数为：

$$E_{认可} = -\left[p\lambda_{i+1} + (1-p)\lambda_i\right](a^{\frac{1}{k_i}} - a) + \left[p\lambda_{i+1}^x + (1-p)\lambda_i^x\right]b^{k_i} - (1-p)C_{Li}$$

$$E_{不认可} = -\lambda_i(a^{\frac{1}{k_i}} - a) + \lambda_{i+1}^x b^{k_i} - pD_{Li}$$

中央政府的复制动态方程为：

$$F(q) = \frac{\mathrm{d}q}{\mathrm{d}t} = p(E_{认可} - E_{不认可})$$

$$= p(1-p)\left[-p(\lambda_{i+1} - \lambda_i)(a^{1/k_i} - a) + p(\lambda_{i+1}^x - \lambda_i^x)b^{k_i} + pD_{Li} - (1-p)C_{Li}\right]$$

令 $F(q) = \dfrac{\mathrm{d}q}{\mathrm{d}t} = 0$，可得：

$$p^* = 0, \ p^* = 1, \ p^* = \frac{C_{Li}}{-(\lambda_{i+1} - \lambda_i)(a^{1/k_i} - a) + (\lambda_{i+1}^x - \lambda_i^x)b^{k_i} + D_{Li} + C_{Li}}$$

$$(10.2)$$

如图 10 - 1 所示，O 点和 B 点是演化稳定策略，B 点是理想的结果，表示地方政府推动制度改革，中央政府对地方政府的制度改革结果予以认同和激励，地方制度改革进入良性循环；O 点是帕累托劣均衡，表示地方政府和中央政府相互演化博弈的结果是地方制度改革陷入停滞状态。在图 10 - 1 的Ⅲ区，即由虚线所围成的区域，地方政府与中央政府的相互博弈收敛于 B 点；在Ⅰ区，即由实线围成的区域，双方的相互博弈收敛于 O 点。在Ⅱ区和Ⅳ区，双方各有 50% 的概率落入Ⅰ区和Ⅲ区。要使系统最大可能收敛于 B 点，应该尽量放大Ⅲ区的面积，这意味着要尽可能减少 p^* 和 q^* 的数值。

根据（10.1）式，随着地方政府的垄断租金 $B(h_{i+1}^2 - h_i^2)$ 减少，或者地方政府不改革承担的成本 E_{Li} 上升，或者地方政府推动改革的政治风险 R_{Li} 降低，都会导致 q^* 下降，从而使图 10 - 1 的Ⅲ区面积变大，地方政府改革的动力增强和可能性提高。根据（10.2）式，随着中央政府的市场化改革偏好 k_i 增加，或者中央政府不改革承担的成本 D_{Li} 上升，或者中央政府希望推动改革但推行改革不力承担的成本 C_{Li} 增加，都会导致 p^* 下降，从而使图 10 - 1 的Ⅲ区面积变大，中央政府改革的动力增强和可能性提高。

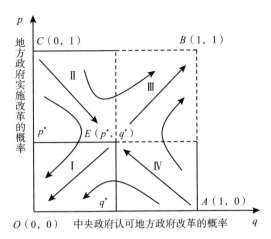

图 10 - 1　地方政府与中央政府制度改革的演化博弈相位图

3. 中央政府与微观个体关于地方制度改革的演化稳定策略求解

中央政府与微观个体的演化博弈分析如表 10 - 2 所示。

表 10 - 2　　　　　　　　　中央政府与微观个体的演化博弈分析

项目		微观个体	
		改革（p'）	不改革（$1-p'$）
中央政府	认可（q'）	$-\lambda_{i+1}(a^{\frac{1}{k_i}}-a)+\lambda_{i+1}^x b^{k_i}$ Kg_{i+1}	$-\lambda_i(a^{\frac{1}{k_i}}-a)+\lambda_i^x b^{k_i}-C_{Li}$ Kg_i
	不认可（$1-q'$）	$-\lambda_i(a^{\frac{1}{k_i}}-a)+\lambda_i^x b^{k_i}-D_{Li}$ Kg_i-F_{Li}	$-\lambda_i(a^{\frac{1}{k_i}}-a)+\lambda_i^x b^{k_i}$ Kg_i

其中，D_{Li}表示中央政府不愿推动改革进程而遭受过于保守批评导致的声誉损失，C_{Li}表示中央政府虽有意推动改革但改革实际推进进程不力而遭受的声誉损失，F_{Li}表示微观个体推动改革的政治成本或政治风险。

微观个体的收益期望效用函数为：

$$E_{改革}=q'Kg_{i+1}+(1-q')(Kg_i-F_{Li})=Kg_{i+1}-(1-q')F_{Li}$$

$$E_{不改革}=q'Kg_i+(1-q')Kg_i=Kg_i$$

微观个体的复制动态方程为：

$$F(p') = \frac{\mathrm{d}p'}{\mathrm{d}t} = q'(E_{改革} - E_{不改革})$$

$$= q'(1-q')\left[q'K(g_{i+1} - g_i) - (1-q')F_{Li}\right]$$

令 $F(p') = \dfrac{\mathrm{d}p'}{\mathrm{d}t} = 0$，可得微观个体：

$$q'^{*} = 0, \quad q'^{*} = 1, \quad q'^{*} = \frac{F_{Li}}{Kg_{i+1} - Kg_i + F_{Li}} \tag{10.3}$$

中央政府的收益期望效用函数为：

$$E_{认可} = -\left[p'\lambda_{i+1} + (1-p')\lambda_i\right]\left(a^{\frac{1}{k_i}} - a\right) + \left[p'\lambda_{i+1}^{x} + (1-p')\lambda_i^{x}\right]b^{k_i} - (1-p')C_{Li}$$

$$E_{不认可} = -\lambda_i\left(a^{\frac{1}{k_i}} - a\right) + \lambda_{i+1}^{x}b^{k_i} - p'D_{Li}$$

中央政府的复制动态方程为：

$$F(q') = \frac{\mathrm{d}q'}{\mathrm{d}t} = p'(E_{认可} - E_{不认可})$$

$$= p'(1-p')\left[-p'(\lambda_{i+1} - \lambda_i)(a^{1/k_i} - a) + p'(\lambda_{i+1}^{x} - \lambda_i^{x})b^{k_i}\right.$$

$$\left. + p'D_{Li} - (1-p')C_{Li}\right]$$

令 $F(q') = \dfrac{\mathrm{d}q'}{\mathrm{d}t} = 0$，可得：

$$p'^{*} = 0, \quad p'^{*} = 1, \quad p'^{*} = \frac{C_{Li}}{-(\lambda_{i+1} - \lambda_i)(a^{1/k_i} - a) + (\lambda_{i+1}^{x} - \lambda_i^{x})b^{k_i} + D_{Li} + C_{Li}}$$

$$\tag{10.4}$$

根据（10.3）式，随着微观个体的市场化改革偏好 $K(g_{i+1} - g_i)$ 增大，或者微观个体推动改革承担的成本 F_{Li} 减小，q'^{*} 下降，图 10 - 2 的区域Ⅲ面积越大，微观个体越有可能推动改革。由于微观个体没有制度改革进入权，并且微观个体具有"搭便车"的特点，导致 F_{Li} 的数值非常大，甚至有时趋于无限大，从而微观个体推动改革的动力很弱。根据（10.4）式，随着中央政府的市场化改革偏好 k_i 增加，或者中央政府不改革承担的成本 D_{Li} 上升，或者中央政府希望推动改革但推行改革不力承担的成本 C_{Li} 减少，都会导致 p'^{*} 下降，从而使图 10 - 2 的Ⅲ区面积变大，中央政府改革的动力增强和可能性上升。

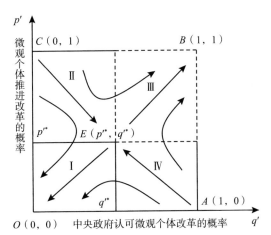

图 10 - 2　微观个体与中央政府制度改革的演化博弈相位图

4. 模型推论

基于以上演化博弈模型的推演过程，我们可以得到以下几个方面的推论：

（1）制度变迁的异质性分析。

以往的分析，常常把制度变迁看作是同质的，实质上制度变迁是异质的，不同制度改革项目对于不同的改革主体影响是异质性的，忽略了制度改革项目的异质性，就很难解释改革过程中出现的现象和问题，如为何制度改革会滞后于经济发展，为何有些制度改革顺利推行但有些制度改革却难以成行，为何完善市场经济体制建设依然面临不小的困难和障碍等。

运用以上博弈模型可以解释部分问题，若 p^* 的数值小，则地方政府不改革是小概率事件，改革是大概率事件；若 p^* 的数值大，则地方政府不改革是大概率事件，改革是小概率事件。对于大概率事件的改革领域（如乡镇企业改革、价格双轨制改革等），地方政府具有强烈的改革动力，市场化改革进程所受阻力较小，改革进展比较顺利；对于小概率事件的改革领域（如地方政府向服务型政府转型等），现实中地方政府缺乏改革动力，甚至对这些领域的改革设置障碍，导致这些领域的改革进程迟迟未达预期效果。完善的市场经济体制是全方位的改革，某些领域改革不到位、不彻底，必然导致我国社会主义市场经济体制不完善。

推论 1：在某些改革领域，由于 p^* 的数值大，则地方政府不改革是大概率事件，改革是小概率事件，导致这些领域的改革进程很难达到预期效果，这些领域改革不彻底、不到位进而影响我国社会主义市场经济体制的完善性。

政府与市场都是资源配置的两种手段，并且两种资源配置手段中，政府处于相对强势地位，市场处于相对弱势地位，因此，政府自身的转型是建设完善市场经济体制的必备条件。而由于地方政府作为制度变迁者所具有的局限性，在地方政府作为制度变迁主要参与人的情况下，地方政府很难完成自身的转型，因此，需要改变制度变迁机制来推动地方政府转型以建设完善的市场经济体制。

以地方政府为主要参与者推行的地方制度改革，由于受诺斯提到的垄断租金制约，在某些领域容易掉入"垄断租金陷阱"，从而在这些领域陷入了低水平制度均衡。某些领域制度改革进程的利益俘获，这些领域制度变迁便可能收敛于较低质量的制度均衡。建设社会主义市场经济体制是一个系统工程，某些领域的较低质量制度均衡便导致整个社会主义市场经济体制不完善，进而因为局部不完善而明显制约了社会主义市场经济体制的效率，经济高质量发展所倚仗的制度红利难以得到充分发挥，经济高质量发展难以达到预期效果。

由此可见，经济发展后期制度改革推进进程不顺畅，根本原因在于制度变迁机制所存在的内在不足，因此，唯有改进制度变迁机制，才能更为顺畅地推进改革进程，进而为经济高质量发展提供更多、更好的制度红利。

（2）人力资本投入与制度变迁之间的关系。

增加人力资本投入或者提升人力资本配置以及集合效率，对于不同制度变迁主体的影响不同：第一，对于微观个体而言，增加人力资本投入会提高市场化进程的效率，市场化进程效率的提高降低微观个体的 q^{r^*}；第二，如果 $A(g_{i+1}-g_i)>B(h_{i+1}^2-h_i^2)$，人力资本投入增大会降低地方政府的 q^*，反之则对地方政府的 q^* 没有影响；第三，如果 $(\lambda_{i+1}^x-\lambda_i^x)b^{k_i}>(\lambda_{i+1}-\lambda_i)(a^{1/k_i}-a)$，增加人力资本投入会提高中央政府的 p^*（或 p^{r^*}），反之则对中央政府的 p^*（或 p^{r^*}）没有影响。也就是说，只有在地方政府或中央政府合意的市场化进程范围之内，人力资源投入或配置效率以及集合效率的增长才会推动市场化进程；只要超过地方政府或中央政府合意的市场化进程，那么人力资源投入或配置效率以及集合效率的增长不会推进市场化进程。

推论2：在一定限度之内，增加制度变迁过程的人力资本投入或者提高制度变迁过程的人力资本配置效率，可以推进市场化进程。

（3）改革任务的异质性与微观主体在制度变迁中的地位。

当市场化进程 λ 推进到较高水平（即处于制度改革后期）时，此时地方政府推进改革，一方面所面临的政治风险 R_{Li} 过高，另一方面所承受的垄断租金降幅 $B\left(h_{i+1}^2 - h_i^2\right)$ 过大，$A\left(g_{i+1} - g_i\right)$ 显著小于 $B\left(h_{i+1}^2 - h_i^2\right)$，见图 $10-3$，根据地方政府与中央政府之间的演化博弈稳定策略 ［（10.1）式］，此时 q^* 的数值很大，这意味着双方相互演化博弈更有可能收敛于图 $10-1$ 的 0 点，即地方政府推动地方制度改革更有可能陷入停滞状态。当市场化进程 λ 推进到较高水平（即处于制度改革后期）时，由于微观个体在此处不存在垄断租金，根据微观个体与中央政府之间的演化博弈稳定策略 ［（10.3）式］，此时只要中央政府给予微观个体的制度进入权限，就会大大地降低微观个体的 F_{Li}，这意味着（10.3）式的 q'^* 明显小于（10.1）式的 q^*，此时微观个体与中央政府相互博弈的制度变迁动力显著地高于地方政府与中央政府相互博弈的制度变迁动力，中国制度变迁机制的动力由此而显著增强。

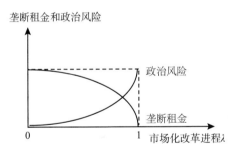

图 10 - 3　地方政府的政治风险和垄断租金随市场化改革进程而变化的情况

当前已经进入了改革的后期阶段，地方政府改革面临不少难以推进的改革领域，即（10.1）式的政治风险 R_{Li} 和垄断租金 Bh_i^2 较高的领域，此时地方政府推动改革的动力明显不足；然而，根据（10.3）式，由于微观主体在这些领域不存在垄断租金并且政治风险远远小于地方政府，因此，在这些领域微观个体的制度变迁动力明显高于地方政府。

推论3：由于微观个体没有垄断租金以及政治风险较低，让微观个体获取更多的制度进入权限，更多地参与制度变迁过程，可以显著地推动在市场化后期阶段的市场化改革进程。

地方政府对于垄断租金和政治风险较低的领域改革动力较强，在市场化初期和中期阶段地方政府在这些领域大力推行市场化改革；在市场化后期阶段，低垂的"果实"已经被摘得差不多了，剩下的大多数是"难啃的硬骨头"，地方政府面临的多数属于垄断租金和政治风险较高的领域，在这些领域地方政府推动改革的动力明显减弱，从而使得现有的制度变迁机制遭遇不小的改革阻力和障碍，见图10-3。

推论4：在改革初期和中期，地方政府制度变迁机制的动力比较强劲，在改革后期，地方政府制度变迁机制动力则有所下降。

（二）完善制度变迁机制应当坚持的基本原则

1. 制度变迁主体参与的条件

制度变迁主体的参与前提条件是以长期的公共利益最大化为目标，即公共利益并且是长期的公共利益，如果以追求私人利益或者短期的私人利益为目标，必然产生目标偏离，从而可能使制度收敛于次优均衡，无法收敛于最优均衡。由此可见，我们可以得到制度变迁主体的第一个参与条件：参与制度变迁的主体必须以长期的和整体的公共利益最大化为制度变迁目标。

然而，现实中，这个条件却不好满足，因为微观个人或者地方政府都有追求自身利益的局限性，因此，需要通过机制的设计，使得微观个体或者地方政府能够以追求地方长期公共利益为目标。

制度变迁主体的第二个条件是：参与制度变迁的主体必须在该领域具有长期的深厚积累并且对待改革的制度具有卓越的远见和深刻的洞见。

虽然微观主体具有制度变迁的需求，但不是每个微观主体都具备制度变迁的客观条件，唯有满足第二个条件的微观主体，才是合格的制度变迁参与主体。

2. 完善的制度变迁机制需要坚持的基本原则

由前面分析可知，完善的制度变迁机制需要坚持以下两个基本原则：

第一，利益中立原则或独立性原则：制度变迁主体与所变迁的制度之间不存在或者存在较少的利害关系。这与法院审判的道理是相同的，审判员应当与案例不存在利害关系，否则应当采取回避原则。

利益中立原则或独立性原则，现实中往往难以满足。即使某些微观个体或者机构满足，也可能因为被某些利益团体收买而成为他们的代言人，从而不满足利益中立原则或独立性原则。当地方政府和微观个体不再满足利益中立原则时，应避免制度变迁机制出现利益偏移现象从而掉入较低质量的制度均衡状态。在某些领域，地方政府的利益偏移度较低，因此能够生产较高质量的制度；在某些领域，地方政府的利益偏移度较高，因此生成较低质量的制度。

第二，均势参与原则：虽然各方都是利益相关的，但是哪方都不能占据强势地位或主导地位，在利益各方均势参与的情况下，充分地反映各方意见的博弈均衡结果所生成的制度，明显优于某些利益主体占强势地位下的博弈均衡结果所产生的制度。均势参与原则需要多方利益主体充分并且平等地参与，这包含两层含义：一是指制度变迁应当包括所有的利益主体的充分参与；二是指所有的利益主体在制度变迁过程中的地位是均势的，若地位不平等会导致制度变迁机制所产生的制度不平等。

均势参与原则的博弈过程有可能会达成利益各方都赞成的一致结果，也有可能不能达成一致结果。当不能达成一致结果时，则需要一个能够代表整体公共利益的权威仲裁者，而中央政府是广大人民利益的忠实代表，适宜担任权威仲裁者的角色。

在制度变革方案选择过程中，为了避免出现利益偏移现象，需要确立公共利益约束原则。所谓公共利益约束原则，就是选择真正能代表整体公共利益的主体或者设置比较完备的机制，确保制度方案选择能够最大限度地代表公共利益。公共利益约束机制可以由两个方面来保障：第一，制度变迁方案的选择由真正能够代表广大人民群众公共利益的主体做出，作为人民利益忠实代表的中央政府，适宜作为制度变迁方案的选择主体；第二，有些制度需要地方政府进行方案选择，此时应当设置相关的机制对有可能产生利益偏移的地方政府进行有效约束。首先由公众投票选择方案，并公布所有待选择的方案以及最后由地方政府选择的方案，若地方政府选择的方案与公众选择的方案不同，需要就选择不同的原因对公众作出详细的公开解释，并且中央政府保留对渎职的地方政府官员追究相关责任的权利，这使得地方政府进行制度改革方案选择时受到公共利益约束。

第四节　现实中制度变迁机制的制度供求不匹配分析

经历了四十余年的制度改革，当前我国尚未建立完善的市场经济体制，究其原因，当前我国并未建立完善的制度变迁机制，不管是诱致性制度变迁机制还是强制性制度变迁机制，现实中依然存在不完善的地方，而不完善的制度变迁机制在现实中难以产生完善的市场经济体制。

（一）现实中我国制度变迁机制存在的问题分析

1. 诱致性制度变迁机制的制度供求存在的问题

根据诺斯的理论，诱致性制度变迁的第一行动集团为微观个体或者个体团队，第二行动集团为政府。微观个体或者个体团队通过制度需求而产生制度变迁动力，并通过第二行动团体的确认和支持最终完成从下至上的诱致性制度变迁。这种理论上的诱致性制度变迁在现实中不可行，原因包括两个方面：一是由于政府限制微观个体或者个体团队的制度进入权（杨瑞龙，1998），只有通过地方政府上传下达的信息传递作用，地方微观个体或者个体团队才有可能部分地获得制度进入权；二是政府可以分为中央政府和地方政府，两者具有不同的层次、地位和利益，不能简单地合二为一（李怀和邓韬，2013）。

我国的诱致性制度变迁可以分为两种类型：第一种是"地方微观个体或者个人团体→地方政府→中央政府"，地方政府以"第二行动集团"的身份，对微观个体的制度创新活动予以鼓励和扶持，这种诱致性制度变迁只有地方政府认可，才能进行制度变动；第二种是"地方政府→中央政府"，地方政府以"第一行动集团"的身份，在自己的职权范围内主动进行制度创新，如引入市场机制、增量改革等，这种类型只有符合地方政府或地方政府与地方利益组成的团体的利益需要，才可能进行诱致性制度变迁。

通过比较诺斯制度变迁理论与中国制度变迁实践可知，根据诺斯提到的诱致性制度变迁机制，微观个体或者个人团体具备制度进入权，从而作为第一行动集体的微观个体或者个人团体的制度需求可以反映给政府，也具备与政府直接沟通和商讨的渠道；根据中国现实的诱致性制度变迁机制可知，微观个体或者个人团体难以获得制度进入权，只有通过地方政府的上传下递作用和商讨作用才能部分地获得制度进入权，然而地方政府也具有自身的利益，从而只有符合地方政府利益诉求的微观个体或者个人团体制度需求才能向上传递到中央政府，而其他微观个体或者个人团体的制度需求有时难以传递到中央政府，从而产生现实中诱致性制度变迁机制的制度需求与制度供给不相匹配。

2. 强制性制度变迁机制的制度供求存在的问题

强制性制度改革可以解决诱致性制度改革的"搭便车"问题和制度供给不足问题，与诱致性制度变迁一起成为我国制度变迁的两种重要方式。我国的强制性制度变迁机制表现为，"中央政府设置制度变迁的目标和试验区→试验区地方政府在权限范围内进行制度试验→中央政府确认制度试验成功经验并在全国范围推广"，在制度变迁过程中，地方政府以代理者的身份，在中央政府的制度准入条件下进行制度创新试验，如创办经济特区、自由贸易试验区（港）、国家综合改革示范区和开展各种制度改革试验等。

强制性制度变迁由于是从上至下的制度变迁机制，违反了"一致同意"的原则，即使政府为了全社会的公共利益而推进强制性的制度变迁，但也由于信息的不对称、有限理性和有限决策等导致的政府失灵，现实中强制性制度变迁不能很好地反映微观个体或者个人团体的真实制度需求，从而使强制性制度变迁的制度供给与微观个体或者个人团体的制度需求不相匹配。

（二）现实中制度变迁机制制度供求不匹配推高了制度成本

制度可以视为一种公共产品，它是由个人或组织生产出来的，这就是制度的供给。由于人们的相对理性和资源的相对稀缺性，制度的供给是有限理性和不够完善的。随着外界环境的变化或自身理性的提高，人们会不断提出对新制度的需求，以增加预期收益。当制度的供求相互匹配时，制度是稳定的；当现存制度不能满足人们的需求（即制度的供求不相匹配）时，就可能发生制度的变迁。制度供求不匹配具体包括两种情况：

第一，由于制度供给机制（即制度生产和再生产机制）不完善，导致制度供给效率较低，现实的制度供给曲线位于最优的制度供给曲线的左上方，从而拉高了制度成本，影响了经济的效率（见图 10 – 4）。

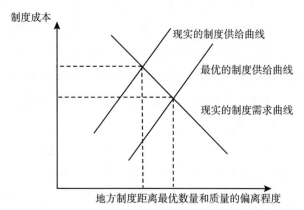

图 10 – 4　地方改革机制不完善导致地方制度供求处于较低水平

　　第二，随着外界环境的变化和人们理性程度的提高，人们的制度需求增长使制度需求曲线向右移动，但由于制度供给机制不完善导致制度供给曲线未能向右移动，从而推高了制度成本。例如，技术密集型产业是制度密集型的，技术密集型产业的发展比劳动密集型产业和资本密集型产业对制度有更高的要求，进入高质量发展阶段，人们对制度的需求增加，但是由于制度供给机制尚不完善，导致制度供给跟不上制度需求，从而推高了制度成本（见图 10 – 5）。

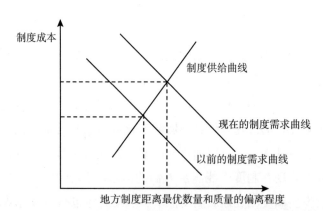

图 10 – 5　地方改革机制不完善导致地方制度供求处于较低水平

（三）制度供求函数与制度供求不匹配分析

根据制度供给函数 $S_t = A_t L_t^{\alpha}$，s. t. $A_t L_t^{\alpha} \leqslant S_t'$，在渐进式改革策略下，过于激进的市场化改革不利于经济和社会稳定，因此，中央政府不希望采取过于激进的改革方案，S_t' 表示中央政府所能容忍的市场化制度改革推进速度上限，A_t 表示制度变迁的外部环境所决定的参数（包括政治、宗教、媒体、舆论、开放程度等外部环境），α 表示制度变迁机制效率所决定的参数，α 越大表示制度变迁机制的效率越高。好的制度变迁机制一方面可以更好地发挥人力资本的效率，这种人力资源的效率既包括人力资本投入的效率，也包括人力资本配置以及集合①的效率；另一方面可以更好地限制利益相关者的影响。L_t 表示配置于制度变迁的人力资本。$L_t = \dfrac{I_t^{\delta}}{R_t^{\gamma}}$，其中 I_t 表示参与制度变迁主体的知识经验储备和对所改革领域的认知水平，R_t 表示制度变迁主体与所进行制度变迁的利益相关程度。只要有一定必要的资本投入就可以满足制度变迁的需要，资本投入的作用基本可以忽略不计，因此制度供给函数中并未包括资本投入。根据制度需求函数 $D_t = \beta G_t^{\delta} Z_t^{-\eta}$，其中 β、δ 和 η 是大于零的常数，G_t 表示经济发展水平，经济发展水平越高，教育水平随之提高，经济水平和教育水平越高，人们对制度质量的需求越高，Z_t 表示替代地区的制度质量，替代地区（同一国家的其他地区或者是其他国家）的制度质量越高，对本地区的制度质量需求就会下降。η 表示本地区和替代地区的迁移难度，当迁移难度越小，η 越大。β 反映文化、宗教等因素的影响，有些文化、宗教等对制度质量的要求较高，而另外一些要求较低。

制度供给的主导者是中央政府和地方政府，制度需求的主导者是微观个体，由于各自具有不同的利益，这样有可能导致制度供求不相匹配。制度异化是指当制度需求得不到满足，制度费用较大时，制度系统内部就会发生变异（杨生银，2011）。在未来制度变迁机制的供给侧改革中，应当增强微观个体在供给侧中所扮演的角色和所起的作用，从而使制度供给侧

---

① 由于制度变迁是多人协作完成的过程，多人协作的效率称为人力资本集合的效率。

与需求侧更加匹配，减少乃至于消除制度现实供给曲线与最优供给曲线之间的偏离。

第五节 制度变迁机制运行框架的改进措施

地方政府作为制度变迁主体，存在以下不足：第一，地方政府也拥有自身在地方的利益，在地方垄断租金与地方公共利益相冲突的领域，难以保证地方政府会选择代表公共利益的制度变迁方向；第二，地方政府官员虽然从事政府工作，但难以保障所有的地方政府官员都对有待改革的制度有深刻洞见和长远眼光。正是由于制度变迁主体存在的不足，导致制度变迁机制的三个条件难以完全满足：第一，地方政府官员并不一定能够完全代表地方公共利益；第二，地方政府官员对有待改革的制度认识程度有限，并不一定能提出最优的解决方案；第三，由于自身利益的存在，地方政府官员不一定能够从多种选择方案中作出最优的制度变迁方案选择。由于现有的制度变迁机制所存在的不足，面对更高要求的制度质量要求，当前我国需要设计出更为"精巧"的制度变迁机制。

高质量的制度变迁机制，决定高质量的制度水平。为了适应经济高质量发展阶段对制度高质量的内在要求，我们必须提升制度变迁机制的质量，使得中国制度变迁机制的供求更加匹配和更具效率。完善制度变迁机制的关键在于改进地方制度变迁主体的权限和职责，使制度变迁的供需主体更加匹配，进而产生更高质量的地方制度。

针对传统的制度变迁机制所存在的不足，下面对诱致性制度变迁机制和强制性制度变迁机制的实施框架提出相应的改进措施。

（一）诱致性制度变迁机制运行框架的改进对策

诱致性制度变迁机制的改进框架包括：

第一，中央政府与地方民众组建第一行动集团。地方政府不能作为第一行动集团，原因是地方政府在本地方拥有自己的利益，地方政府与地方微观个体之间可能会存在利益分歧，从而影响制度变迁的效果；中央政府通常与地方微观个体不处于同一地方，中央政府是人民群众利益的忠实代表，因此，中央政府与地方微观个体的利益比较一致，适合组成第一行动集团。首先由微观个体对中央政府提出制度需求方案，或者中央政府通过调研获得制度需求信息，然后再由中央政府和相关的微观个体组成制度变迁的第一行动集团。

第二，提出有关制度变迁的主要方案。中央政府派遣由专家团队和其他中央政府人员组成的调查组，在地方政府不知情和不干预的情况下[①]，向地方民众和企业进行细致走访调查，并吸纳当地洞察实情的群众成为调查组成员，通过多次走访调查、现场访谈和会议讨论拟定制度改革主要方案。

第三，根据制度变迁的原则对方案进行评估和选择。中央政府代表、调查组成员、地方群众代表与地方政府对初步制度改革的主要方案进行多次讨论，汇集多方意见之后对改革主要方案进行修改，修改之后的制度改革方案交由中央政府审批。

第四，在改革方案形成之后再建立制度变迁的第二行动集团，即次起作用的集团。由于改革主要方案需要在某些地方进行试验，地方政府天然地成为推动制度变迁的第二行动集团。

第五，两个集团共同努力实现制度变迁。制度改革方案交由作为第二行动集团的地方政府在地方试行，第一行动集团对制度试行过程进行监督和调查，当制度改革方案不可行时，宣布终止制度改革方案；当制度方案可行时，针对试行过程中存在的问题对制度改革方案进行修订，得到最终的制度改革方案并在全国范围或者某些地区推行。

在制度变迁过程中，中央政府和微观个体组成第一行动集团，地方政府充当第二行动集团。中央政府和微观个体都是第一行动集团，都起主导作用，但是起的主导作用各不相同，中央政府起的是权力主导，即制度变迁权主导，微观个体起的是需求主导，即新型制度变迁主要来自微观个体的制度需求。这种制度变迁流程采用由下至上的制度改革方式，并且制度变迁更多源于地方微观个体的制度需求，因此，属于诱致型制度变迁。

---

① 假如地方政府知情或干预，有可能影响调研信息的真实性。

除了设置科学的制度生产和再生产机制之外，为了提高所生产制度的质量，需要在制度变迁过程中增加研发投入。对于制度生产和再生产而言，制度生产和再生产不仅依靠高质量的人力资源投入，即理论方面的专家和实践丰富的专家，而且依靠制度生产过程中的研发投入，改进后的诱致性制度变迁具体包括事前研发、事中研发和事后跟踪研发：第一，事前研发是指在制度改革启动前中央政府向多个地方派遣小而精的调研小组。隶属于中央政府的调研小组进行前期的详细调研，这种调研应当排除地方政府的干预或者干扰，在实践中尽可能采用秘密的方式，这样才能尽量保证调研结果的客观公正。调研结束时，不仅要提交第一手的调查资料，而且要给出制度改革的建议方案。因此，这种事前调研，不仅包括对实际情况进行调查，而且包括对实际情况进行研究。第二，事中研发是指专家团队的研发和人民群众的研发。在制度变迁过程中，一方面，可以邀请专家加入研发团队，或者聘请专家参与咨询、顾问活动；另一方面，鼓励民间力量参与，发挥群众智慧，从民间征集更接地气的制度改革方案。第三，事后跟踪研发是指对制度的实施效果和后续进展进行跟踪研发，发现其中存在的问题并加以不断改进完善，而当环境发生重大改变导致该项制度不再符合现实情况时，重新启动新一轮的诱致型制度变迁。

（二）强制性制度变迁机制运行框架的改进对策

原来的强制性制度变迁的运行流程可概括为"中央政府设置制度变迁的目标和试验区→试验区地方政府在权限范围内进行制度试验→中央政府确认制度试验成功经验并在全国范围推广"，这种流程是我国渐进性制度改革的宝贵经验，通过地区试点可以把制度试验风险控制在很小的范围内，试验成功之后再在全国范围内推广。

随着时代变迁，原来的强制性制度变迁机制的某些环节可进行与时俱进地调整，让人民群众更多地参与到制度变迁过程之中，以反映人民群众的制度需求，以适应经济高质量发展的内在要求。改进措施主要体现在第二环节"试验区地方政府在权限范围内进行制度试验"，具体包括但不仅限于以下改进措施：第一，在改革试验区所在的地方，建立让微观个体或者个人团体针对改革领域充分表达制度需求和改革建议的渠道；第二，创造条件让地方人民代表大会和地方人民群众参与到强制性制度变迁过程中，制度试验的主体不仅包括中央政府和地方政府，还包括地方人民代表大会和地方微观个体以及个人团体；第三，不仅试验区地方政府，而且试验区地方人民代表大会和地方人民群众，都可以在适当的渠道针对将要改革的领域提出合理的改革方案，提交给中央政府进行讨论和审议。

为了提高制度变迁机制所生成制度的质量，可以增加在强制性制度变迁过程中的研发力度：第一，中央政府为了更加全面地掌握制度试验的过程，可以考虑派出自己小而精的调研团队，到试验地区进行公开或者秘密调研，掌握调研的第一手资料；第二，中央政府或地方政府邀请专家团队和一线工作者组成研发团队，参与制度变迁方案的制定、选择和改进；第三，借助民间力量，借鉴民间智慧，召集和访谈一线工作人员，让他们对于改革领域存在的问题和解决办法提出自己的看法，并从中提炼出有价值的制度创新建议。

（三）改进后的诱致性制度变迁机制的优势

相对于原来的诱致性制度变迁机制，改进后的诱致性制度变迁机制具有以下优势：

第一，通过汇集各方意见，更容易得到对制度变迁存在问题和备选方案的全面看法。既有中央政府聘请的该领域专家成员，以及中央政府相关领域实际工作人员，又有地方微观个体参与，还有地方政府相关领域实际工作人员参加，广泛征集意见，汇集各方智慧，群策群力，集思广益，最终能够得到更加全面和更加广泛的制度变迁建议与制度变迁方案。

中央政府没有制度进入壁垒但是不通晓现实情况，而微观个体通晓现实情况但面临制度进入壁垒，两者结合组成第一行动集团，正好可以取长补短、相互协作。改进后的诱致性制度设计，既有专家团队的理论高度，又有社会民众的实践基础，理论与实践相结合；既有中央政府的顶层设计，又有地方民众的真实意愿，顶层设计与民众基础相结合；既有官方的政治导向，又有广大人民群众的智慧，官方导向与群众智慧相结合；既考虑单项制度的改进革新，又考虑单项制度与其他制度的兼容配套。改进后的制度变迁机制，在广泛征集民意和听取专家建议的情况下，通过多种选择进行不断讨论优化得到最优的制度选择，通过初始方案的不断试验、不断调研和不断修正得到最终方案，因此，改进后的制度变迁机制是通过多层优化和凝聚多方智慧的制度变迁机制，比原来的诱导性制度变迁机制更有可能产生高质量的制度，进而为经济高质量发展提供有力的制度保障。

第二，制度供给和制度需求更加匹配。由于充分考虑了地方民众的意见，出台的改革方案能够更加反映民众的制度需求，制度供求更加匹配，因此，改进后的诱致性制度变迁机制产生的新制度在执行过程中能得到更多民众的支持，新制度的实施过程将更加顺畅和更加高效。

第三，减少中央政府与地方政府之间的信息不对称性。由于汇集更多的信息和改革方案，极大地减少了中央政府与地方政府之间的信息不对称性，有助于减少地方政府在制度改革过程中可能产生的公共利益偏离问题。

第四，疏通诱导性制度变迁传导渠道的梗塞。在中央治国者主导的强制性制度变迁中，虽然个体净收益大于零会诱发微观经济主体对制度创新的需求，但这却并非是制度创新的充要条件，甚至社会净收益大于零也并不必然导致全局性的制度变迁（杨瑞龙，1993）。从个人或个人团体到中央政府的制度变迁传导渠道不够顺畅，将影响诱致性制度变迁的作用效率，从而延缓制度改革的进程。诱致性制度变迁的发生必须要有某些来自制度非均衡的获利机会。即使诱致性制度变迁的预期收益大于预期成本，有时这种外部利润和新制度安排的获益者是市场主体，并不是地方政府，此时地方政府可能没有动力去推动这种新制度建设，从而导致诱致性制度变迁的梗阻。改进后的诱致性制度变迁，由中央政府和微观个体组成第一行动集团，这样中央政府便与微观个体建立了直接的和充分的联系，从而更加快捷地和准确地捕捉到微观主体的制度需求，使得微观主体的制度需求更加容易得到满足，进而使得制度变迁更加快速和高效。

（四）改进后的强制性制度变迁机制的优势

相对于传统的强制性制度变迁机制，改进后的强制性制度变迁机制具有以下优势：

第一，更好地解决公共利益偏离问题。改进后的强制性制度变迁机制，在制度试验阶段和制度推广阶段有更多的公众参与和公众监督，制度变迁过程更加公开、透明，更具群众基础，因此，改进后的强制性制度变迁机制能够更好地解决地方政府在制度变迁过程中可能出现的公共利益偏离问题。

第二，更多的人力资本投入。在改进后的强制性制度变迁过程中，更多的理论专家和实践专业人士参与其中，通过持续不断的思想碰撞和集思广益，提高了制度生产过程的知识密集程度，从而有利于产生更高质量的制度。

第三，新型强制性制度变迁机制产生的制度能够更好地符合社会公众的制度需求。究其原因，一方面，相比于原来的强制性制度变迁机制，新型强制性制度变迁机制更加注重公共参与，从而更能满足社会公众的制度需求；另一方面，与原来的强制性制度变迁机制相比，新型强制性制度变迁机制有更多的理论领域和实践领域的专家和专业人士参与，集思广益的结果是制度的供给更好地与制度需求相匹配。

总而言之，高质量的制度变迁机制应具备四个特征：第一，能够代表广大人民群众的根本利益；第二，能够吸取利益攸关各方的广泛意见；第三，能够代表时代发展趋势和方向；第四，能够符合中央政府的政策精神。改进后的制度变迁机制可以更好地满足以上四个特征，因此，更能产生高质量的制度，助推我国经济高质量发展。

第六节　改进后的制度变迁机制背后的经济学逻辑分析

相对于原来的制度变迁机制，改进后的制度变迁机制更适合经济高质量发展阶段，背后的经济学逻辑包括：

（一）强调经济发展的速度还是经济发展的质量问题

由于地方政府追求的目标是"地方经济产出最大化"和"地方财政最大化"，而地方民众追求的目标是"地方民众利益最大化"，地方企业追求的是"地方产权结构最优化"，因此，原来的以政府为主导的制度变迁机制更多强调以经济建设为导向的"地方经济产出最大化"和"地方财政最大化"，在增加微观个体对制度变迁的参与程度之后，改进后的制度变迁机制更多强调以公共利益为导向的"地方民众利益最大化"和"地方产权结构最优化"。

第一，"地方经济产出最大化"和"地方财政收入最大化"是与高速增长阶段相一致的经济发展目标，原因是"地方经济产出最大化"和"地方财政收入最大化"强调量的方面而不是质的方面；"地方民众利益最大化"和"地方产权结构最优化"是与高质量发展阶段相一致的经济发展目标，原因是"地方民众利益最大化"和"地方产权结构最优化"强调的是质的方面，"地主民众利益最大化"侧重地方政府公共服务水平，"地方产权结构最优化"注重提高产权结构效率或者降低制度成本。

第二，"地方经济产出最大化"和"地方财政收入最大化"强调的是建设型政府，这种制度变迁机制不利于地方政府从建设型政府转向公共服务型政府；而"地方民众利益最大化"和"地方产权结构最优化"强调的是服务型政府，"地方民众利益最大化"表现为地方民众服务，"地方产权结构最优化"表现为地方企业服务，改进后的制度变迁机制体现了从经济建设型政府向公共服务型政府转换的内在要求。

第三，"地方经济产出最大化"和"地方财政收入最大化"强调的是不完全法治型政府，地方政府为了实现地方经济产出和地方财政收入最大化，不惜对地方经济过度干预来实现地方经济目标；"地方民众利益最大化"和"地方产权结构最优化"强调的是法治型政府，地方政府不依法办事必然损害地方民众和地方企业的利益，唯有地方政府是依法行政的法治型政府，才能够实现"地方民众利益最大化"，才能够保障"地方产权结构效率最优化"，因此，改进后的制度变迁机制有助于推动地方政府从不完全法治型政府向法治型政府转变。

（二）公共利益代表性的分析

原有制度变迁机制的主要参与者是地方政府和中央政府，改进后的制度变迁机制的主要参与者除了中央政府和地方政府之外，还包括地方微观个体、地方人民代表大会等，因此，相对于原来的制度变迁机制，改进后的制度变迁机制更能代表公共利益，能够更好地解决公共利益偏离问题。

无论是改进后的诱致性制度变迁机制，还是改进后的强制性制度变迁机制，微观个体和地方人民代表大会等更好地参与制度变迁的拟定、试验和监督过程，从而能够妥善地解决地方政府官员可能存在的公共利益偏离问题，使得制度变迁结果能够更好地反映地方民众和地方企业的公共利益。

（三）制度集成创新和制度深水区变革能力的分析

高速增长阶段处于从计划经济体制向市场经济体制转轨的初期和中期，此时的制度改革有很多容易摘的"低垂的果子"，制度改革较易推进，原来的制度变迁机制具有很高的效率；高质量发展阶段则处于从计划经济体制向市场经济体制转轨的后期，"低垂的果子"被摘得差不多了，剩下的是"高悬的果子"，此期间的改革进入深水区，制度变迁会触动利益这块"难啃的硬骨头"，并且，碎片化的制度改革收效不大，此时需要制度的集成创新才可能达到预期效果，因此，在高质量发展阶段，原来的制度变迁机制显得有些力不从心，而改进后的制度变迁机制则显得更有动力和更具效力。

改进后的诱致性制度变迁机制相对而言具有更强的制度集成创新能力。制度变迁是属于碎片化创新还是属于集成创新，对制度质量的影响不小，制度集成创新的制度质量明显优于制度碎片化创新。对于原有的诱致性制度变迁机制而言，地方政府是制度变迁的第一行动集团，地方政府往往基于本地区进行制度创新，往往从地区视角出发而缺乏宏观视角，视野相对比较狭窄，并且，由于地方政府制度变迁的权力受到一定程度的限制，权力有限意味着只能进行局部或部分的制度创新，导致制度创新具有碎片化特征。对于改进后的诱致性制度变迁机制而言，中央政府和微观个体是制度变迁的第一行动集团，中央政府往往基于全局考虑进行某项制度变迁，本身就具备宏观视角，并且，由于中央政府具有完全的制度进入权，不存在制度进入壁垒，因此，改进后的制度变迁机制可以进行全方位的制度变迁，从而制度创新具有集成创新的能力。

改进后的诱致性制度变迁机制具有更强的深水区改革驱动力。对于原有的诱致性制度变迁而言，作为第一集团的地方政府，地方政府官员对于深水区改革的收益和风险不相匹配，现实中往往难以推动深水区制度改革，并且，深水区改革往往涉及其他诸多方面的配套改革，而地方政府制度改革权限有限，因此，难以推进深水区制度改革。对于改进后的诱致性制度变迁而言，作为第一集团的中央政府是人民群众利益的忠实代表，从广大人民群众的根本利益考虑，有推动深水区制度改革的决心和勇气，并且中央政府无制度进入壁垒，能够进行其他相关制度的配套改革，比较容易推进深水区制度改革。

改进后的强制性制度变迁机制，同样具有较好的制度集成创新能力和深水区改革动力。究其原因，一方面，改进后的强制性制度变迁机制相对弱化了地方政府在制度变迁中的作用，相对强化了中央政府和微观个体在制度变迁中的作用，由于中央政府具有更强的协调能力和动员能力，因此改进后的强制性制度变迁具有更强的制度集成创新能力；另一方面，相对于地方政府官员而言，深水区制度改革往往对地方民众和地方企业的益处较大，而风险较少，因此，改进后的强制性制度变迁机制让微观个体更多地参与制度变迁过程，可以产生更加强劲的深水区制度改革驱动力。

第七节 本章小结

当前我国尚未建立与经济高质量发展阶段相适应的市场经济制度，与我国制度生产机制（即制度变迁机制）的内在动力不足有关，想要产生高质量的市场经济制度，必先产生高质量的制度变迁机制。根据本章演化博弈模型可知，高质量的制度变迁机制必须具备三个关键要素：第一，制度变迁机制利益博弈的公共利益导向性，唯有导向公共利益，才能产生高质量的制度，而背离公共利益，必然产生较低质量的制度。因此，需对制度变迁第一行动集团参与方的资格进行严格限制，第一行动集团的制度变迁参与者应当是只追求公共利益最大化而无私人利益的参与者，或者是利益中立的参与者；若不满足这个条件，则在第一行动集团的制度变迁参与者应达到各方均势状态，从而能够在制度变迁中进行公平对等的博弈。第二，制度变迁的人力资源投入或者配置效率越高，则制度变迁产出的制度质量越高，人力资源质量包括理论型、实务型以及两者兼有的人力资源质量。第三，制度变迁涉及各种方案的制定以及最终方案的选择过程，因此，制度变迁能否产生高质量的制度，不仅取决于制度变迁过程中所投入或者配置的人力资源，而且取决于制度变迁过程中人力资源集合的效率。

基于演化博弈模型的分析结论，本章对完善诱致性制度变迁机制和强制性制度变迁机制提出相应的对策措施：第一，对于诱致性制度变迁机制而言，制度变迁的第一行动集团可以改为"中央政府＋微观个体"，制度变迁的第二行动集团可以改为"中央政府＋地方政府"。中央政府在其中扮演着宏观方向把控和宏观层面决策的角色，微观个体和地方政府则聚焦于制度变迁的具体事项，中央政府是制度变迁宏观层面的把控者和决策者，微观个体和地方政府是制度变迁具体事项的推动者和执行者。第二，对于强制性制度变迁机制而言，在原有模式"中央政府设置制度变迁的目标和试验区→试验区地方政府在权限范围内进行制度试验→中央政府确认制度试验成功经验并在全国范围推广"的基础上，一方面，让地方人民代表大会和地方人民群众参与到强制性制度变迁的试验环节中，制度试验的主体不仅包括地方政府，还包括地方人民代表大会和当地微观个体或个人团体；另一方面，不仅让微观个体更多地参与强制性制度变迁过程中，而且让理论专家和实践专家更多地参与强制性制度变迁过程中，两方面结合可以保障强制性制度供给能够更好地匹配社会公众的制度需求。

本章提出的制度变迁机制，相对于原有的制度变迁机制，具有两个方面的优势：第一，考虑了制度变迁的三个原则，较好地处理了各方的利益关系，使得各方利益在制度变迁过程中更加均衡；第二，考虑了人力资本在制度变迁中扮演的重要作用，即在制度变迁过程中投入更多的理论专家和实践专家，这种人力资本投入，可以提高制度生产的质量。

第十一章
本书的概要性总结

发达国家的员工为什么可以加班少而薪水高，而部分发展中国家的员工即使加班薪水也低？究其原因，发达国家的市场经济体制较完善，在市场经济体制完善的情况下，市场和政府这两只手的作用效率高，进而导致企业的运营效率就高，从而发达国家可以花同样的时间甚至更少的时间就可以获得更高的收入，而发展中国家则相反。例如，一些发展中国家公共服务效率较低，只能提供较低质量的教育，那么，也只有提供较低质量的劳动者，由于发展中国家企业只能雇佣较低质量劳动者，生产效率较低，企业生产利润较低，因此，也只能提供给工人较低的薪水。由此可见，发展中国家不完善的市场经济体制，降低了企业运营的效率和研发的效率，这无疑增加了企业的成本降低了利润，而企业没有其他地方可以节约成本，只能压缩工人工资和延长工人劳动时间，从而导致发展中国家在同样甚至更长的劳动时间下只能拿到较低的薪水。

而这是表层的本质，不是深层的本质。深层的本质又是什么呢？为什么一些发展中国家政府和市场的效率较低？大家能够想到的是制度方面的原因，因为市场经济体制不完善导致发展中国家的政府和市场效率较低，进而发展中国家企业由于承担了这部分额外成本，因此只能从降低工人工资或延长工人劳动时间方面来节约成本。进一步思考，同样是一个国家，同样是社会公民，为什么有些国家制度比较完善而有些国家制度不完善呢？其实，制度也是由人设计出来的，这就涉及两个主体，一是政府，二是垄断资本。一方面，当不能设计出有效的制度可以约束政府行为的时候，就会产生制度性政府失灵，那么，不仅政府这只"有形之手"的运行效率较低，而且由于政府不能制定高质量的制度和不能较好地弥补市场失灵，使得市场运行效率也低，从而导致整个市场运行效率较低。另一方面，垄断资本不仅由于垄断破坏了有序竞争的市场环境，破坏了创新的动力，从而使市场的运行效率较低，而且垄断资本还可能与政府相联系，甚至在一定程度上还能操纵政府，从而降低了政府这只"有形之手"的运行效率。由此可见，发达国家能够设置完善的制度来有效地约束和激励政府，在发挥政府正面作用的同时能限制政府的负面作用，与此同时，发达国家具有比较完善的限制垄断资本的法律和监管，从而防止垄断资本对自由竞争市场形成的破坏作用以及对政府效能的负面影响。由此可见，对政府和垄断资本两种强势力量的有效管束，才能形成高质量的市场经济体制，进而才能节约市场运行的成本，最终方能提高劳动者薪水或者缩减劳动者劳动时间。

要实现经济高质量发展，必须要解决在过去四十余年发展中存在的问题，由此才能更好地实现经济高质量发展。市场上的弱势力量不是主要改革对象，市场上的强势力量才是主要改革对象，只有强势力量能够按规则行事，整个市场才能建立公平有序的竞争机制，才能建成完善的市场经济体制。

参 考 文 献

［1］安礼伟、张二震：《全球产业重新布局下长三角制造业转型升级的路径》，载于《江海学刊》2015 年第 3 期。

［2］白俊红、江可申、李婧：《应用随机前沿模型评测中国区域研发创新效率》，载于《管理世界》2009 年第 10 期。

［3］保健云：《中国和平崛起与中华文明复兴》，载于《人民论坛》2019 年第 9 期。

［4］蔡昉、张车伟、郑真真：《人口与劳动绿皮书》，社会科学文献出版社 2012 年版。

［5］蔡昉：《为处理好政府和市场的关系贡献中国智慧》，载于《理论导报》2019 年第 1 期。

［6］蔡拓：《探索中的"中国模式"》，载于《当代世界与社会主义》2005 年第 5 期。

［7］曹驰、黄汉民：《外部制度质量差异对企业生产率和出口选择门槛的影响——基于中国制造业行业的理论和实证研究》，载于《国际贸易问题》2017 年第 2 期。

［8］曹堂哲：《打造政府绩效管理升级版，全力保障经济高质量发展》，载于《中国行政管理》2018 年第 11 期。

［9］钞小静、任保平：《中国经济增长质量的时序变化与地区差异分析》，载于《经济研究》2011 年第 4 期。

［10］陈海强、韩乾、吴锴：《融资约束抑制技术效率提升吗？——基于制造业微观数据的实证研究》，载于《金融研究》2015 年第 10 期。

［11］陈冲、刘达：《环境规制与黄河流域高质量发展：影响机理及门槛效应》，载于《统计与决策》2021 年 12 期。

［12］陈建军：《中国现阶段的产业区域转移及其动力机制》，载于《中国工业经济》2002 年第 8 期。

［13］陈志武：《没有中国模式这回事》，载于《南方人物周刊》2011 年第 8 期。

［14］陈诗一、陈登科：《雾霾污染、政府治理与经济高质量发展》，载于《经济研究》2018 年第 2 期。

［15］程俊杰：《高质量发展背景下破解"创新困境"的双重机制》，载于《现代经济探讨》2019 年第 3 期。

［16］戴龙、刘瞳、李贞等：《〈平台经济领域反垄断问题学术研讨会〉综述》，载于《竞争政策研究》2021 年第 2 期。

［17］戴翔、刘梦：《人才何以成为红利——源于价值链攀升的证据》，载于《中国工业经济》2018 年第 4 期。

［18］戴翔、宋婕：《我国外贸转向高质量发展的内涵、路径及方略》，载于《宏观质量研究》2018 年第 3 期。

［19］戴翔：《中国制造业国际竞争力——基于贸易附加值的测算》，载于《中国工业经济》2015 年第 1 期。

［20］丁美东：《政府规制失效及其优化》，载于《当代财经》2001 年第 8 期。

［21］董小君、石涛：《驱动经济高质量发展的科技创新要素及时空差异：2009—2017 年省级面板数据的空间计量分析》，载于《科技进步与对策》2020 年第 4 期。

［22］杜爱国：《中国经济高质量发展的制度逻辑与前景展望》，载于《学习与实践》2018 年第 7 期。

［23］杜传忠、曹艳乔：《中国经济增长方式的实证分析——基于 28 个省市 1990－2007 年的面板数据》，载于《经济科学》2010 年第 2 期。

［24］杜全忠：《经济增长方式转变的核心问题是转变政府职能》，载于《社会科学辑刊》2006 年第 6 期。

［25］段文斌、张文、刘大勇：《从高速增长到高质量发展——中国改革开放 40 年回顾与前瞻》，载于《学术界》2018 年第 4 期。

［26］方福前：《经济结构调整的双重路径：市场化与政府转型》，载

于《学习与探索》2011 年第 1 期。

[27] 冯伟、苏娅:《财政分权、政府竞争和中国经济增长质量:基于政治经济学的分析框架》,载于《宏观质量研究》2019 年第 7 期。

[28] 高培勇、杜创、刘霞辉、袁富华、汤铎铎:《高质量发展背景下的现代化经济体系建设:一个逻辑框架》,载于《经济研究》2019 年第 4 期。

[29] 高培勇、袁富华、胡怀国、刘霞辉:《高质量发展的动力、机制与治理》,载于《经济研究》2020 年第 4 期。

[30] 高煜、赵培雅:《差异还是趋同:经济高质量发展下区域技术进步路径选择——基于东中西部地区要素禀赋门槛的经验研究》,载于《经济问题探索》2019 年第 11 期。

[31] 辜胜阻、吴华君、吴沁沁、余贤文:《创新驱动与核心技术突破是高质量发展的基石》,载于《中国软科学》2018 年第 10 期。

[32] 顾元媛、沈坤荣:《地方政府行为与企业研发投入——基于中国省际面板数据的实证分析》,载于《中国工业经济》2012 年第 10 期。

[33] 国胜铁、杨博、王林辉:《产品质量、技术差距与技术引进效率:来自上海市制造业的经验证据》,载于《宏观经济研究》2018 年第 3 期。

[34] 何莉:《中国对外贸易质量评价体系研究》,载于《财经科学》2010 年第 2 期。

[35] 何祚宇、代谦:《上游度的再计算与全球价值链》,载于《中南财经政法大学学报》2016 年第 1 期。

[36] 侯利阳:《互联网平台反垄断的局限与突破:由"腾讯封禁抖音案"引发的思考》,载于《商业经济与管理》2021 年第 4 期。

[37] 胡安俊、孙久文:《中国制造业转移的机制、次序与空间模式》,载于《经济学》(季刊)2014 年第 4 期。

[38] 胡凯、吴清、胡毓敏:《知识产权保护的技术创新效应——基于技术交易市场视角和省级面板数据的实证研究》,载于《财经研究》2012 年第 8 期。

[39] 胡应泉:《中国发展模式问题初探》,载于《兰州工业学院学报》2015 年第 2 期。

[40] 黄群慧、贺俊:《中国制造业的核心能力、功能定位与发展战

略》，载于《中国工业经济》2015 年第 6 期。

[41] 黄少安：《制度变迁主体角色转换假说及其对中国制度变革的解释——兼评杨瑞龙的"中间扩散型假说"和"三阶段论"》，载于《经济研究》1999 年第 1 期。

[42] 黄泰岩：《理论创新驱动我国高质量发展》，载于《经济学动态》2019 年第 7 期。

[43] 黄永明、姜泽林：《金融结构、产业集聚与经济高质量发展》，载于《科学学研究》2019 年第 10 期。

[44] 黄勇、蒋潇君：《互联网产业中"相关市场"之界定》，载于《法学》2014 年第 6 期。

[45] 黄宗昊：《中国模式与发展型国家理论》，载于《当代世界与社会主义》2016 年第 4 期。

[46] 贾志永：《地方政府在制度变迁中的作用分析》，载于《西南民族学院学报》（哲学社会科学版）1999 年第 5 期。

[47] 江红莉、蒋鹏程：《财政分权、技术创新与经济增长质量》，载于《财政研究》2019 年第 12 期。

[48] 蒋永甫、韦潇竹、李良：《中央与地方关系的发展：从权力博弈走向国家治理结构转型》，载于《学习论坛》2016 年第 3 期。

[49] 解维敏、方红星：《金融发展、融资约束与企业研发投放》，载于《金融研究》2011 年第 5 期。

[50] 金碚：《工业的使命和价值——中国产业转型升级的理论逻辑》，载于《中国工业经济》2014 年第 9 期。

[51] 金仁淑、冯志：《日本"政府主导型"经济制度的缺陷》，载于《现代日本经济》2004 年第 6 期。

[52] 金祥荣：《多种制度变迁方式并存和渐进转换的改革道路》，载于《浙江大学学报》（人文社会科学版）2000 年第 4 期。

[53] 景维民、张炜：《中俄转型进程中制度变迁方式演进与分化比较》，载于《天津社会科》2011 年第 5 期。

[54] 景维民、王瑶、莫龙炯：《教育人力资本结构、技术转型升级与地区经济高质量发展》，载于《宏观质量研究》2019 年第 4 期。

［55］赖庆晟、郭晓合：《扩大开放对我国制度变迁的空间溢出效应》，载于《经济体制改革》2015 年第 1 期。

［56］李芳芳、丁美美、蔺萍绯：《中国如何实现高质量发展——2018年中国产业经济研究学术年会观点综述》，载于《产业经济评论》2019 年第 3 期。

［57］李怀、邓韬：《制度变迁的主体理论创新及其相关反应研究》，载于《经济学家》2013 年第 9 期。

［58］李建强、赵西亮：《中国制造还具有劳动力成本优势吗?》，载于《统计研究》2018 年第 1 期。

［59］李凯、樊明太：《我国平台经济反垄断监管的新问题、新特征和路径选择》，载于《改革》2021 年第 3 期。

［60］李时椿：《从"制造业大国"走向"制造业强国"》，载于《经济与管理研究》2006 年第 5 期。

［61］李伟、贺灿飞：《劳动力成本上升与中国制造业空间转移》，载于《地理科学》2017 年第 9 期。

［62］李晓嘉：《公共支出促进我国经济增长方式转变的实证分析——基于动态面板数据的经验证据》，载于《复旦学报》（社会科学版）2012年第 5 期。

［63］李志鹏：《中国产业对外转移特征、趋势及对策——基于制造业企业对外投资的视角》，载于《国际经济合作》2013 年第 11 期。

［64］李志强：《以法治政府建设推进国家治理现代化》，载于《中国党政干部论坛》2017 年第 10 期。

［65］梁庆：《平台经济滥用市场支配地位的反垄断规制》，载于《广西质量监督导报》2021 年第 6 期。

［66］林毅夫：《关于制度变迁的理论：诱致性变迁与强制性变迁》，引自［美］R. 科斯、［美］A. 阿尔钦、［美］D. 诺斯等：《财产权利与制度变迁》，上海三联书店 1994 年版。

［67］刘海萍：《行政权力与市场机制：两种力量的制衡与完善》，载于《行政论坛》2000 年第 1 期。

［68］刘俏、王贵东：《"中国发展模式"及其经验》，载于《经济科

学》2019 年第 2 期。

[69] 刘思明、侯鹏、赵彦云：《知识产权保护与中国工业创新能力——来自省级大中型工业企业面板数据的实证研究》，载于《数量经济技术经济研究》2015 年第 3 期。

[70] 刘小怡：《马克思主义和新制度主义制度变迁理论的比较与综合》，载于《南京师大学报》（社会科学版）2007 年第 1 期。

[71] 刘志彪、凌永辉：《结构转换、全要素生产率与经济高质量发展》，载于《管理世界》2020 年第 7 期。

[72] 刘志彪：《攀升全球价值链与培育世界级先进制造业集群》，载于《南京社会科学》2018 年第 1 期。

[73] 刘志彪：《为高质量发展而竞争：地方政府竞争问题的新解析》，载于《河海大学学报》（哲学社会科学版）2018 年第 4 期。

[74] 刘志彪：《运输带变黄金带：长江经济带高质量发展新定位》，载于《南通大学学报》（社会科学版）2019 年第 1 期。

[75] 刘荣增、陈灿：《财政分权视角下中国经济增长质量效应检验》，载于《财会月刊》2020 年第 20 期。

[76] 路风：《走向自主创新》，广西师范大学出版社 2006 年版。

[77] 罗亚非、王海峰、范小阳：《研发创新绩效评价的国际比较研究》，载于《研发创新绩效评价的国际比较研究》2010 年第 3 期。

[78] 马骁、周克清：《国家治理、政府角色与现代财政制度建设》，载于《财政研究》2016 年第 1 期。

[79] 孟大虎：《自发秩序、诱致变迁与强制变迁：改革思路的选择》，载于《求实》2004 年第 8 期。

[80] ［美］诺斯：《制度、制度变迁与经济成就》，刘瑞华译，时报文化出版公司 1994 年版。

[81] ［美］诺斯：《制度、制度变迁与经济绩效》，刘守英译，上海三联书店 1994 年版。

[82] 齐泽旭：《美国高校教师管理制度的正式制度变迁》，载于《外国教育研究》2008 年第 10 期。

[83] 秦晓：《中国模式是过渡性体制，需要进一步改革》，凤凰财经

网，2012 年 2 月 4 日，https：//finance. ifeng. com/news/special/2012yabuli/20120204/5534631. shtml。

［84］秦宣：《中国人民大学秦宣教授谈"北京共识"、"中国模式"与中国现代化之路》，载于《中国教育报》2004 年 9 月 28 日第 3 版。

［85］邱书钦：《中美制造业综合税负对比分析》，载于《对外经贸实务》2017 年第 7 期。

［86］曲创、王夕琛：《互联网平台垄断行为的特征、成因与监管策略》，载于《改革》2021 年第 5 期。

［87］曲维玺、崔艳新、马林静、赵新泉：《我国外贸高质量发展的评价与对策》，载于《国际贸易》2019 年第 12 期。

［88］任保平：《经济增长质量：经济增长理论框架的扩展》，载于《经济学动态》2013 年第 11 期。

［89］任保平：《新时代高质量发展的政治经济学理论逻辑及其现实性》，载于《人文杂志》2018 年第 2 期。

［90］石英、尚芹：《论互联网企业滥用市场支配地位之认定》，载于《中国社会科学院研究生院学报》2014 年第 1 期。

［91］谭家超、李芳：《互联网平台经济领域的反垄断：国际经验与对策建议》，载于《改革》2021 年第 3 期。

［92］谭袁：《互联网平台滥用市场支配地位行为规制的困境与出路》，载于《法治研究》2021 年第 4 期。

［93］唐要家：《数字平台反垄断的基本导向与体系创新》，载于《经济学家》2021 年第 5 期。

［94］唐颖、赵文军：《公共支出与我国经济增长方式转变——基于省际面板数据的实证检验》，载于《财贸经济》2014 年第 4 期。

［95］汪永成：《基于政府竞争视角的服务型政府建设》，载于《当代中国政治研究报告》2004 年第 11 期。

［96］王海兵、杨蕙馨：《创新驱动与现代产业发展体系——基于我国省际面板数据的实证分析》，载于《经济学》（季刊）2016 年第 7 期。

［97］王鸿铭、杨光斌：《关于"中国模式"的争论与研究》，载于《教学与研究》2018 年第 5 期。

［98］王卉、刘嘉凌：《浅析网络经济反垄断中相关产品市场界定理论面临的困境》，载于《经济研究导刊》2014 年第 9 期。

［99］王岚：《融入全球价值链对中国制造业国际分工地位的影响》，载于《统计研究》2011 年第 5 期。

［100］王荣红：《转型时期资源配置方式的趋势性演变及其社会分层效应》，载于《求实》2018 年第 10 期。

［101］韦倩、李珂涵：《新时代中国高质量发展的制度创新研究——第一届中国制度经济学论坛综述》，载于《经济研究》2019 年第 2 期。

［102］伟钢：《论中国特色社会主义市场经济资源配置方式——从政府和市场的统分视角批判新自由主义》，载于《经济社会体制比较》2018 年第 3 期。

［103］魏敏、李书昊：《新时代中国经济高质量发展水平的测度研究》，载于《数量经济技术经济研究》2018 年第 11 期。

［104］吴敬琏：《改革下一步须划清政府和市场边界》，中国新闻网，2012 年 3 月 1 日，http：//www. chinanews. com/gn/2012/03 – 01/3710783. shtml。

［105］吴敬琏：《我不同意"中国模式"》，载于《中国工人》2012 年第 4 期。

［106］吴敬琏：《制度高于技术》，载于《中国改革》2000 年第 1 期。

［107］吴敬琏：《中国的发展方式转型与改革的顶层设计》，载于《北京师范大学学报》（社会科学版）2012 年第 5 期。

［108］吴振球、王建军：《地方政府竞争与经济增长方式转变：1998 – 2010》，载于《经济学家》2013 年第 1 期。

［109］习近平：《使市场在资源配置中起决定性作用和更好发挥政府作用》，载于《人民日报》2014 年 5 月 28 日，第 1 版。

［110］习近平：《在庆祝改革开放 40 周年大会上的讲话》，载于《人民日报》2018 年 12 月 19 日，第 2 版。

［111］徐瑞慧：《高质量发展指标及其影响因素》，载于《金融发展研究》2018 年第 10 期。

［112］许小年：《中国模式其实是不存在的》，载于《上海企业》

2013 年第 1 期。

[113] 闫雨、李成明、孙博文、李浩民：《政府干预、生产率与高质量发展》，载于《技术经济与管理研究》2019 年第 6 期。

[114] 杨光斌、乔哲青：《论作为"中国模式"的民主集中制政体》，载于《政治学研究》2015 年第 6 期。

[115] 杨海洋：《中国制造业向海外转移的区位分析》，载于《国际贸易问题》2013 年第 4 期。

[116] 杨其静：《企业成长：政治关联还是能力建设?》，载于《经济研究》2011 年第 10 期。

[117] 杨瑞龙、杨其静：《阶梯式的渐进制度变迁模型——再论地方政府在我国制度变迁中的作用》，载于《经济研究》2000 年第 3 期。

[118] 杨瑞龙：《高质量发展需要高质量的制度来保障》，载于《经济学动态》2019 年第 7 期。

[119] 杨瑞龙：《我国制度变迁方式转换的三阶段论——兼论地方政府的制度创新行为》，载于《经济研究》1998 年第 1 期。

[120] 杨志安、邱国庆：《财政分权与中国经济高质量发展关系——基于地区发展与民生指数视角》，载于《财政研究》2019 年第 8 期。

[121] 杨生银：《从制度异化到制度替代中国改革开放以来的制度变迁》，载于《商业时代》2011 年第 5 期。

[122] 杨亚、柳侯瑞：《高质量发展下"创新困境"的机制优化研究》，载于《科学管理研究》2019 年第 10 期。

[123] 姚先国：《经济增长方式转换的制度条件》，载于《浙江社会科学》2005 年第 4 期。

[124] 叶敏、陶振：《论我国法治政府模式的内涵、特征与缺陷》，载于《求实》2009 年第 5 期。

[125] 叶明：《互联网对相关产品市场界定的挑战及解决思路》，载于《社会科学研究》2014 年第 1 期。

[126] 依绍华：《夯实强大国内市场基础 开创经济高质量发展新局面》，载于《价格理论与实践》2019 年第 7 期。

[127] 易信、刘磊：《以"三大转变"推动经济高质量发展》，载于

《中国发展观察》2019 年第 1 期。

[128] 易重华：《中国地方政府转型》，中国社会科学出版社 2008 年版。

[129] 谢国根、张凌、赵春艳：《财政分权、地方政府竞争与经济高质量发展》，载于《统计与决策》2021 年第 5 期。

[130] 尹德和：《现代责任型政府问责制度构建探析》，载于《社会科学辑刊》2008 年第 3 期。

[131] 于左：《互联网大数据平台的市场支配地位认定与反垄断政策》，载于《竞争策略研究》2021 年第 5 期。

[132] 喻志军、姜万军：《中国对外贸易质量剖析》，载于《统计研究》2013 年第 7 期。

[133] 张菲：《推进贸易高质量发展，筑牢贸易强国根基》，载于《经济参考报》2019 年 12 月 4 日，第 2 版。

[134] 张慧君：《构建支撑高质量发展的现代化国家治理模式：中国经验与挑战》，载于《经济学家》2019 年第 11 期。

[135] 张建华：《构建先进制造业新型创新机制——一个美国政府的案例分析》，载于《上海对外经贸大学学报》2017 年第 5 期。

[136] 张军、王永钦：《中国发展模式的经验与挑战，从"做对激励"到"做对价格"》，载于《经济资料译丛》2018 年第 4 期。

[137] 张军扩、侯永志等：《高质量发展的目标要求和战略路径》，载于《管理世界》2019 年第 7 期。

[138] 张龙鹏、蒋为、周立群：《行政审批对创业的影响研究——基于企业家才能的视角》，载于《中国工业经济》2016 年第 4 期。

[139] 张平芳：《政府转型的目标：建设办共服务型政府》，载于《新世纪论丛》2006 年第 4 期。

[140] 张清津：《强偏好、弱偏好与制度演化》，载于《经济学家》2006 年第 3 期。

[141] 张少军、刘志彪：《全球价值链模式的产业转移——动力、影响与对中国产业升级和区域协调发展的启示》，载于《中国工业经济》2009 年第 11 期。

[142] 张素心、张丽虹、李磊：《制造业转型发展的思考》，载于《宏

观经济研究》2015 年第 2 期。

[143] 张维为：《关于中国发展模式的思考》，载于《学习时报》2008 年第 1 期。

[144] 张维为：《没有政治改革怎会有今日中国之崛起》，载于《人民日报海外版》2011 年 3 月 30 日，第 1 版。

[145] 张宇、张晨、蔡万焕：《中国经济模式的政治经济学分析》，载于《中国社会科学》2011 年第 3 期。

[146] 张元钊、李鸿阶：《我国互联网平台垄断现象、机理与治理思路》，载于《福建论坛》（人文社会科学版）2021 年第 7 期。

[147] 张卓元：《深化改革，推进粗放型经济增长方式转变》，载于《经济研究》2005 年第 11 期。

[148] 赵剑波、史丹：《高质量发展的内涵研究》，载于《经济与管理研究》2019 年第 11 期。

[149] 赵军：《诱致性制度变迁中的政府行为——陕西民办高等教育现象分析》，载于《高等工程教育研究》2007 年第 6 期。

[150] 赵文军、于津平：《市场化进程与我国经济增长方式——基于省际面板数据的实证研究》，载于《南开经济研究》2014 年第 3 期。

[151] 郑永年：《西方为何惧怕"中国模式"?》，载于《决策探索》（上半月）2008 年第 5 期。

[152] 郑尚植、赵雪：《高质量发展究竟靠谁来推动：有为政府还是有效市场?》，载于《当代经济管理》2020 年第 3 期。

[153] 钟祖昌：《研发创新 SBM 效率的国际比较研究——基于 OECD 国家和中国的实证分析》，载于《财经研究》2011 年第 9 期。

[154] 周鹏、余珊萍、韩剑：《生产性服务业与制造业价值链升级间相关性的研究》，载于《上海经济研究》2010 年第 9 期。

[155] 周业安：《中国制度变迁的演进论解释》，载于《经济研究》2000 年第 5 期。

[156] 周泽红：《完善社会主义市场经济体制是实现经济高质量发展的体制保障》，载于《上海经济研究》2019 年第 12 期。

[157] 朱可辛：《国外学者对"中国模式"的研究》，载于《科学社

会主义》2009 年第 4 期。

[158] Acemoglu D. Robinson J. *Economic origins of dictatorship and democracy*. New York： Cambridge University Press，2006.

[159] Adrian Băzăvan A. Chinese government's shifting role in the national innovation system. *Technological Forecasting and Social Change*，2019，148 (11)：1 – 11.

[160] Allred B，Park W. Patent Rights Innovative Activity： Evidence from National and Firm – level data. *Journal of International Business Studies*，2007，38 (6)：878 – 900.

[161] Bai Chong – En，Zhenjie Qian. The Factor Income Distribution in China：1978 – 2007. *China Economic Review*，2010，21 (4)：650 – 670.

[162] Bhattacharrya S. Trade liberalization and institutional development. *Journal of Policy Modeling*，2012，34 (2)：253 – 269.

[163] Balassa B. *Comparative Advantage*，*Trade Policy and Economic Development*. New York： Harvester Wheatsheaf，1981.

[164] Branstetter L. ，Fisman R. ，Foley C. Do Stronger Intellectual Property Right Increase International Technology Transfer? Empirical Evidence from US Firm – level Panel Data. *Quarterly Journal of Economics*，2006，121 (1)：321 – 349.

[165] Carroll G. Robust incentives for information acquisition. *Journal of Economic Theory*，2019，181 (5)：282 – 420.

[166] Commander S. ，Svejnar J. Business Environment，Exports，Ownership，and Firm Performance. *Review of Economics and Statistics*，2011，93 (1)：309 – 337.

[167] Claessens G. ，Laeven L. Financial Development，Property Rights，and Growth. *Journal of Finance*，2003，58 (6)：2401 – 2435.

[168] Dic Lo，Guicai Li. China's economic growth，1978 – 2007： structural-institutional changes and efficiency attributes. *Journal of Post Keynesian Economics*，2011，34 (1)：59 – 83.

[169] Enrique Moral – Benito. Determinants of Economic Growth： A

Bayesian Panel Data Approach. *The Review of Economics and Statistics*, 2012, 94 (2): 566 –579.

[170] Essaji A. , Fujiwara K. Contracting Institutions and Product Quality. *Journal of Comparative Economics*, 2012, 40 (2): 269 –278.

[171] Faber G. , Gerritse M. Foreign determinants of local institutions: Spatial dependence and openness. *European Journal of Political Economy*, 2012, 28 (1): 54 –63.

[172] Francis Fukuyama. What is Governance? *Governance*, 2013, 2016 (3): 21 –27.

[173] Feenstra R. C. , Hong C. , Ma H. , Spencer B. J. Contractual Versus Non – Contractual Trade: The Role of Institutions in China. *Journal of Economic Behavior & Organization*, 2013, 94 (2): 281 –294.

[174] Ferguson S. , Formai S. Institution-driven comparative advantage and organizational choice. *Journal of International Economics*, 2013, 90 (1): 193 –200.

[175] Galperti S. Common agency with informed principals: Menus and signals. *Journal of Economic Theory*, 2015, 157 (5): 648 –997.

[176] Gersbach H. , Keil M. Productivity improvement in public organization. *The Economic Journal*, 2005, 115 (505): 671 –688.

[177] Giovanni Dosi, Marco Faillo and Luigi Marengo. Organizational Capabilities, Patterns of Knowledge Accumulation and Governance Structure in Business Firms: An Introduction. *Organization Studies*, 2008 (29): 1165 –1185.

[178] Grossman G. , Helpman E. Comparative Advantage and Long – Run Growth. *American Economic Review*, 1990, 80 (4): 796 –815.

[179] Karim Khan. Endogenous Institutional Change and Privileged Groups. *The Pakistan Development Review*, 2015, 54 (3): 171 –195.

[180] Kim Y. , Lee K. , Park W. , Choo K. Appropriate Intellectual Property Protection and Economic Growth in Countries at Different Levels of Development. *Research Policy*, 2012, 41 (5): 358 –375.

［181］ Kirzner I. M. *The Perils of Regulation*：*A Market – Process Approach*. Chicago：University of Chicago Press，1985.

［182］ Klapper L，Love I. Corporate Governance，Investor Protection and Performance in Emerging Markets. *Journal of Corporate Finance*，2004，10 (5)：703 – 728.

［183］ Krugman P R. Scale Economics，Product Differentiation and the Pattern of Trade. *American Economic Review*，1980，70 (5)：950 – 959.

［184］ Krugman P R. *Market Structure and Foreign Trade*. Massachusetts：The MIT Press，1985.

［185］ Hallak J. C. Product quality and the direction of trade. *Journal of International Economics*，2006，68 (1)：238 – 265.

［186］ Hsich C. T. ，Klenow P. J. Misallocation and manufacturing TFP in China and India. *The Quarterly Journal of economics*，2009，124 (4)：1403 – 1448.

［187］ Holcombe R. G. Entrepreneurship and Economic Growth：Reply. *The Quarterly Journal of Austrian Economics*，1999，2 (2)：73 – 78.

［188］ Hu W. ，Tian J. ，Chen L. An industrial structure adjustment model to facilitate high-quality development of an eco-industrial park. *Science of The Total Environment*，2020，766 (20)：52 – 76.

［189］ Jay M. S Harfritz. *The Facts of File Dictionary of Public Administration*. New York：Facts On File Publicaion，1985.

［190］ Jebran K. ，Chen S. ，Tauni M. Z. Principal-principal conflicts and corporate cash holdings：Evidence from China. *Research in International Business and Finance*，2019，49 (10)：55 – 70.

［191］ Lin C. ，Lin P. ，Song F. Property rights Protection and Corportate R&D：Evidence from China. *Journal of Development Economics*，2010，93 (1)：49 – 62.

［192］ Liu G. ，Wang B. ，Cheng Z. ，Zhang L. The drivers of China's regional green productivity，1999 – 2013. Resources，*Conservation and Recycling*，2020，153 (2)：1 – 14.

［193］Lihua Yang, Jianguo Wu. Knowledge-driven institutional change: An empirical study on combating desertification in northern china from 1949 to 2004. *Journal of Environmental Management*, 2012, 110 (7): 254 – 266.

［194］Li H. Government Budget constraint, competition and privatization: evidence from China's Rural Industry. *Journal of Comparative Economics*, 2003, 31 (4): 502.

［195］Liao Chi – Hung. Measuring quality in international trade. *Economic Systems*, 2011, 35 (1): 125 – 138.

［196］Ma Y. , Qu B. , Zhang Y. Judicial Quality, Contract Intensity and Trade: Firm – Level Evidence from Developing and Transition Countries. *Journal of Comparative Economics*, 2010, 38 (2): 146 – 159.

［197］Martin Jacques, Allen Lane. When China Rules the World: The Rise of the Middle Kingdom and the End of the Western World. Policy, 2009, 57 (1): 12.

［198］Matsuyama K. Increasing Returns, industrialization, and the Indeterminacy of Equilibrium. *Quarterly Journal of Economics*, 1991, 106 (61): 617 – 650.

［199］Michael A. W. , Jackson G. Varieties of Capitalism and institutional comparative advantage: A test and reinterpretation. *Journal of International Business Studies*, 2016, 47 (7): 778 – 806.

［200］Midrigan, V. , D. Y. Xu. Finance and Misallocation: Evidence from Plant – Level Data. *American Economic Review*, 2014, 104 (2): 422 – 458.

［201］Nicholas Bloom, Aprajit Mahajan, David McKenzie, John Roberts. Why Do Firms in Developing Countries Have Low Productivity? *American Economic Association*, 2010, 100 (2): 619 – 623.

［202］North D. *Institutions, Institutional Change and Economic Performance*. Cambridge: Cambridge University Press, 1990.

［203］North D. , R. Thomas. *The Rise of the Western World*. Cambridge: Cambridge University Press, 1973.

[204] North D. *Structure and Change in Economic History*. New York: W. W. Norton & Co. , 1981.

[205] Nunn N. Relationship – Specificity, Incomplete Contracts, and the Pattern of Trade. *The Quarterly Journal of Economics*, 2007, 122 (2): 569 – 600.

[206] Pandey M. , Dong X. Manufacturing productivity in China and India: The role of institutional changes. *China Economic Review*, 2009, 20 (4): 754 – 766.

[207] Park W. International Patent Protection: 1960 ~ 2005. *Research Policy*, 2008, 37 (4): 761 – 766.

[208] Redding S. Dynamic Comparative Advantage and the Welfare Effects of Trade. *Oxford Economic Papers*, 1999, 51 (1): 15 – 39.

[209] Rivera – Batiz LA, Romer P. Economic Integration and Endogenous Growth. *Quarterly Journal of Economics*, 1991, 106 (5): 531 – 555.

[210] Romer. Endogenous Technological Change. *The Journal of Political Economy*, 1990, 98 (5): 71 – 102.

[211] Suisheng Zhao. The China Model: Can It Replace the Western Model of Modernization? *Journal of Contemporary China*, 2010, 65 (19): 424.

[212] Suisheng Zhao. Whither the China Model: Revisiting the Debate. *Journal of Contemporary China*, 2017, 103 (26): 1 – 17.

[213] Simeon R. , Ikeda Y. The Hollowing Out Phenomenon in Japan. *Journal of Business & Economic Research*, 2011, 6 (1): 1 – 12.

[214] Smets M. , Morris T. , Greenwood R. From Practice to Field: A Multilevel Model of Practice – Driven Institutional Change. *Academy of Management Journal*, 2012, 55 (4): 2 – 62.

[215] Schatzki T. R. Introduction: Practice theory. In T. R. Schatzki, K. Knorr – Cetina, E. v. Savigny (Eds.), *The Practice Turn in Contemporary Theory*. London: Routledge, 2001.

[216] Sena V. The Determinant of Firms' Performance: Can Finance Constraints Improve Technical Efficiency? *European Journal of Operational Research*,

2006, 172 (1): 311 – 325.

[217] Stephen Knowles, Arlene Ozanne. Government Intervention and Economic Performance in East Asia. *Economic Development and Cultural Change*, 2003, 51 (2): 451 – 477.

[218] Szczygielski K., W. Grabowski. Are unit export values correct measures of the exports'quality? *Economic Modeling*, 2012, 29 (4): 1189 – 1196.

[219] Shi X., Li L. Green total factor productivity and its decomposition of Chinese manufacturing based on the MML index: 2003 – 2015. *Journal of Cleaner Production*, 2019, 222 (10): 998 – 1008.

[220] Trowbridge A. B. Defusing Deindustrialization. *Industry Week*, 1985 (227): 61 – 64.

[221] Tuan C., Linda F. Y. Ng, Zhao B. China's post-economic reform growth: The role of FDI and productivity progress. *Journal of Asian Economics*, 2009, 20 (3): 280 – 293.

[222] Zhu X. D. Undestanding China's Growth: Past, Present and Future. *Journal of Economic Perspectives*, 2012, 26 (4): 103 – 124.

[223] Wang J., Cai X. Technological factors and total factor productivity in China: Evidence based on a panel threshold model. *China Economic Review*, 2019, 54 (4): 271 – 285.

[224] Wang Y., Wang Y., Li K. Judicial Quality, Contract Intensity and Firm Exports: Evidence from China. *China Economic Review*, 2014, 31 (3): 32 – 42.

[225] Ward D., Filatotchev L. Principal – Principal – Agency Relation-ships and the Role of External Governance. *Managerial and Decision Economics*, 2010, 31 (4): 249 – 261.

[226] Yang X. K., Borland J. A Microeconomic Mechanism for Economic Growth. *The Journal of Political Economy*, 1991, 99 (3): 460 – 482.

[227] Yang Yao. Political process and efficient institution change. *Journal of Institutional and Theoretical Economics*, 2004, 160 (3): 439 – 453.

［228］ Young A. Invention and Bounded Learning by Doing. *Journal of Political Economy*, 1993, 101 (3): 443 −472.

［229］ Young A. Learning by Doing and the Dynamic Effects of International Trade. *Quarterly Journal of Economics*, 1991, 106 (2): 369 −405.

［230］ Zhu X. D. Undestanding China's Growth: Past, Present and Future. *Journal of Economic Perspectives*, 2012, 26 (4): 83 −98.